高职高专经济管理类“十四五”理论与实践结合型系列教材

校企合作优秀教材

经济数学

JINGJI SHUXUE

主编 邓美丹 欧阳达 李岳

華中科技大學出版社
http://www.hustp.com
中国·武汉

图书在版编目(CIP)数据

经济数学/邓美丹,欧阳达,李岳主编.—武汉:华中科技大学出版社,2020.5
ISBN 978-7-5680-6120-9

Ⅰ.①经… Ⅱ.①邓… ②欧… ③李… Ⅲ.①经济数学-高等职业教育-教材 Ⅳ.①F224.0

中国版本图书馆 CIP 数据核字(2020)第 066202 号

经济数学 邓美丹 欧阳达 李 岳 主编
Jingji Shuxue

策划编辑:聂亚文
责任编辑:史永霞
封面设计:孢 子
责任监印:朱 玢
出版发行:华中科技大学出版社(中国·武汉) 电话:(027)81321913
武汉市东湖新技术开发区华工科技园 邮编:430223
录 排:武汉正风天下文化发展有限公司
印 刷:武汉科源印刷设计有限公司
开 本:787mm×1092mm 1/16
印 张:11.75
字 数:301 千字
版 次:2020 年 5 月第 1 版第 1 次印刷
定 价:35.00 元

前言

PREFACE

本书是根据教育部高职高专人才培养目标及规格和高职高专教育基础课程教学基本要求，本着“理论知识以必需、够用为度”的原则，结合编者多年的经济应用数学教学实践经验编写而成的.我们遵循着以应用为目的、以能力培养为本位的总体思路，构建体系，选取内容，配置资源.本书是结合当前高职高专院校经济数学课程改革的实际，针对大专层次的财经、管理、社科类等专业所需数学知识而编写的，是一本适宜高职高专院校经济类、管理类专业学生学习的教材.

本书具有以下特色：

1.淡化理论，突出实用.本书在理论上以学生容易理解和不影响教学体系为尺度，注意讲清概念，减少理论推导，注重培养学生的基本运算能力、分析和解决问题的能力.结合经济与管理类专业的实际，列举了大量的经济数学模型和数学在经济管理方面的应用.

2.案例驱动模式.本书采用“案例驱动，问题导向”的模式，在很多项目均设置了经济引例，知识的展开以解决问题为导向，较好地体现了理论知识在经济中的应用，从而调动学生学习的积极性.

3.一些重要的知识点以及学生容易出错的知识点都以“注意”或“说明”的形式和不同字体加以强调，从而引起学生的重视，并将有关解决问题的方法步骤化、程序化.

本书的项目一、项目三和项目四由欧阳达编写，项目二、项目五和项目六由邓美丹编写，项目七和项目八由李岳编写，全书的编写大纲、体系结构、统稿由邓美丹承担.

由于编者水平有限，加之时间较为仓促，书中难免有错误和疏漏之处，恳请广大同仁和读者批评指正.

编　者

目录

CONTENTS

项目一

函数及其应用

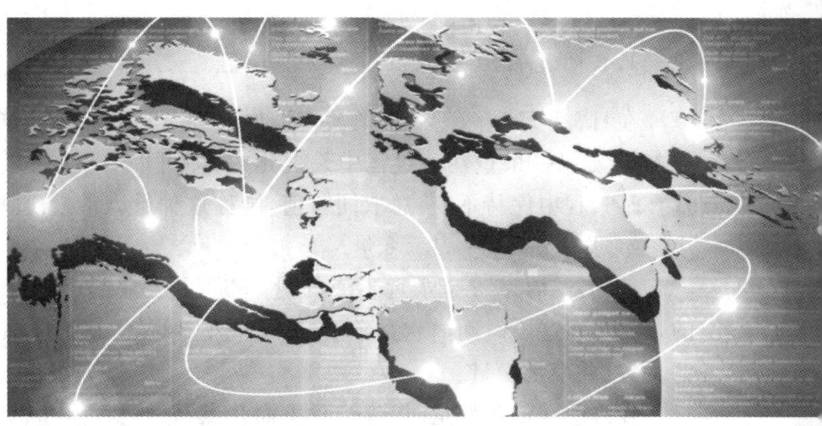

JINGJI
SHUXUE

学习目标

1. 知识目标

- 理解一元函数的概念及其表示法;
- 理解分段函数、反函数、隐函数的概念;
- 理解复合函数的概念.

2. 技能目标

- 熟练掌握复合函数的复合过程;
- 熟练掌握基本初等函数及其图形;
- 理解初等函数的概念;
- 掌握建立简单实际问题中的函数关系.

子项目 1.1 函数的概念

1.1.1 常量与变量

在日常生活、生产活动和经济活动中,经常遇到各种不同的量,例如身高、气温、产量、收入、成本等.如果一个量在某过程中是变化的,即可以取不同的数值,则称这种量为变量;如果一个量在某过程中保持不变,总取同一值,则称这种量为常量.通常用小写字母 $a,b,\cdots$ 表示常量,用小写字母 $x,y,z,\cdots$ 表示变量.

例如,圆周率 π 是永远不变的量,它是一个常量;某商品的价格在一定的时间段内是不变的,所以,在这段时间内它是常量.又如一天中的气温、工厂在生产过程中的产量,都是不断变化的量,这些都是变量.

在理解常量与变量时,应注意下面几点:

(1) 常量和变量都是相对的,它们都依赖于所研究的过程和所研究的对象.在不同的过程中,常量和变量是可以转化的.例如,某种商品的价格在一段时间内是常量,但在较长时间内则是变量.

(2) 从几何意义上讲,常量对应着实数轴上的定点,变量则对应着实数轴上的动点.

1.1.2 函数的概念

在某一个变化过程中,往往有几个变量同时存在,变量与变量之间的依赖关系正是经济数学研究的主要问题.本项目只讨论两个变量的情况,先看下面的例子.

例 1 某工厂生产某种产品,每件产品的出厂价为 50 元,其成本为 25 元,因为在生产过程中,平均每生产一件产品有 0.5 立方米污水排出,为了净化环境,工厂设计了一个方案对污水进行处理,并准备实施方案:工厂污水先净化处理后再排出,每处理 1 立方米污水所用原料费为 2 元,并且每月排污设备损耗费为 30 000 元.

设工厂每月生产 x 件产品,每月利润为 y 元,求出依据方案处理污水时,y 与 x 的函数关系式.(利润 = 总输入 − 总支出)

解：

$$\begin{aligned} y &= (50-25)x - 2\times 0.5x - 30\ 000 \\ &= 25x - x - 30\ 000 \\ &= 24x - 30\ 000 \end{aligned}$$

上面的例子表达了两个变量的依赖关系，依赖关系对应一个法则，根据法则，当其中一个变量在某一数集内任取一值时，另一变量就有确定值与之对应.两个变量之间的这种依赖关系称为函数关系.

定义 1-1　设 x 与 y 是两个变量，D 为实数集 $\mathbf{R}$ 的子集.如果对任何的 $x\in D$，变量 y 按照一定的规则 f，有唯一确定的实数值与之对应，则称规则 f 是定义在 D 上的函数，也称 y 是 x 的函数，记作

$$y=f(x).$$

称 D 为该函数的定义域；称 x 为自变量；称 y 为因变量.

当自变量 x 取数值 $x_0\in D$ 时，与 x_0 对应的因变量 y 的值称为函数 $y=f(x)$ 在点 x_0 处的数值，记为 $f(x_0)$ 或 $y|_{x=x_0}$.

当 x 取遍 D 的各个数值时，对应的变量 y 取值的全体组成的数集称作这个函数的值域.

理解函数概念，应注意以下几点：

(1) 函数的实质是对应关系(或对应法则)，只要两个变量之间能找到一种对应，就说它们之间确定一个函数.对应法则也可以用其他字母表示，如 F,φ,g,f_1,f_2 等.

(2) 确定函数有两个要素：定义域和对应关系.

(3) 函数之间可以进行加、减、乘、除等运算，但是运算必须在所有函数都有意义的公共范围内进行.

(4) 在实际问题中，函数的定义域是由实际意义确定的.一般来说，经济变量往往取正值，即变量都是大于零的.

例 2　已知 $f(x)=\dfrac{1-x}{1+x}$，求 $f(0)$，$f\left(\dfrac{1}{4}\right)$，$f(x+1)$，$f(x^2)$.

解：　$f(0)=\dfrac{1-0}{1+0}=1$，$f\left(\dfrac{1}{4}\right)=\dfrac{1-\dfrac{1}{4}}{1+\dfrac{1}{4}}=\dfrac{3}{5}$，$f(x+1)=\dfrac{1-(x+1)}{1+(x+1)}=\dfrac{-x}{x+2}$，$f(x^2)=\dfrac{1-x^2}{1+x^2}$.

例 3　求下列函数的定义域.

(1) $f(x)=\dfrac{x+1}{2x^2-x}$；　(2) $f(x)=\sqrt{16-x^2}$；

(3) $f(x)=\lg(5x-3)$；　(4) $f(x)=\lg(1-x)+\sqrt{x+2}$.

解：　(1) 在分式 $\dfrac{x+1}{2x^2-x}$ 中，分母不能为零，所以 $2x^2-x\neq 0$，解得 $x\neq\dfrac{1}{2}$ 且 $x\neq 0$，即定义域为 $(-\infty,0)\cup\left(0,\dfrac{1}{2}\right)\cup\left(\dfrac{1}{2},+\infty\right)$.

(2) 在偶次根式中，被开方式必须大于等于零，所以有 $16-x^2\geqslant 0$，解得 $-4\leqslant x\leqslant 4$，即定义域为 $[-4,4]$.

(3) 在对数式中,指数必须大于零,所以有 $5x-3>0$,解得 $x>\frac{3}{5}$,即定义域为 $\left(\frac{3}{5},+\infty\right)$.

(4) 这是两个函数之和的定义域,先分别求出每个函数的定义域,然后求其公共部分即可.使 $\lg(1-x)$ 有定义,必须满足 $1-x>0$,解得 $x<1$,即 $\lg(1-x)$ 的定义域为 $(-\infty,1)$;使 $\sqrt{x+2}$ 有定义,必须满足 $x+2\geqslant 0$,解得 $x\geqslant -2$,即 $\sqrt{x+2}$ 的定义域为 $[-2,+\infty)$;所以,所求函数的定义域为 $[-2,1)$.

例 4 设有函数 $f(x)=x-1$ 和 $g(x)=\frac{x^2-1}{x+1}$,问它们是否为同一函数?

解: $f(x)$ 的定义域为 $(-\infty,+\infty)$,$g(x)$ 的定义域为 $(-\infty,-1)\cup(-1,+\infty)$,二者定义域不同,所以不是同一函数.

1.1.3 函数的表示法

在函数的定义中,并没有规定用什么方法来表示函数,为了能很好地研究函数关系,就应该采用适当的方法把它表示出来.常用的函数表示法有解析法(又称公式法)、列表法和图像法,例如:

(1) $y=\ln(x-1)$,这是一个用解析式子表示的函数,当 x 在 $(1,+\infty)$ 取任何值时,由该式可以确定唯一的 y 值.

(2) 表 1.1 以列表法给出了一个国家国内生产总值与年份之间的函数关系,此函数用解析法和图像法较难给出.

表 1.1 单位:亿元

年份	2018 年	2017 年	2016 年	2015 年	2014 年	2013 年	2012 年
GDP	900 309.5	820 754.3	740 060.8	685 992.9	641 280.6	592 963.2	538 580.0

(3) 图 1.1 以图像法给出一个国家人口出生率与时间之间的函数关系,它用解析法和列表法则较难完成.

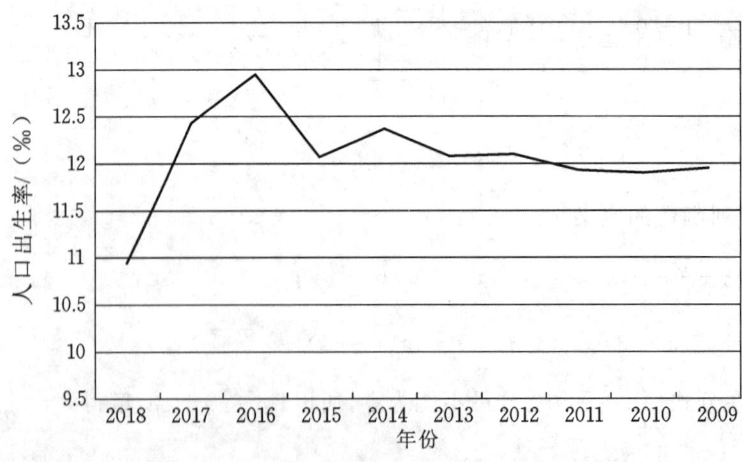

图 1.1

1.1.4　分段函数

例 5　为加强公民节水意识，某市制定了以下用水收费标准：每户每月用水未超过 7 立方米时，每立方米用水收取 2 元水费以及 0.4 元的污水处理费；超过 7 立方米时，超出部分每立方米收取 3 元水费以及 0.8 元的污水处理费.设每户每月用水量为 x（立方米），应交水费为 y（元），写出 y 与 x 之间的函数关系式.

解：
$$y=\begin{cases}2.4x, & x\leqslant 7,\\ 3.8x-9.8, & x>7.\end{cases}$$

称这样把定义域分成若干部分，函数关系由不同的式子分段表示的函数为分段函数.分段函数是用公式法表达函数的一种方式，在理论分析和实际应用方面都是很有用的.

例 6　设 $y=\begin{cases}x^2, & 0\leqslant x\leqslant 1,\\ 2x, & 1<x\leqslant 2,\end{cases}$ 求函数定义域及 $f\left(\frac{1}{2}\right)$，$f(1)$，$f\left(\frac{3}{2}\right)$ 的值.

解： $f(x)$ 的定义域是 $[0,2]$，当 $x\in[0,1]$ 时，$f(x)=x^2$；当 $x\in(1,2]$ 时，$f(x)=2x$.

由于 $\frac{1}{2}$，$1\in[0,1]$，因此，$f(\frac{1}{2})=(\frac{1}{2})^2=\frac{1}{4}$；$f(1)=1^2=1$；而 $\frac{3}{2}\in(1,2]$，因此 $f(\frac{3}{2})=2\times\frac{3}{2}=3$.

注意：分段函数是用几个公式合起来表示一个函数，而不是表示几个函数.对于自变量 x 在定义域内的某个值，分段函数 y 只能确定唯一的值.分段函数的定义域是各段自变量集合的并集.

例 7　$f(x)=\begin{cases}\frac{1}{2}x, & 0\leqslant x<1,\\ x, & 1\leqslant x<2,\\ x^2-6x+\frac{19}{2}, & 2\leqslant x<4.\end{cases}$ 求 $f(\frac{1}{2})$，$f(1)$，$f(3)$.

解：　因为 $\frac{1}{2}\in[0,1)$，所以 $f\left(\frac{1}{2}\right)=\frac{1}{2}\times\frac{1}{2}=\frac{1}{4}$；

因为 $1\in[1,2)$，所以 $f(1)=1$；

因为 $3\in[2,4)$，所以 $f(3)=3^2-6\times 3+\frac{19}{2}=\frac{1}{2}$.

同步练习 1.1

1.求下列函数的定义域.

(1) $y=\frac{1}{3x-x^2}$；　　(2) $y=\sqrt{x^2-x-2}$；

(3) $y=\ln(4-x^2)$；　　(4) $y=\arcsin 3x$.

2.已知 $f(x)=\begin{cases}x^2+2, & x>0,\\ 1, & x=0,\\ 2x, & x<0.\end{cases}$ 求 $f(-1)$，$f(0)$，$f(1)$ 的值，并作出函数的图形.

子项目 1.2　函数的几种特性

设函数 $f(x)$ 在某区间 I 上有定义.

1.2.1　有界性

如果存在正数 M,使得对于任意的 $x \in I$,都有不等式 $|f(x)| \leqslant M$ 成立,则称 $f(x)$ 在 I 上有界,如果这样的 M 不存在,就称函数 $f(x)$ 在 I 上无界.

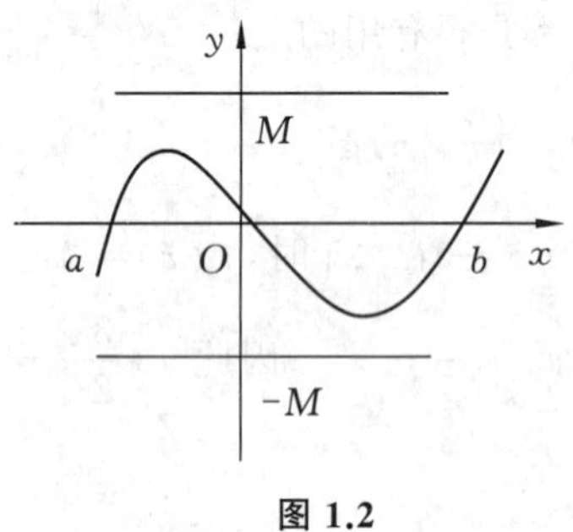

图 1.2

如图 1.2 所示,函数 $f(x)$ 在区间 (a,b) 内有界的几何意义是:曲线 $y=f(x)$ 在区间 (a,b) 内被限制在 $y=-M$ 和 $y=M$ 两条直线之间.

对函数的有界性,要注意以下两点:

(1) 当一个函数 $y=f(x)$ 在 (a,b) 内有界时,正数 M 的取值不是唯一的,例如 $y=\sin x$ 在 $(-\infty,+\infty)$ 内是有界的,有 $|\sin x| \leqslant 1$,但我们也可以取 $M=2$,即 $|\sin x| \leqslant 2$ 总是成立的,实际上 M 也可以取任何大于 1 的数.

(2) 有界性是依赖区间的.例如 $y=\dfrac{1}{x}$ 在区间 $(1,2)$ 内是有界的,但在区间 $(0,1)$ 内则无界.

1.2.2　单调性

若对于区间 I 内任意两点 x_1,x_2,当 $x_1<x_2$ 时,有 $f(x_1)<f(x_2)$,则称 $f(x)$ 在 I 上单调递增,区间 I 称为单调增区间;当 $x_1<x_2$ 时,有 $f(x_1)>f(x_2)$,则称 $f(x)$ 在 I 上单调减少,区间 I 称为单调减区间.单调增区间和单调减区间统称为单调区间.

严格单调增加的函数图形是沿 x 轴正向上升的,如图 1.3 所示;严格单调减少的函数图形是沿 x 轴正向下降的,如图 1.4 所示.

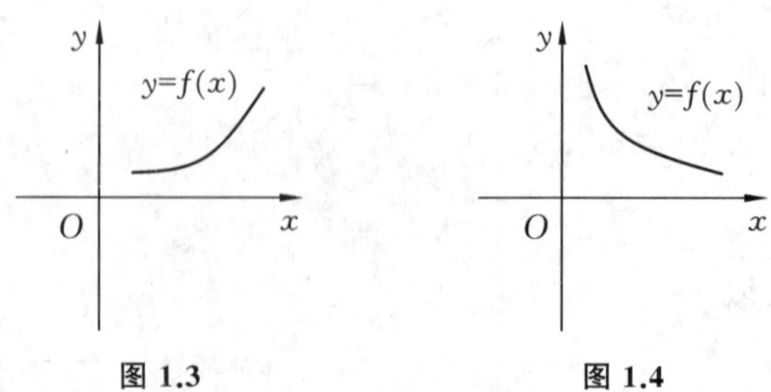

图 1.3　　　图 1.4

1.2.3　奇偶性

设 I 为关于原点对称的区间,若对于任意 $x \in I$,都有 $f(-x)=f(x)$,则称 $f(x)$ 为偶函数;若 $f(-x)=-f(x)$,则称 $f(x)$ 为奇函数.

偶函数的图像是关于 y 轴对称的，如图 1.5 所示；奇函数的图像是关于原点对称的，如图1.6 所示.

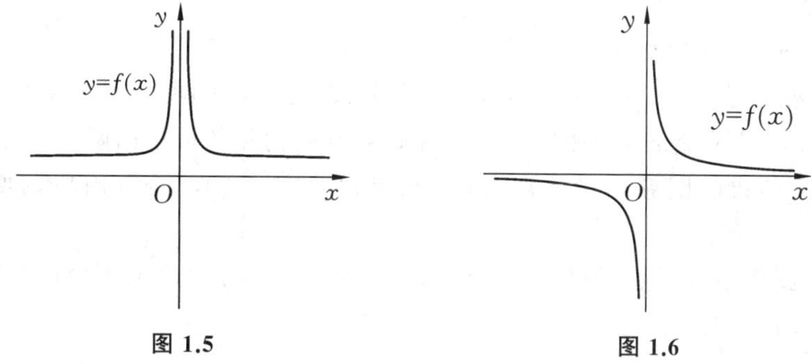

图 1.5　　　　图 1.6

例 8　判断下列函数的奇偶性.

(1) $f(x)=x^3$；(2) $f(x)=3x^4-5x^2+7$；(3) $f(x)=2x^2+\sin x$.

解： (1) 因为 $f(-x)=(-x)^3=-x^3=-f(x)$，所以 $f(x)=x^3$ 为奇函数.

(2) 因为 $f(-x)=3(-x)^4-5(-x)^2+7=3x^4-5x^2+7=f(x)$，所以 $f(x)=3x^4-5x^2+7$ 为偶函数.

(3) 因为 $f(-x)=2(-x)^2+\sin(-x)=2x^2-\sin x\neq f(x)$，同样也可以得到 $f(-x)\neq -f(x)$，所以 $f(x)=2x^2+\sin x$ 既非奇函数，也非偶函数.

1.2.4　周期性

若存在不为零的常数 T，使得对任意 $x\in I$，有 $x+T\in I$，且 $f(x+T)=f(x)$，则称 $f(x)$ 为周期函数.满足这个等式的最小正数 T 称为函数的最小正周期，简称周期.

例如 $y=\sin x$ 是周期函数，最小正周期为 2π.

同步练习 1.2

1.判断下列函数的奇偶性.

(1) $y=x\sin x$；

(2) $y=\sin x-\cos x$；

(3) $y=x^2-2\cos x$；

(4) $y=\dfrac{e^x+1}{e^{-x}-1}$；

(5) $y=\dfrac{a^x-a^{-x}}{2}(a>0, a\neq 1)$；

(6) $y=\ln\dfrac{1-x}{1+x}$.

子项目 1.3　初等函数

1.3.1　基本初等函数

常数函数、幂函数、指数函数、对数函数、三角函数、反三角函数统称为基本初等函数，这些函数在中学已经学过，这里将系统列出它们的简单性质和图像.

1）常数函数 $y=c$（c 为常数）

$y=c$ 的定义域是$(-\infty,+\infty)$，它的图像是过点$(0,c)$且平行于 x 轴的一条直线，如图 1.7 所示，它是偶函数.

2）幂函数 $y=x^a$（a 为实数）

幂函数的情况比较复杂，我们只讨论 $x\geqslant 0$ 的情况.当 a 取不同值时，幂函数的定义域不同，为了便于比较，我们只讨论 $x\geqslant 0$ 的情形，而当 $x<0$ 时的图像可根据函数的奇偶性确定.

当 $a>0$ 时，函数的图像通过原点$(0,0)$和点$(1,1)$，在$(0,+\infty)$内单调增加且无界，如图 1.8 所示.

当 $a<0$ 时，图像不过原点，但仍通过点$(1,1)$，在$(0,+\infty)$内单调减少且无界，曲线以 x 轴和 y 轴为渐近线，如图 1.8 所示.

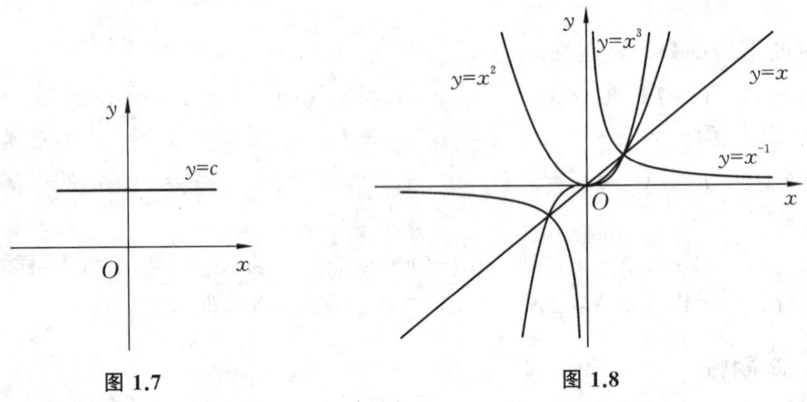

图 1.7　　图 1.8

3）指数函数 $y=a^x$（$a>0,a\neq 1,a$ 是常数）

指数函数的定义域为$(-\infty,+\infty)$.当 $a>1$ 时，它严格单调增加；当 $0<a<1$ 时，它严格单调减少.对于任何的 a（$a>0,a\neq 1$），它的值域都是$(0,+\infty)$，函数的图形都过点$(0,1)$，如图 1.9 所示.

4）对数函数 $y=\log a^x$（$a>0,a\neq 1,a$ 是常数）

对数函数 $y=\log a^x$ 是指数函数 $y=a^x$ 的反函数，它的定义域为$(0,+\infty)$.当 $a>1$ 时，它严格单调增加；当 $0<a<1$ 时，它严格单调减少.对于任何的 a（$a>0,a\neq 1$），$y=\log a^x$ 的值域都是$(-\infty,+\infty)$，函数的图形都过点$(1,0)$，如图 1.10 所示.

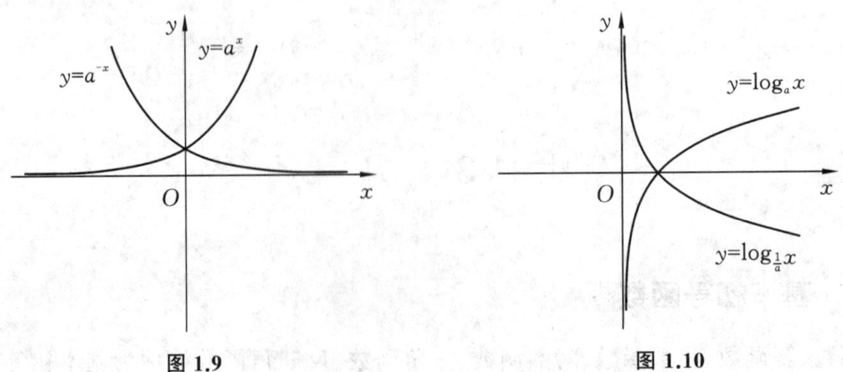

图 1.9　　图 1.10

以无理数 e＝2.718 281 8… 为底的对数函数 $y=\log_e x$ 叫作自然对数函数，简记作 $y=\ln x$.

5）三角函数

常用的三角函数有：

正弦函数 $y=\sin x$；余弦函数 $y=\cos x$；正切函数 $y=\tan x$；余切函数 $y=\cot x$.

$y=\sin x$ 与 $y=\cos x$ 的定义域为$(-\infty,+\infty)$，它们都是以 2π 为周期的周期函数，都是有界函数，如图 1.11 和图 1.12 所示.

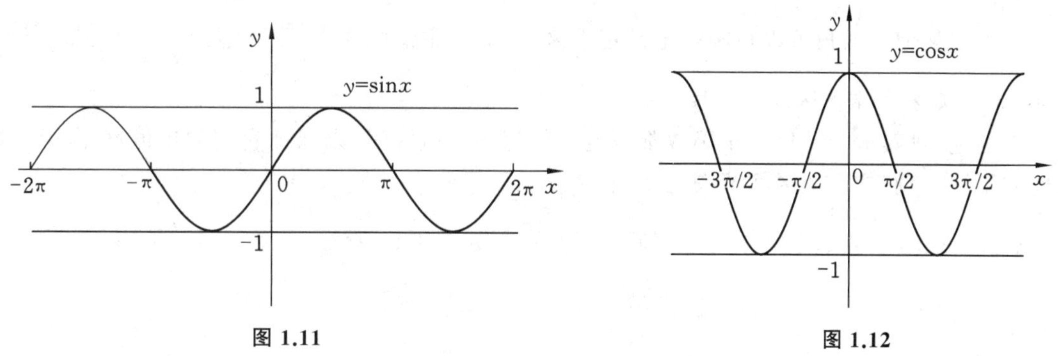

图 1.11

图 1.12

$y=\tan x$ 的定义域为除去 $x=n\pi+\dfrac{\pi}{2}(n=0,\pm1,\pm2,\cdots)$ 以外的全体实数，如图 1.13 所示.

$y=\cot x$ 的定义域为除去 $x=n\pi(n=0,\pm1,\pm2,\cdots)$ 以外的全体实数，如图 1.14 所示.

$y=\tan x$ 和 $y=\cot x$ 都是以 π 为周期的周期函数，并且在其定义域内是无界函数.

$y=\sin x$，$y=\tan x$ 及 $y=\cot x$ 都是奇函数，$y=\cos x$ 是偶函数.

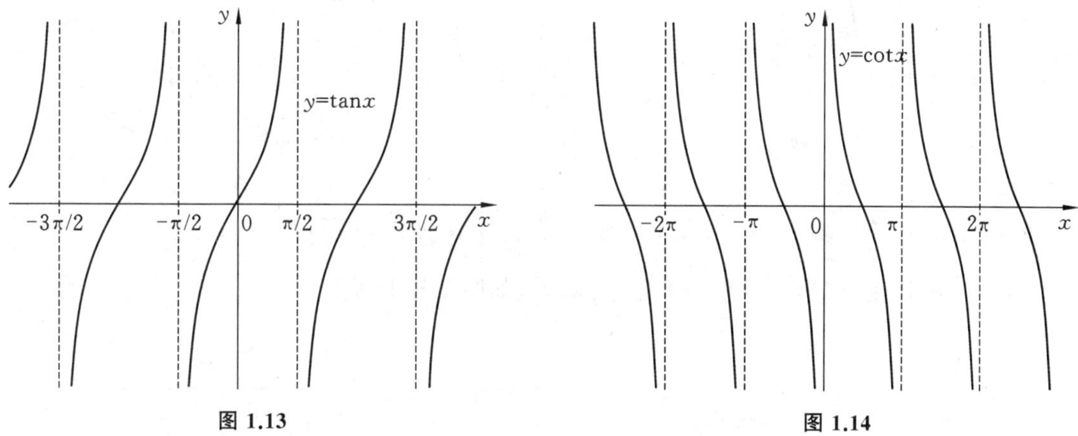

图 1.13

图 1.14

三角函数还包括正割函数 $y=\sec x$，余割函数 $y=\csc x$，其中 $\sec x=\dfrac{1}{\cos x}$，$\csc x=\dfrac{1}{\sin x}$.它们都是以 2π 为周期的周期函数，并且在开区间$\left(0,\dfrac{\pi}{2}\right)$内都是无界的.

6）反三角函数

常用的反三角函数有：反正弦函数 $y=\arcsin x$，反余弦函数 $y=\arccos x$，反正切函数 $y=\arctan x$，反余切函数 $y=\operatorname{arccot} x$.

它们是作为相应三角函数的反函数定义出来的.

例如$\left[-\frac{\pi}{2},\frac{\pi}{2}\right]$内表示正弦值为$\frac{1}{2}$的角,我们知道$\frac{\pi}{6}$的正弦值是$\frac{1}{2}$,所以有$y=\frac{\pi}{6}$,但实际上,$y=2k\pi+\frac{\pi}{6}$,$y=2k\pi+\frac{5\pi}{6}(k=0,\pm1,\pm2,\cdots)$的正弦值都是$\frac{1}{2}$.为了避免$y=\arcsin x$的多值性,我们限定了一个区间$\left[-\frac{\pi}{2},\frac{\pi}{2}\right]$,这个区间叫作反正弦函数的主值区间.在这个区间内,正弦函数取某个值的角可以被唯一地确定下来,例如在主值区间内,正弦值为$\frac{1}{2}$的角只能是$\frac{\pi}{6}$.而$\arcsin x$则表示主值区间内的反正弦.

类似地,对其他几种反三角函数都规定了相应的主值区间,以保证它们的单值性.由于函数的性质不同,它们的主值区间范围也不同.

$y=\arcsin x$:定义域$[-1,1]$,值域$\left[-\frac{\pi}{2},\frac{\pi}{2}\right]$,如图 1.15 所示.

$y=\arccos x$:定义域$[-1,1]$,值域$[0,\pi]$,如图 1.16 所示.

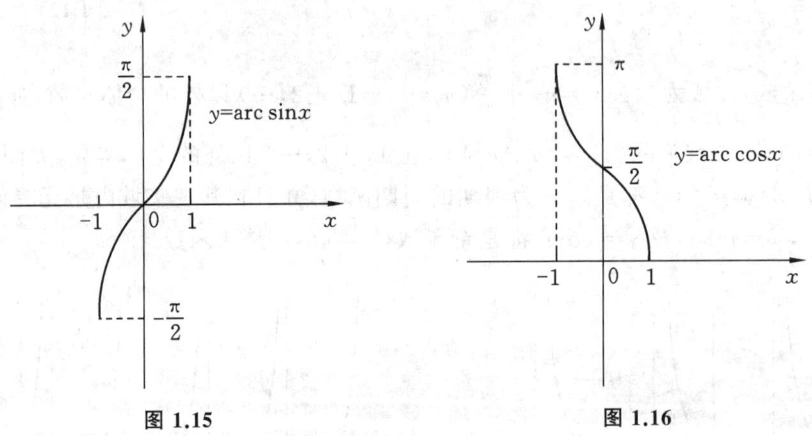

图 1.15　　图 1.16

$y=\arctan x$:定义域$(-\infty,+\infty)$,值域$\left(-\frac{\pi}{2},\frac{\pi}{2}\right)$,如图 1.17 所示.

$y=\operatorname{arccot} x$:定义域$(-\infty,+\infty)$,值域$[0,\pi]$,如图 1.18 所示.

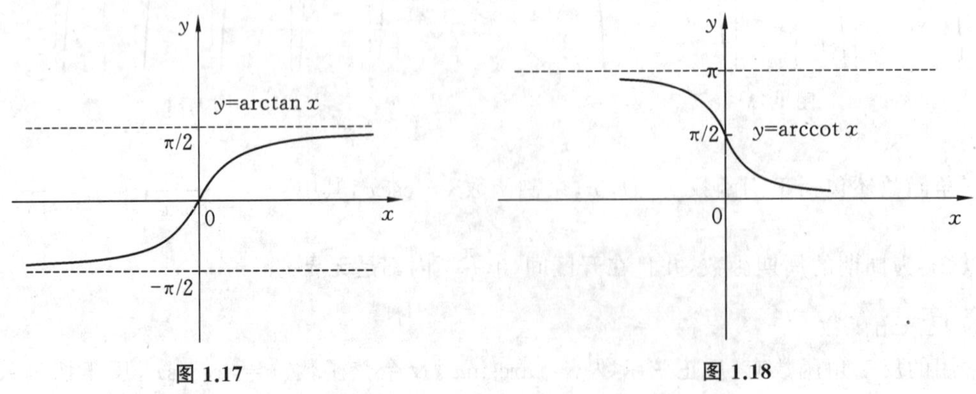

图 1.17　　图 1.18

1.3.2　复合函数

在实际问题中,两个变量的联系有时不是直接的,而是通过另一个变量联系起来的.比如:

某企业的总收入 R 是产量 Q 的函数 $R=f(Q)$,而该企业的产量 Q 又是投入劳动力 L 的函数 $Q=g(L)$.这样,对于每一个劳动力 L 的值,经过 Q 都有一个 R 的值与之对应,我们就说 R 是关于 L 的复合函数.

定义 1-2　设 y 是 u 的函数 $y=f(u)$,u 是 x 的函数 $u=\varphi(x)$.如果 $u=\varphi(x)$ 的值域或其部分包含在 $y=f(u)$ 的定义域中,则 y 通过中间变量 u 成为 x 的函数,称为 x 的复合函数,记作

$$y=f[\varphi(x)].$$

其中,x 是自变量,u 称作中间变量.

注意:(1) 不是任何两个函数都可以复合.例如:$y=\arcsin u$,$u=2+x^2$ 就不能复合成一个复合函数.由于 $u=2+x^2$ 的定义域中的任何 x 值所对应的 u 值都大于或等于 2,而 $y=\arcsin x$ 的定义域为 $[-1,1]$,即 u 的值域全部落在 $y=\arcsin u$ 的定义域外.

(2) 复合函数也可以由两个以上的函数经过复合构成,复合的方法就是代入.

(3) 复合函数通常不一定是由纯粹的基本初等函数复合而成,而更多的是由基本初等函数经过四则运算形成的简单函数构成的,这样复合函数的合成和分解往往是针对简单函数的.

例 9　已知 $y=\sqrt{u}$,$u=3x-1$,将 y 表示成 x 的函数.

解:　将 $u=3x-1$ 代入 $y=\sqrt{u}$,得

$$y=\sqrt{3x-1}.$$

例 10　指出下列复合函数是由哪些简单函数复合而成的.

(1) $y=e^{\cos x}$;　　(2) $y=\ln\sin\sqrt{x}$.

解:　(1) 函数 $y=e^{\cos x}$ 是由 $y=e^u$,$u=\cos x$ 复合而成的.

(2) 函数 $y=\ln\sin\sqrt{x}$ 是由 $y=\ln u$,$u=\sin v$,$v=\sqrt{x}$ 复合而成的.

1.3.3　初等函数

由基本初等函数经过有限次四则运算和有限次的函数复合所构成且用一个解析式表示的函数,称为初等函数.

如 $y=\ln(x+\sqrt{x^3}+3)$,$y=e^{\cos x}\tan x$ 等都是初等函数;$y=|x|=\begin{cases}x, & x\geqslant 0,\\ -x, & x<0,\end{cases}$ 尽管有两个表达式表示,但 $y=|x|=\sqrt{x^2}$ 仍是初等函数;而 $y=\begin{cases}2x, & x<0,\\ e^x, & x\geqslant 0\end{cases}$ 则是非初等函数.

同步练习 1.3

1.将下列复合函数进行分解.

(1) $y=\sqrt{2x+1}$;　　(2) $y=e^{\tan x}$;

(3) $y=\sin^2(2x-1)$;　　(4) $y=\ln\sin(x+1)$.

子项目 1.4　常用的经济函数

1.4.1　需求函数

一种商品的市场需求量 Q 与该商品的价格 p 密切相关，通常降低商品价格会使需求量增加，提高商品价格会使需求量减少.如果不考虑其他因素的影响，需求量 Q 可以看成价格 p 的一元函数，称为需求函数，记作

$$Q=Q(p).$$

一般来说，需求函数为价格 p 的单调减少函数.

根据市场统计资料，常见的需求函数有以下几种类型：

(1) 线性需求函数 $Q=a-bp\,(a>0,b>0)$；

(2) 二次需求函数 $Q=a-bp-cp^2\,(a>0,b>0,c>0)$；

(3) 指数需求函数 $Q=a\mathrm{e}^{-bp}\,(a>0,b>0)$.

需求函数 $Q=Q(p)$ 的反函数，就是价格函数，记作

$$P=P(q).$$

价格函数也反映商品的需求与价格的关系.

1.4.2　供给函数

某种商品的市场供给量 S 也受价格 p 的制约：价格上涨将刺激生产者向市场提供更多的商品，使供给量增加；反之，价格下跌将使供给量减少.供给量 S 也可看作价格 p 的一元函数，称为供给函数，记为

$$S=S(p).$$

供给函数为价格 p 的单调增加函数.

常见的供给函数有线性函数、二次函数、幂函数、指数函数等.其中，线性供给函数为

$$S=-c+dp\,(c>0,d>0).$$

1.4.3　总成本函数

产品的总成本函数是指生产一定数量的产品所需的成本总数，它由固定成本与变动成本构成.固定成本不受产量多少的影响，它是与产量无关的常数，而变动成本是随着产量的变化而变化的.

一般总成本函数 C 表示如下：

$$C=C(Q)=C_{变}+C_{固},$$

其中 Q 表示产量，$C_{变}$ 为变动成本，$C_{固}$ 为固定成本.

1.4.4　收益函数

收益是指厂商出售商品的总收入，它与商品的价格 p、销售量 Q 有关，一般总收益函数 R 可表示为：

$$R = R(Q) = pQ$$

注意:

(1) 由于商品在销售过程中的价格一般都是波动的,因此上式中的价格 p 一般指平均价格;

(2) 总收益 R 应是关于销售量 Q 的函数;

(3) 在实际中,产量、销量、需求量一般是不相等的.但是,在数学里,为研究问题方便,我们假设

$$产量=销量=需求量.$$

1.4.5　利润函数

总收益减去总成本,得到的就是利润 L,表示为

$$L = L(Q) = R - C = R(Q) - C(Q).$$

注意:利润 $L(Q)$ 也是关于产量 Q 的函数.

例 11　设某工厂的总成本中,固定成本为 20 000 元,单位产品的变动成本为 3000 元,单价为 5000 元,求产量 Q 对总成本 C、收益 R 及利润 L 的影响.

解:　由前面的关系式可知:

总成本函数为:$C = 20\ 000 + 3000Q$;

总收益函数为:$R = 5000Q$;

总利润函数为:$L = R - C = 2000Q - 20\ 000$.

同步练习 1.4

1. 某机床厂生产机床的固定成本为 a 元,每生产一台机床,总成本增加 b 元,试求总成本函数和平均成本函数;若每台机床销售价为 p 元,试求收益函数、利润函数和保本点.

2. 设某厂生产某种商品的总成本函数为 $C(q) = 15q + 10\ 500$ (元),其中 q 表示产量.若以单价 $p = 30$ 元出售,试求保本点.如果以另一种方式生产这种商品,其总成本函数为 $C(q) = 12q + 11\ 160$(元),试问:这对生产者是否更有利?

3. 设某商品,通过市场调查,当价格为 p 时的需求量为 $q = 15\ 000 - 750p$.生产这种商品的固定成本为 7000 元,单位变动成本(包括原材料和劳务费等)为 4 元.

试求:总成本函数、平均成本函数、收益函数和利润函数.

4. 已知某商品的价格函数为 $p = 18 - 2q$,其中,q 是销售量,p 是价格,平均成本是 6 元.试求:(1) 收益函数;(2) 成本函数;(3) 利润函数.

5. 有一工厂每年需要某种材料 9000 吨,这个厂对该种材料的消耗是均匀的.已知这种材料每吨每年库存费为 2 元,每次订货手续费为 40 元,试建立总费用与批量的函数关系.

6. 某厂生产某种商品,其年销售量为 100 万件,每批生产需准备费 1000 元,而每件商品每年库存费为 0.05 元,如果该商品年销售率是均匀的,试建立总费用与批量的关系式.

复习题 1

1. 下列各题中,$f(x)$ 和 $g(x)$ 是否代表同一函数?为什么?

(1) $f(x)=\frac{x^2-9}{x-3}, g(x)=x+3$；

(2) $f(x)=x-1, g(x)=\sqrt{(x-1)^2}$；

(3) $f(x)=\sqrt{x-1}\sqrt{x+1}, g(x)=\sqrt{x^2-1}$；

(4) $f(x)=1, g(x)=\sin^2 x+\cos^2 x$.

2. 求下列函数的定义域.

(1) $y=\frac{2x}{x^2-3x+2}$；

(2) $y=\frac{1}{\sqrt{x+2}}$；

(3) $y=\ln x+\arcsin x$；

(4) $y=\arctan x+\sqrt{1-x}$.

3. 求函数值.

(1) $f(x)=\frac{1-x}{1+x}$，求 $f\left(\frac{1}{x}\right)$.

(2) $f(x)=3x+2$，求$\frac{f(1+h)-f(1)}{h}$.

4. 判断下列函数的奇偶性.

(1) $f(x)=x\sin x$；

(2) $f(x)=\sin x-\cos x$；

(3) $f(x)=2+5\cos x$；

(4) $f(x)=x^4(x^2-1)$；

(5) $f(x)=x(x-1)(x+1)$；

(6) $f(x)=\lg\left(x+\sqrt{1+x^2}\right)$.

5. 如果 $y=u^2, u=\lg x$，将 y 表示成 x 的函数.

6. 设 $f(x)=\frac{x}{1-x}$，求 $f[f(x)]$.

7. 下列函数可以看成由哪些简单函数复合而成？

(1) $y=\sqrt{3x-1}$；

(2) $y=5(x+2)^2$；

(3) $y=\sin^2\left(3x+\frac{\pi}{4}\right)$；

(4) $y=3^{\tan^2 x}$；

(5) $y=\ln\tan x$；

(6) $y=\sqrt{\ln\sqrt{x}}$.

8. 某厂产品日产量为 1500 吨，每吨定价为 150 元，销售量不超过 1000 吨的部分按原价出售，超过 1000 吨的部分按 9 折出售，若将销售总收入看作销售量的函数，试写出函数表达式.

9. 某种服装，若零售价每件定位 40 元，可卖出 800 件，如果每件售价每减少 2 元，则可多卖出 30 件，试求卖出件数与售价的需求函数关系.

10. 某毛巾厂生产千条毛巾需变动成本 350 元，每天固定成本为 1050 元，每千条毛巾出厂价为 700 元，求每天的总成本函数、总收益函数、总利润函数.

项目二

极限与连续

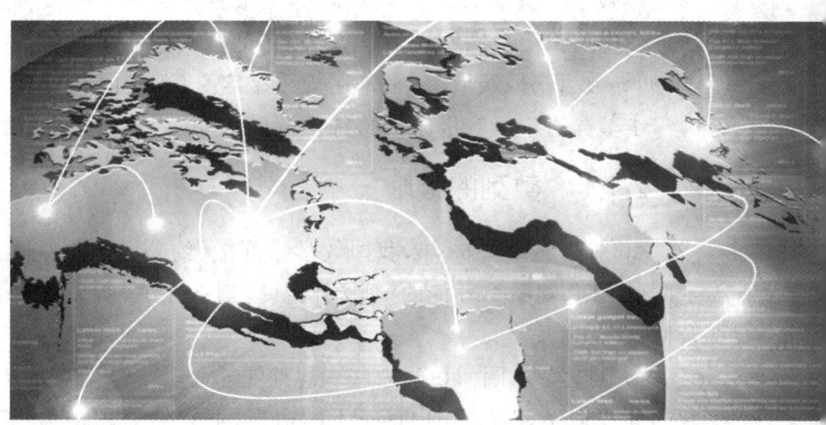

JINGJI
SHUXUE

1. 知识目标

● 了解左右极限、无穷小、无穷大的概念；

● 掌握函数极限的概念；

● 掌握无穷小的性质、函数的连续性；

● 掌握极限的运算、两个重要的极限.

2. 技能目标

● 能运用极限的四则运算法则、两个重要极限公式求极限；

● 能运用左右极限的概念求分段函数在分段点的极限.

子项目 2.1　极限的概念

极限是微积分中最基本的概念，极限的方法是人们从有限中认识无限、从近似中认识精确、从量变中认识质变的一种数学方法，它是微积分的基本思想方法，微积分中其他的一些重要概念，如导数、积分、级数等，都是用极限来定义的，极限是贯穿高等数学各知识环节的主线.

本节先讨论函数极限的特殊情况 —— 数列的极限，然后推广到一般函数的极限.

2.1.1　数列的极限

引例 1　公元 263 年，我国数学家刘徽（约公元 225— 约 295 年）注解了《九章算术》，并提出了“割圆术”.刘徽形容他的“割圆术”说：割之弥细，所失弥少，割之又割，以至于不可割，则与圆合体，而无所失矣.

“割圆术”求圆面积的做法和思路是：对于一个半径为 R 的圆，先作圆的内接正六边形，把它的面积记为 A_1；再作内接正十二边形，把它的面积记为 A_2；再作内接正二十四边形，其面积为 A_3，循此下去，每次边数成倍增加，得到一系列圆内接正多边形的面积 $A_1,A_2,A_3,\cdots,A_n,\cdots$，构成一列有次序的数，其中内接正 $6\times 2^{n-1}$ 边形的面积记为 $A_n(n\in \mathbf{Z}^+)$.

在几何上，n 越大，对应的内接正多边形就越接近于圆，即圆与正多边形的面积 A_n 之差就越小，因此以 A_n 作为圆面积的近似值就越精确，但无论内接正多边形的边数有多大，所计算的 A_n 始终不是圆的面积.

如果 n 无限增大，A_n 将无限接近某个确定的数.为了刻画数列的这种变化趋势，下面引入数列极限的概念.

1. 数列

按先后次序排列的一列数 $x_1,x_2,x_3,\cdots,x_n,\cdots$，称为数列，简记为 $\{x_n\}$.其中，x_1 叫作数列的第一项，又称首项；x_2 叫作数列的第二项；x_n 叫作数列的第 n 项，又称通项.

例如：

(1) $\frac{1}{2},\frac{2}{3},\frac{3}{4},\cdots,\frac{n}{n+1},\cdots$；　　(2) $2,4,8,\cdots,2^n,\cdots$；

(3) $\frac{1}{2},\frac{1}{4},\frac{1}{8},\cdots,\frac{1}{2^n},\cdots$;　　(4)$1,-1,1,\cdots,(-1)^{n+1},\cdots$;

(5)$1,2+\frac{1}{2},2-\frac{1}{3},2+\frac{1}{4},\cdots,2+\frac{(-1)^n}{n},\cdots$

都是数列的例子,它们的通项依次为

$$\frac{n}{n+1},2^n,\frac{1}{2^n},(-1)^{n+1},2+\frac{(-1)^n}{n}.$$

数列$\{x_n\}$可以看作自变量为自然数n的函数:$x_n=f(n)$,它的定义域是全体正整数.

2. 数列极限的直观定义

观察上面的几个数列,可以看出:(1) 当$n\to\infty$时,通项$x_n=\frac{n}{n+1}$无限接近于常数1;(2) 当$n\to\infty$时,通项$x_n=2^n$无限变大;(3) 当$n\to\infty$时,通项$x_n=\frac{1}{2^n}$无限接近于常数0;(4) 当$n\to\infty$时,通项$x_n=(-1)^{n+1}$在1与-1之间来回跳跃;(5) 当$n\to\infty$时,通项$x_n=2+\frac{(-1)^n}{n}$在2的左右两侧不停地摆动,而且越来越趋近于2,有固定的变化趋势.

定义 2-1　对于数列$\{x_n\}$,当项数n无限增大时,数列的通项x_n无限接近于一个确定的常数A,则称A是数列的极限,记为$\lim\limits_{n\to\infty}x_n=A$或$x_n\to A\ (n\to\infty)$,并称数列$\{x_n\}$收敛于$A$.若数列$\{x_n\}$没有极限,则称数列$\{x_n\}$是发散的.

根据数列极限的定义,上述例子中数列(1)、(3)、(5)的极限分别为$\lim\limits_{n\to\infty}\frac{n}{n+1}=1$,$\lim\limits_{n\to\infty}\frac{1}{2^n}=0$,$\lim\limits_{n\to\infty}\left[2+\frac{(-1)^n}{n}\right]=2$.数列(2)和(4)是发散的.

例 1　观察下列数列的变化趋势,指出它们的极限.

(1)$1,\frac{1}{2^2},\frac{1}{3^2},\frac{1}{3^2},\cdots,\frac{1}{n^2},\cdots$;

(2)$2,4,6,\cdots,2n,\cdots$.

解:　(1) 当n无限增大时,通项$\frac{1}{n^2}$无限接近于常数零,即$\lim\limits_{n\to\infty}\frac{1}{n^2}=0$.

(2) 当n无限增大时,$2n$也无限增大,它不趋近于任何常数,该数列没有极限.

2.1.2　函数的极限

1. 当 $x\to\infty$ 时,函数 $f(x)$ 的极限

案例 1　函数的变化趋势:

考察当$x\to\infty$时,函数$f(x)=\frac{1}{x}$的变化趋势.

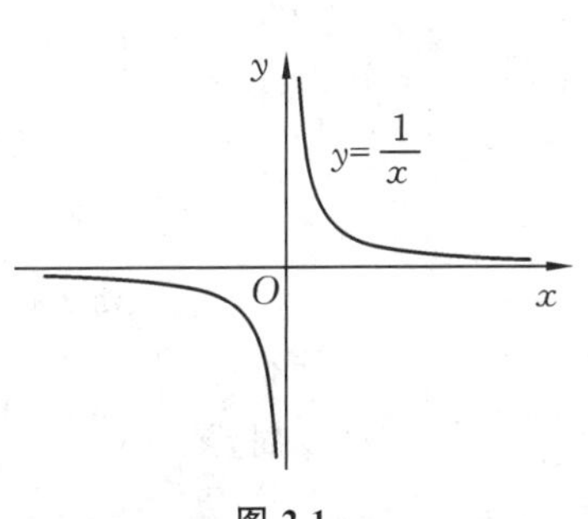

图 2.1

分析:$x\to\infty$表示自变量的绝对值无限增大,为区别起见,把$x>0$且无限增大记为$x\to+\infty$;把$x<0$且绝对值无限增大

记为 $x\to-\infty$.当 $x\to\infty$时，需同时考虑当 $x\to+\infty$和 $x\to-\infty$时，函数 $f(x)$ 的变化趋势.如图 2.1 所示，x 轴是一条水平渐近线，也就是说，当自变量 x 的绝对值无限增大时，相应的函数值 y 无限趋近于常数 0.

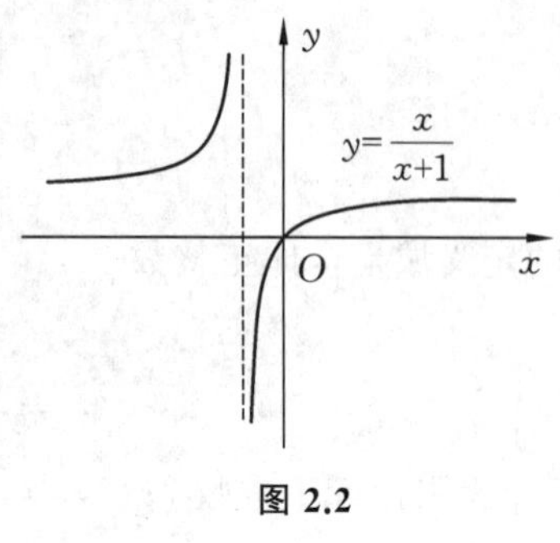

图 2.2

案例 2　函数的变化趋势：

考察当 $x\to\infty$时，函数 $f(x)=\dfrac{x}{x+1}$ 的变化趋势.

分析：如图 2.2 所示，当 $x\to\infty$(包括 $x\to+\infty$，$x\to-\infty$) 时，函数 $f(x)=\dfrac{x}{x+1}$ 无限趋近于常数 1.

一般地，我们有如下定义：

定义 2-2　如果当 x 的绝对值无限增大时，函数 $f(x)$ 无限趋近于一个确定的常数 A，则称当 $x\to\infty$时函数以常数 A 为极限，记作

$$\lim_{x\to\infty}f(x)=A \text{ 或 } f(x)\to A\ (x\to\infty).$$

上面讨论 $x\to\infty$时函数 $f(x)$ 的极限，有时我们还需讨论 $x\to-\infty$和 $x\to+\infty$时，函数的变化趋势.

定义 2-3　若取 x 负值且其绝对值 $|x|$ 无限增大时，函数 $f(x)$ 无限趋近于一个确定的常数 A，则称当 $x\to-\infty$时 函数以常数 A 为极限，记作

$$\lim_{x\to-\infty}f(x)=A \text{ 或 } f(x)\to A\ (x\to-\infty).$$

定义 2-4　若取 x 正值且无限增大时，函数 $f(x)$ 无限趋近于一个确定的常数 A，则称当 $x\to+\infty$时 函数以常数 A 为极限，记作

$$\lim_{x\to+\infty}f(x)=A \text{ 或 } f(x)\to A\ (x\to+\infty).$$

例 2　考察当 $x\to+\infty$和 $x\to-\infty$时，函数 $y=\left(\dfrac{1}{2}\right)^x$ 与 $y=(2)^x$ 的变化趋势.

解：　两个函数的图像分别如图 2.3 和图 2.4 所示.

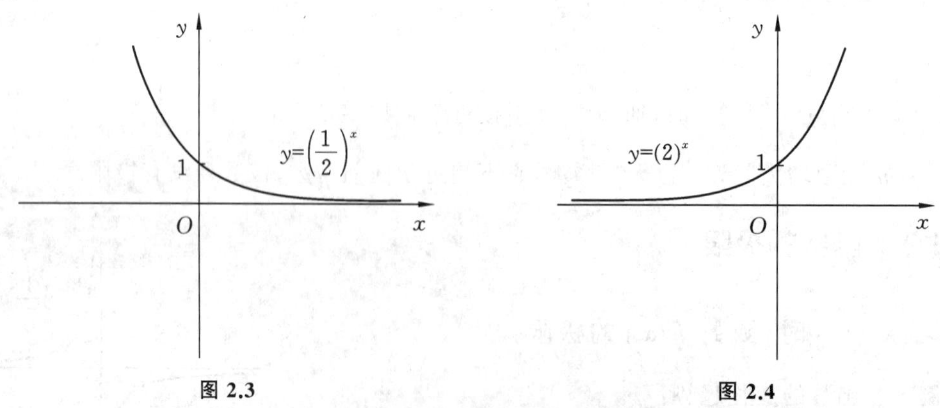

图 2.3　　　　图 2.4

当 $x\to+\infty$时，函数 $y=\left(\dfrac{1}{2}\right)^x\to0$，所以 $\lim\limits_{x\to+\infty}\left(\dfrac{1}{2}\right)^x=0$；当 $x\to-\infty$时，函数 $y=\left(\dfrac{1}{2}\right)^x\to+\infty$，所以 $\lim\limits_{x\to-\infty}\left(\dfrac{1}{2}\right)^x$ 不存在.

当 $x \to +\infty$ 时，函数 $y=(2)^x \to +\infty$，所以 $\lim\limits_{x\to+\infty}(2)^x$ 不存在；当 $x \to -\infty$ 时，函数 $\lim\limits_{x\to-\infty}(2)^x \to 0$，所以 $\lim\limits_{x\to-\infty}(2)^x=0$.

定理 2-1　极限 $\lim\limits_{x\to\infty}f(x)$ 存在且等于 A 的充要条件是极限 $\lim\limits_{x\to+\infty}f(x)$ 与 $\lim\limits_{x\to-\infty}f(x)$ 都存在且等于 A，即

$$\lim_{x\to\infty}f(x)=A \Leftrightarrow \lim_{x\to+\infty}f(x)=\lim_{x\to-\infty}f(x)=A.$$

对于例 2 的函数 $y=\left(\frac{1}{2}\right)^x$ 和 $y=(2)^x$，由于 $\lim\limits_{x\to+\infty}f(x) \neq \lim\limits_{x\to-\infty}f(x)$，所以 $\lim\limits_{x\to\infty}f(x)$ 不存在.

例 3　求 $\lim\limits_{x\to\infty}\left(2+\frac{1}{x^2}\right)$.

解：　考察函数 $f(x)=2+\frac{1}{x^2}$，如图 2.5 所示：当 $x \to +\infty$ 时，$\frac{1}{x^2}$ 无限变小，函数值趋近于 2，即 $\lim\limits_{x\to+\infty}\left(2+\frac{1}{x^2}\right)=2$；当 $x \to -\infty$ 时，函数值同样趋近于 2，即 $\lim\limits_{x\to-\infty}\left(2+\frac{1}{x^2}\right)=2$. 根据定理 2-1，即可得到 $\lim\limits_{x\to\infty}\left(2+\frac{1}{x^2}\right)=2$.

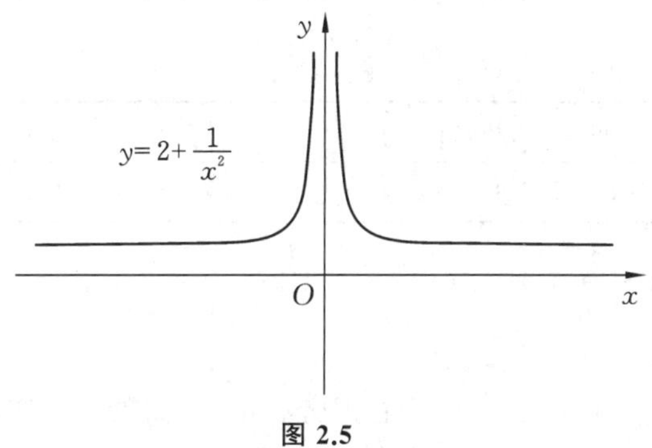

图 2.5

例 4　讨论下列极限 $\lim\limits_{x\to-\infty}f(x)$，$\lim\limits_{x\to+\infty}f(x)$ 和 $\lim\limits_{x\to\infty}f(x)$：若存在，求出极限值；若不存在，说明理由.

(1) $f(x)=4^x$；　　　　(2) $f(x)=\arctan x$；

(3) $f(x)=\cos x$；　　　　(4) $f(x)=x^3$.

解：　(1) 由 $y=4^x$ 的图形性质可知，当 $x \to -\infty$ 时，$\lim\limits_{x\to-\infty}4^x=0$；当 $x \to +\infty$ 时，4^x 无限增大（记作 $\lim\limits_{x\to+\infty}4^x=+\infty$），$\lim\limits_{x\to+\infty}4^x$ 不存在；故 $\lim\limits_{x\to\infty}4^x$ 不存在.

(2) 由 $y=\arctan x$ 的图形性质可知，当 $x \to -\infty$ 时，$\lim\limits_{x\to-\infty}\arctan x=-\frac{\pi}{2}$；当 $x \to +\infty$ 时，$\lim\limits_{x\to+\infty}\arctan x=\frac{\pi}{2}$；故 $\lim\limits_{x\to\infty}\arctan x$ 不存在.

(3) 由于 $\cos x$ 是周期函数，当 $x \to \infty$ 时，$y=\cos x$ 的值在 -1 与 1 之间变动无限次，即在 -1 与 1 之间无限次振荡，不趋近于任何确定的常数，所以 $\lim\limits_{x\to+\infty}\cos x$，$\lim\limits_{x\to-\infty}\cos x$ 和 $\lim\limits_{x\to\infty}\cos x$ 都不存在.

(4) 当 $x \to -\infty$ 时，x^3 的绝对值无限增大（记作 $\lim\limits_{x\to-\infty}x^3=-\infty$）；当 $x \to +\infty$ 时，x^3 无限增大

(记作 $\lim\limits_{x \to +\infty} x^3 = +\infty$), $\lim\limits_{x \to +\infty} x^3$ 不存在;故 $\lim\limits_{x \to \infty} x^3$ 不存在.

2.当 $x \to x_0$ 时,函数 $f(x)$ 的极限

与 $x \to \infty$ 的情形类似, $x \to x_0$ 表示 x 无限趋近于 x_0,它包含以下两种情况:

(1) x 是从大于 x_0 的方向趋近于 x_0,记作 $x \to x_0^+$;

(2) x 是从小于 x_0 的方向趋近于 x_0,记作 $x \to x_0^-$.

显然 $x \to x_0$ 是指以上两种情况同时存在.

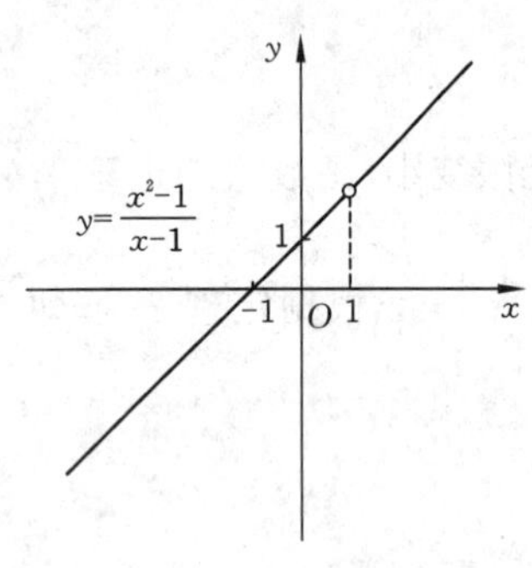

图 2.6

案例 3 函数的变化趋势:

考察 $x \to 1$ 时,函数 $f(x) = \dfrac{x^2 - 1}{x - 1}$ 的变化趋势.

分析:如图 2.6 所示,当 $x \neq 1$ 时,函数 $f(x) = \dfrac{x^2 - 1}{x - 1} = x + 1$.

当 $x \to 1$ 时, $f(x) \to 2$.函数在 $x = 1$ 处无定义.对于实数而言,在数轴上任何一个有限的范围内,都有无穷多个点,因此也可把 $x \to 1$ 时 函数值的变化趋势用表列出,如表 2.1 所示.

表 2.1

x	…	0.9	0.99	0.999	…	1	…	1.001	1.01	1.1	…
$f(x)$	…	1.9	1.99	1.999	…	2	…	2.001	2.01	2.1	…

从表 2.1 中可以看出 $x \to 1$ 时, $f(x) \to 2$,即 $\lim\limits_{x \to 1} \dfrac{x^2 - 1}{x - 1} = 2$.

一般地,有如下定义:

定义 2-5 设函数 $f(x)$ 在点 x_0 的左右近旁有定义,如果当自变量 x 趋近于 $x_0 (x \neq x_0)$ 时,函数 $f(x)$ 的值无限趋近于一个确定的常数 A,则称常数 A 为函数 $f(x)$ 当 $x \to x_0$ 时的极限,记作

$$\lim_{x \to x_0} f(x) = A \text{ 或者 } f(x) \to A\ (x \to x_0).$$

从案例 3 可以看出,虽然 $f(x) = \dfrac{x^2 - 1}{x - 1}$ 在 $x = 1$ 处无定义,但当 $x \to 1$ 时函数 $f(x)$ 的极限却是存在的.

说明:

当 $x \to x_0$ 时,函数 $f(x)$ 的极限是否存在,与函数 $f(x)$ 在点 x_0 处有无定义以及在点 x_0 处函数值的大小无关.

上面讨论了 $x \to x_0$ 时函数 $f(x)$ 的极限,有时我们还需讨论 $x \to x_0^+$ 或 $x \to x_0^-$ 时函数的变化趋势.

定义 2-6 如果当 $x \to x_0^+ (x \to x_0^-)$ 时,函数 $f(x)$ 的值无限趋近于一个确定的常数 A,则称当 $x \to x_0^+ (x \to x_0^-)$ 时,函数 $f(x)$ 的左(右) 极限为 A,记作

$$\lim_{x \to x_0^+} f(x) = A \text{ 或 } f(x) \to A\ (x \to x_0^+);\ \lim_{x \to x_0^-} f(x) = A \text{ 或 } f(x) \to A\ (x \to x_0^-).$$

函数的左极限与右极限统称为单侧极限.

定理 2-2 极限 $\lim\limits_{x \to x_0} f(x)$ 存在且等于 A 的充要条件是极限 $\lim\limits_{x \to x_0^+} f(x)$ 与 $\lim\limits_{x \to x_0^-} f(x)$ 都存在且等于 A，即

$$\lim_{x \to x_0} f(x) = A \Leftrightarrow \lim_{x \to x_0^+} f(x) = \lim_{x \to x_0^-} f(x) = A.$$

例 5 设 $f(x)=\begin{cases} x+3, & x \geqslant 1, \\ 2x, & x < 1. \end{cases}$ 试判断 $\lim\limits_{x \to 1} f(x)$ 是否存在.

解： 先分别求 $f(x)$ 的左、右极限.

因为 $\lim\limits_{x \to 1^-} f(x) = \lim\limits_{x \to 1^-} 2x = 2$，$\lim\limits_{x \to 1^+} f(x) = \lim\limits_{x \to 1^+} (x+3) = 4$，根据定理 2-2 可知，$\lim\limits_{x \to 1} f(x)$ 不存在.

例 6 设 $f(x)=\begin{cases} x, & 0 \leqslant x < 1, \\ 2-x, & 1 \leqslant x < 2, \\ x+1, & 2 \leqslant x < 3. \end{cases}$ 讨论当 $x \to 1$ 与 $x \to 2$ 时函数 $f(x)$ 的极限.

解： 该函数的图像如图 2.7 所示.

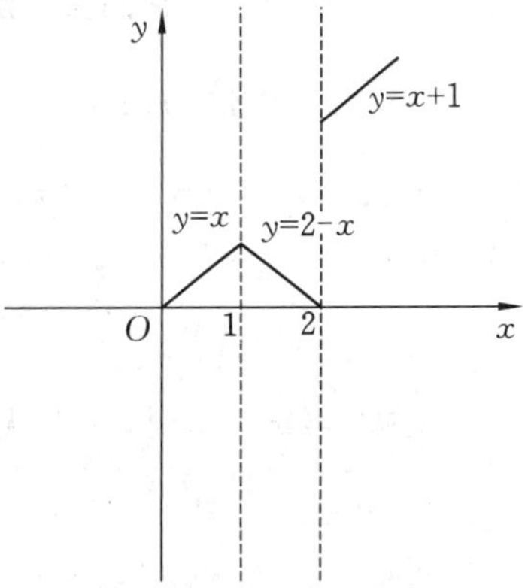

先讨论 $x \to 1$ 时函数左、右极限的情况.

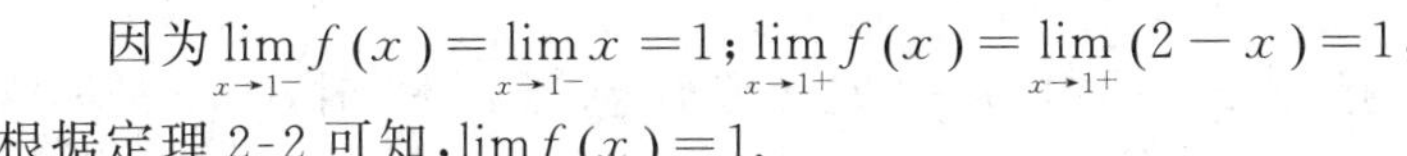

因为 $\lim\limits_{x \to 1^-} f(x) = \lim\limits_{x \to 1^-} x = 1$；$\lim\limits_{x \to 1^+} f(x) = \lim\limits_{x \to 1^+} (2-x) = 1$，根据定理 2-2 可知，$\lim\limits_{x \to 1} f(x) = 1$.

再讨论 $x \to 2$ 时函数左、右极限的情况.

因为 $\lim\limits_{x \to 2^-} f(x) = \lim\limits_{x \to 2^-} (2-x) = 0$；$\lim\limits_{x \to 2^+} f(x) = \lim\limits_{x \to 2^+} (x+1) = 3$，根据定理 2-2 可知，$\lim\limits_{x \to 2} f(x)$ 不存在.

图 2.7

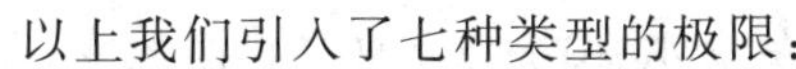

以上我们引入了七种类型的极限：

(1) $\lim\limits_{n \to \infty} x_n$； (2) $\lim\limits_{x \to \infty} f(x)$； (3) $\lim\limits_{x \to +\infty} f(x)$； (4) $\lim\limits_{x \to -\infty} f(x)$；

(5) $\lim\limits_{x \to x_0} f(x)$； (6) $\lim\limits_{x \to x_0^+} f(x)$； (7) $\lim\limits_{x \to x_0^-} f(x)$.

为了统一地论述它们共有的运算法则，如果不特别指出是其中的哪一种极限，则将用 $\lim f(x)$ 或 $\lim y$ 泛指其中的任何一种.

同步练习 2.1

1.根据函数的图像，讨论下列函数的极限.

(1) $\lim\limits_{x \to \infty} \dfrac{1}{2+x}$； (2) $\lim\limits_{x \to \infty} \sin x$； (3) $\lim\limits_{x \to -\infty} 6^x$； (4) $\lim\limits_{x \to -\infty} \left(\dfrac{1}{4}\right)^x$；

(5) $\lim\limits_{x \to 0^+} \sqrt{x}$； (6) $\lim\limits_{x \to 0} \tan x$； (7) $\lim\limits_{x \to -2} \dfrac{x^2-4}{x+2}$； (8) $\lim\limits_{x \to 3} 3x$.

2.设 $f(x)=\begin{cases} x-3, & x \geqslant 2, \\ 3x+1, & x < 2. \end{cases}$ 求出当 $x \to 2$ 时函数的左、右极限.

3.设 $f(x)=\dfrac{|x|}{x}$，当 $x \to 0$ 时分别求出 $f(x)$ 的左、右极限，试判断 $\lim\limits_{x \to 0} f(x)$ 是否存在.

子项目 2.2 无穷小量与无穷大量

无穷小量与无穷大量反映了自变量在某个变化过程中函数的两种特殊的变化趋势:绝对值无限增大和绝对值无限减少.下面用极限定义无穷小量与无穷大量这两种常用变量.

2.2.1 无穷小量

在实际问题中,经常会遇到极限为零的变量.例如,单摆离开铅垂位置而摆动,由于空气阻力和摩擦力的作用,它的振幅随着时间的增加而越来越小,到后来单摆就慢慢地停下来了.

1. 无穷小量的定义

定义 2-7 若函数 $y=f(x)$ 在 x 的某个变化过程中以 0 为极限,则称函数 $y=f(x)$ 是 x 的这种变化趋势下的无穷小量,简称无穷小,记为

$$\lim_{x\to x_0} f(x)=0\left(\lim_{x\to\infty} f(x)=0\right) \text{ 或 } f(x)\to 0,\text{当 } x\to x_0\left((x\to\infty)\right)\text{ 时}.$$

例如:当 $x\to\infty$ 时,$\frac{1}{x}$ 是无穷小量;当 $x\to 3$ 时,$x-3$ 是无穷小量;当 $x\to 0$ 时,$\tan x$ 是无穷小量.

再如,当 $x\to 0$ 时,$\cos x\to 1$,$f(x)=\cos x$ 就不是无穷小量.

说明:

(1) 说一个函数 $f(x)$ 是无穷小,必须指明自变量 x 的变化趋势.

(2) 不要把一个绝对值很小的数(如100^{-1000})说成是无穷小,因为这个数的极限不为 0.

(3) 数"0"可以看成是特殊的无穷小.

例 7 自变量在怎样的变化过程中下列变量是无穷小量?

(1) $\frac{1}{x-1}$; (2)x^2-4; (3)3^x; (4) $\left(\frac{1}{2}\right)^x$.

解: (1) 因为$\lim\limits_{x\to\infty}\frac{1}{x-1}=0$,所以当 $x\to\infty$时,$\frac{1}{x-1}$ 为无穷小量.

(2) 因为$\lim\limits_{x\to 2}(x^2-4)=0$,所以当 $x\to 2$ 时,x^2-4 为无穷小量.

(3) 因为 $\lim\limits_{x\to-\infty}3^x=0$,所以当 $x\to-\infty$时,3^x 为无穷小量.

(4) 因为 $\lim\limits_{x\to+\infty}\left(\frac{1}{2}\right)^x=0$,所以当 $x\to+\infty$时,$\left(\frac{1}{2}\right)^x$ 为无穷小量.

2. 无穷小量的性质

性质 1 有限个无穷小的代数和仍是无穷小量.

性质 2 有限个无穷小的乘积仍是无穷小量.

性质 3 有界函数与无穷小的乘积是无穷小量.

推论 常数与无穷小的乘积是无穷小量.

说明:两个无穷小量之商未必是无穷小量.

例 8 求极限$\lim\limits_{x \to \infty} \frac{1}{x}\sin x$.

解： 当$x \to \infty$时，$\frac{1}{x} \to 0$，$|\sin x| \leqslant 1$，即$\frac{1}{x}$是当$x \to \infty$时的无穷小量，$\sin x$ 是有界函数，所以根据无穷小量的性质 3 可知，$\frac{1}{x}\sin x$ 仍为当$x \to \infty$时的无穷小，即

$$\lim_{x \to \infty} \frac{1}{x}\sin x = 0.$$

3. 函数极限与无穷小量的关系

若函数$\lim\limits_{x \to x_0} f(x) = A$，那么$\lim\limits_{x \to x_0} [f(x) - A] = 0$.设$\alpha = f(x) - A$，则$\alpha$ 是当$x \to x_0$时的无穷小.于是，$f(x) = A + \alpha$，即函数 $f(x)$ 可以表示为它的极限与一个无穷小的和.

反之，如果函数 $f(x)$ 可以表示为一个常数A 与一个无穷小α 的和，即 $f(x) = A + \alpha$，则可以得到$\lim\limits_{x \to x_0} f(x) = \lim\limits_{x \to x_0} (A + \alpha) = A$.

定理 2-3 如果$\lim f(x) = A$，则 $f(x) = A + \alpha$，其中$\lim\alpha = 0$；反之，如果$\lim\alpha = 0$，则$\lim f(x) = A$.

常称这个定理为极限基本定理.

从这个定理可知，当自变量在同一变化过程 $x \to x_0$（或 $x \to \infty$）中时：

(1) 具有极限的函数等于其极限与一个无穷小之和，即A 为$f(x)$ 的极限$\Leftrightarrow f(x) - A$ 为无穷小.

(2) 若一函数可表示为一常数与无穷小之和，那么该常数就是其极限.

2.2.2 无穷大量

与无穷小相对的量就是无穷大量.

定义 2-8 若函数 $y = f(x)$ 的绝对值在自变量x 的某一变化过程中无限增大，则称函数 $y = f(x)$ 为无穷大量，简称无穷大，记为

$$\lim_{x \to x_0} f(x) = \infty \left(\lim_{x \to \infty} f(x) = \infty\right) \text{ 或 } f(x) \to \infty, \text{当 } x \to x_0 ((x \to \infty)) \text{ 时}.$$

例如：当 $x \to 0$ 时，$\frac{1}{x}$ 是无穷大量；当 $x \to \infty$时，$x^2 - 1$ 是无穷大量；当 $x \to \frac{\pi}{2}$ 时，$\tan x$ 是无穷大量.

说明：

(1) 无穷大量的实质是极限不存在，为了表示记作$\lim\limits_{x \to \infty} f(x) = \infty$或$\lim\limits_{x \to x_0} f(x) = \infty$.极限为$\infty$，说明这个极限不存在，只是借用记号“$\infty$”来表示$|f(x)|$无限增大的这种趋势，虽然用等式表示，但并不是“真正的”相等.

(2) 说一个函数 $f(x)$ 是无穷大，必须指明自变量 x 的变化趋势.

(3) 不要把一个绝对值很大的数（如1000^{1000}）说成是无穷大，因为这个数的极限是常数.

例 9 自变量在怎样的变化过程中下列变量是无穷大量？

(1) $\frac{1}{x-3}$； (2)$x^2 - 1$； (3)4^x； (4)$\ln(x + 2)$.

解： (1) 因为$\lim\limits_{x\to 3}\dfrac{1}{x-3}=\infty$,所以当$x\to 3$时,$\dfrac{1}{x-3}$为无穷大量.

(2) 因为$\lim\limits_{x\to\infty}(x^2-1)=\infty$,所以当$x\to\infty$时,$x^2-1$为无穷大量.

(3) 因为$\lim\limits_{x\to+\infty}4^x=\infty$,所以当$x\to+\infty$时,$4^x$为无穷大量.

(4) 因为$\lim\limits_{x\to+\infty}\ln(x+2)=\infty$,所以当$x\to+\infty$时,$\ln(x+2)$为无穷大量.

2.2.3 无穷大量与无穷小量的关系

定理 2-4 在自变量的同一变化过程中,无穷大量的倒数必然是无穷小量;非零无穷小量的倒数必然是无穷大量.也就是说,如果$\lim f(x)=\infty$,则$\lim\dfrac{1}{f(x)}=0$;反之,若$\lim f(x)=0$,且$f(x)\neq 0$,则$\lim\dfrac{1}{f(x)}=\infty$.

例如:当$x\to 2$时,$f(x)=x-2$是无穷小量,则$\dfrac{1}{x-2}$是无穷大量;当$x\to\infty$时,$f(x)=x^2+1$是无穷大量,则$\dfrac{1}{x^2+1}$是无穷小量.

例 10 求$\lim\limits_{x\to 4}\dfrac{3}{x-4}$.

解： 当$x\to 4$时,分母的极限为0,即当$x\to 4$时,$\dfrac{1}{f(x)}=\dfrac{x-4}{3}$是无穷小,那么$f(x)=\dfrac{3}{x-4}$是$x\to 4$时的无穷大,因此$\lim\limits_{x\to 4}\dfrac{3}{x-4}=\infty$.

因此,证明一个变量是无穷小量的方法就是证明它的极限为0,证明一个变量是无穷大量的方法就是证明它的倒数是无穷小量.

同步练习 2.2

1.下列函数中,哪些是无穷小量,哪些是无穷大量?

(1)$f(x)=\dfrac{x+3}{x}$,当$x\to 0$时;　　(2)$f(x)=3^x+2$,当$x\to+\infty$时;

(3)$f(x)=\ln x$,当$x\to 1$时;　　(4)$f(x)=\left(\dfrac{1}{5}\right)^x$,当$x\to+\infty$时.

2.根据无穷小量的有关性质,试求$\lim\limits_{x\to\infty}\dfrac{\sin x}{x^2}$.

子项目 2.3 极限的运算

用极限的定义并结合函数图形求函数的极限只适用于一些简单的情形,为了计算比较复杂的函数极限问题,往往要用到极限的运算法则.

定理 2-5　在某一变化过程中，若$\lim u(x)=A$，$\lim v(x)=B$，则

(1) $\lim[u(x)\pm v(x)]=\lim u(x)\pm\lim v(x)=A\pm B$；

(2) $\lim[u(x)\cdot v(x)]=\lim u(x)\cdot\lim v(x)=A\cdot B$；

(3) $\lim\dfrac{u(x)}{v(x)}=\dfrac{\lim u(x)}{\lim v(x)}=\dfrac{A}{B}(B\neq 0)$.

上述运算法则，可以推广到有限多个函数的代数和及乘法的情况.

推论 1　如果有限个函数 $f_1(x)$，$f_2(x)$，$f_3(x)$，…，$f_n(x)$ 的极限都存在，则极限

$\lim[f_1(x)\pm f_2(x)\pm f_3(x)\pm\cdots\pm f_n(x)]=\lim f_1(x)\pm\lim f_2(x)\pm\lim f_3(x)\pm\cdots\pm\lim f_n(x)$.

推论 2　如果有限个函数 $f_1(x)$，$f_2(x)$，$f_3(x)$，…，$f_n(x)$ 的极限都存在，则极限

$\lim[f_1(x)\cdot f_2(x)\cdot f_3(x)\cdot\cdots\cdot f_n(x)]=\lim f_1(x)\cdot\lim f_2(x)\cdot\lim f_3(x)\cdot\cdots\cdot\lim f_n(x)$.

推论 3　设$\lim u(x)$存在，k 为常数，n 为正整数，则有

(1) $\lim[k\cdot u(x)]=k\cdot\lim u(x)$；

(2) $\lim[u(x)]^n=[\lim u(x)]^n$.

说明：

(1) 运算法则要求每个参与运算的极限存在；

(2) 商的极限的运算法则有个重要前提，即分母的极限不能为零.

例 11　计算$\lim\limits_{x\to 2}(x^3+5x-9)$.

解：

$$\begin{aligned}\lim_{x\to 2}(x^3+5x-9)&=\lim_{x\to 2}(x^3)+\lim_{x\to 2}(5x)-\lim_{x\to 2}(9)\\&=(\lim_{x\to 2}x)^3+5\lim_{x\to 2}(x)-9\\&=2^3+5\times 2-9=9.\end{aligned}$$

例 12　计算$\lim\limits_{x\to 1}\dfrac{3x^2-5x+9}{2x+4}$.

解：　因为$\lim\limits_{x\to 1}(2x+4)=\lim\limits_{x\to 1}(2x)+\lim\limits_{x\to 1}(4)=6\neq 0$，所以可以使用定理2-5商的运算法则.

$$\begin{aligned}\lim_{x\to 1}\frac{3x^2-5x+9}{2x+4}&=\frac{\lim\limits_{x\to 1}(3x^2-5x+9)}{\lim\limits_{x\to 1}(2x+4)}\\&=\frac{3\times 1^2-5\times 1+9}{2\times 1+4}=\frac{7}{6}.\end{aligned}$$

小结：

(1) 一般地，设多项式 $P(x)=a_nx^n+a_{n-1}x^{n-1}+\cdots+a_0$，则有

$$\lim_{x\to x_0}P(x)=a_nx_0{}^n+a_{n-1}x_0{}^{n-1}+\cdots+a_0,$$

即可以用代入法求多项式函数的极限$\lim\limits_{x\to x_0}P(x)=P(x_0)$.

(2) 当遇到有理分式函数$\dfrac{f(x)}{g(x)}$在 x_0 处的极限时，若 $g(x_0)\neq 0$，则有

$$\lim_{x\to x_0}\frac{f(x)}{g(x)}=\frac{f(x_0)}{g(x_0)}.$$

例 13 计算$\lim\limits_{x\to 2}\dfrac{x^2-4x+4}{x-2}$.

解: 因为$\lim\limits_{x\to 2}(x-2)=0$,所以不能直接用商的运算法则.又$\lim\limits_{x\to 2}(x^2-4x+4)=0$,此极限式的特点为分子分母的极限均为零,称之为"$\dfrac{0}{0}$"型未定式的极限.因为 $x\to 2$ 时,$x\neq 2$,因此,可以先消去零因子 $x-2$,再计算极限.于是有

$$\lim_{x\to 2}\frac{x^2-4x+4}{x-2}=\lim_{x\to 2}\frac{(x-2)(x-2)}{x-2}=\lim_{x\to 2}(x-2)=0.$$

例 14 计算$\lim\limits_{x\to -6}\dfrac{x^2-36}{x+6}$.

解: 同上分析,属于"$\dfrac{0}{0}$"型未定式,应先消去零因子 $x+6$,再计算极限.于是有

$$\lim_{x\to -6}\frac{x^2-36}{x+6}=\lim_{x\to -6}\frac{(x-6)(x+6)}{x+6}=\lim_{x\to -6}(x-6)=-12.$$

小结:当 $x\to x_0$ 时,若代入后分母为零,分子也为零,即属于"$\dfrac{0}{0}$"型未定式的极限,可先消去零因子再代入.

例 15 计算$\lim\limits_{x\to\infty}\dfrac{x^2+2x+1}{4x^2+6}$.

解: 因为 $x\to\infty$时,此极限式的特点为分子分母的极限都不存在,称之为"$\dfrac{\infty}{\infty}$"型未定式的极限,所以不能直接用极限的运算法则.可先用分子分母同除以 x^2,然后再求极限.

$$\lim_{x\to\infty}\frac{x^2+2x+1}{4x^2+6}=\lim_{x\to\infty}\frac{\dfrac{x^2}{x^2}+\dfrac{2x}{x^2}+\dfrac{1}{x^2}}{\dfrac{4x^2}{x^2}+\dfrac{6}{x^2}}=\lim_{x\to\infty}\frac{1+\dfrac{2}{x}+\dfrac{1}{x^2}}{4+\dfrac{6}{x^2}}$$

$$=\frac{1+0+0}{4+0}=\frac{1}{4}.$$

例 16 计算$\lim\limits_{x\to\infty}\dfrac{2x^2-4x+3}{x^3+6x+1}$.

解: 同上分析,不能直接用极限的运算法则.可先用分子分母同除以 x^3,然后再求极限.

$$\lim_{x\to\infty}\frac{2x^2-4x+3}{x^3+6x+1}=\lim_{x\to\infty}\frac{\dfrac{2x^2}{x^3}-\dfrac{4x}{x^3}+\dfrac{3}{x^3}}{\dfrac{x^3}{x^3}+\dfrac{6x}{x^3}+\dfrac{1}{x^3}}=\lim_{x\to\infty}\frac{\dfrac{2}{x}-\dfrac{4}{x^2}+\dfrac{3}{x^3}}{1+\dfrac{6}{x^2}+\dfrac{1}{x^3}}$$

$$=\frac{0-0+0}{1+0+0}=0.$$

例 17 计算$\lim\limits_{x\to\infty}\dfrac{x^4+5x}{x^2-2x-4}$.

解: 同上分析,不能直接用极限的运算法则.下面应用无穷大与无穷小的关系来计算.

因为 $\lim\limits_{x\to\infty}\dfrac{x^2-2x-4}{x^4+5x}=\lim\limits_{x\to\infty}\dfrac{\dfrac{x^2}{x^4}-\dfrac{2x}{x^4}-\dfrac{4}{x^4}}{1+\dfrac{5x}{x^4}}=\lim\limits_{x\to\infty}\dfrac{\dfrac{1}{x^2}-\dfrac{2}{x^3}-\dfrac{4}{x^4}}{1+\dfrac{5}{x^3}}$

$$=\frac{0-0-0}{1+0}=0,$$

所以
$$\lim_{x\to\infty}\frac{x^4+5x}{x^2-2x-4}=\infty.$$

小结：一般地，当 $x\to\infty$时，遇到分子、分母均为无穷大量的有理分式函数极限时，即针对"$\dfrac{\infty}{\infty}$"的极限，可先用分子、分母同除以它的最高次幂，然后再求极限.

一般地，设 $a_0\neq0,b_0\neq0,m,n$ 为正整数，当 $x\to\infty$时，有以下结果：

$$\lim_{x\to\infty}\frac{a_0x^n+a_1x^{n-1}+\cdots+a_n}{b_0x^m+b_1x^{m-1}+\cdots+b_m}=\begin{cases}0, & n<m,\\ \dfrac{a_0}{b_0}, & n=m,\text{其中 } a_0\neq0,b_0\neq0.\\ \infty, & n>m,\end{cases}$$

例 18　计算$\lim\limits_{x\to1}\left(\dfrac{1}{x-1}-\dfrac{2}{x^2-1}\right)$.

解：　因为$\lim\limits_{x\to1}\dfrac{1}{x-1}$，$\lim\limits_{x\to1}\dfrac{2}{x^2-1}$ 均不存在，此极限式的特点为两个有理分式的极限都不存在，称之为"$\infty-\infty$"型未定式的极限，所以不能直接用差的极限法则，可先通分.

$$\lim_{x\to1}\left(\frac{1}{x-1}-\frac{2}{x^2-1}\right)=\lim_{x\to1}\frac{(x+1)-2}{(x-1)(x+1)}=\lim_{x\to1}\frac{x-1}{(x-1)(x+1)}$$
$$=\lim_{x\to1}\frac{1}{x+1}=\frac{1}{2}.$$

小结：当遇到两个有理分式的极限时，若这两个有理分式都是无穷大量，可先将它们通分化简后再求极限.

例 19　计算 $\lim\limits_{x\to+\infty}(\sqrt{x^2+5x}-x)$.

解：　因为 $\lim\limits_{x\to+\infty}\sqrt{x^2+5x}$，$\lim\limits_{x\to+\infty}x$ 均不存在，此极限式属于"$\infty-\infty$"型未定式的极限，所以不能直接用差的极限法则，可先恒等变形，将函数"分子有理化".

$$\lim_{x\to+\infty}(\sqrt{x^2+5x}-x)=\lim_{x\to+\infty}\frac{(\sqrt{x^2+5x}-x)(\sqrt{x^2+5x}+x)}{\sqrt{x^2+5x}+x}=\lim_{x\to+\infty}\frac{x^2+5x-x^2}{\sqrt{x^2+5x}+x}$$
$$=\lim_{x\to+\infty}\frac{5x}{\sqrt{x^2+5x}+x}=\lim_{x\to+\infty}\frac{\dfrac{5x}{x}}{\sqrt{\dfrac{x^2}{x^2}+\dfrac{5x}{x^2}}+\dfrac{x}{x}}$$
$$=\lim_{x\to+\infty}\frac{5}{\sqrt{1+\dfrac{5}{x}}+1}=\frac{5}{2}.$$

例 20　计算$\lim\limits_{x\to\infty}\dfrac{\cos x}{x^2}$.

解：当 $x\to\infty$时，分母是无穷大量，分子是有界变量，因此可利用无穷小量的性质求极限.因为$\lim\limits_{x\to\infty}\frac{1}{x^2}=0$，所以当 $x\to\infty$时，$\frac{1}{x^2}$ 是无穷小量，而$|\cos x|\leqslant 1$，故 $\cos x$ 为有界变量.根据无穷小量的性质可得

$$\lim_{x\to\infty}\frac{\cos x}{x^2}=0.$$

小结：可利用无穷小量与无穷大量的性质求取函数的极限.

同步练习 2.3

1.求下列函数的极限.

(1) $\lim\limits_{x\to 3}(x^2+5x-9)$； (2) $\lim\limits_{x\to 0}\left(5+\frac{4}{x+1}\right)$； (3) $\lim\limits_{x\to 2}\frac{x-2}{x^2-x-2}$；

(4) $\lim\limits_{x\to 0}\frac{5x^3-2x^2+x}{4x^2+2x}$； (5) $\lim\limits_{x\to\infty}\frac{4x^3+2x^2+5}{2x^2+3x}$； (6) $\lim\limits_{x\to\infty}\frac{x^3-5x^2-7}{3x^2+2x^4}$；

(7) $\lim\limits_{x\to\infty}\frac{2x^3+4x^2-2}{5x^3+2x+8}$； (8) $\lim\limits_{x\to 0}\frac{x^2}{1-\sqrt{1+x^2}}$； (9) $\lim\limits_{x\to 4}\frac{\sqrt{2x+1}-3}{\sqrt{x-2}-\sqrt{2}}$；

(10) $\lim\limits_{x\to+\infty}(\sqrt{x+1}-\sqrt{x})$； (11) $\lim\limits_{x\to\infty}\frac{\sin 3x}{x^3}$.

2.若$\lim\limits_{x\to 3}\frac{x^2-2x+k}{x-3}=4$，求 k 的值.

3.设 $f(x)=\begin{cases}3x+a, & x>0,\\ 0, & x=0,\\ 2+x^2, & x<0.\end{cases}$ 试求 a，使$\lim\limits_{x\to 0}f(x)$存在.

子项目 2.4　两个重要极限

在今后的极限运算中，许多极限问题都与下面将要讨论的两个重要极限有关.

2.4.1　$\lim\limits_{x\to 0}\frac{\sin x}{x}=1$（$x$ 取弧度单位）

这个函数的极限是“$\frac{0}{0}$”型未定式极限，无法用以前的方法求出其极限值.

表 2.2 列出了函数$\frac{\sin x}{x}$ 在 x 无限趋近于 0 时的一些函数值.

表 2.2

x	± 0.5	± 0.1	± 0.05	± 0.01	…	→	0
$\frac{\sin x}{x}$	0.958 85	0.998 33	0.999 58	0.999 98	…	→	1

从表 2.2 和图 2.8 可以看出，当 $x\to 0$ 时，函数$\frac{\sin x}{x}$ 的值无限趋近于常数 1，根据极限的定

义，有

$$\lim_{x \to 0} \frac{\sin x}{x} = 1.$$

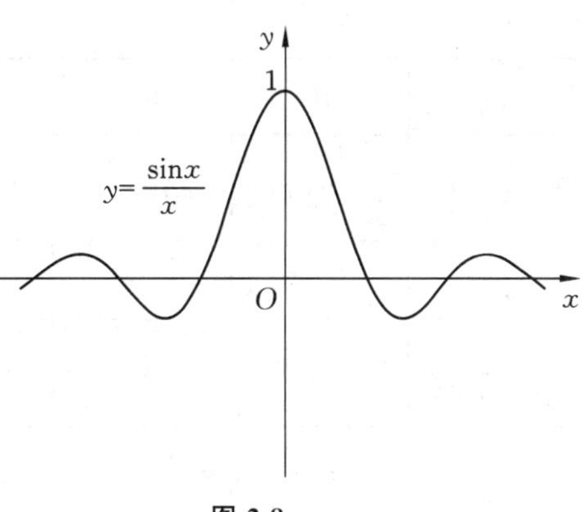

图 2.8

说明：

此重要极限有两个特征：

(1) 当 $x \to 0$ 时，分子、分母均为无穷小量，即为“$\frac{0}{0}$”型未定式极限；

(2) 正弦符号后面的变量与分母的变量完全相同，即 $\lim\limits_{\Delta \to 0} \frac{\sin \Delta}{\Delta} = 1$.

例 21　计算 $\lim\limits_{x \to 0} \frac{\sin 5x}{3x}$.

解：

$$\lim_{x \to 0} \frac{\sin 5x}{3x} = \lim_{x \to 0} \frac{5}{3} \cdot \frac{\sin 5x}{5x} = \frac{5}{3} \cdot \lim_{x \to 0} \frac{\sin 5x}{5x} = \frac{5}{3}.$$

例 22　计算 $\lim\limits_{x \to 0} \frac{\tan x}{x}$.

解：

$$\lim_{x \to 0} \frac{\tan x}{x} = \lim_{x \to 0} \frac{\sin x}{\cos x} \cdot \frac{1}{x} = \lim_{x \to 0} \frac{1}{\cos x} \cdot \frac{\sin x}{x}$$

$$= \lim_{x \to 0} \frac{1}{\cos x} \cdot \lim_{x \to 0} \frac{\sin x}{x} = 1 \times 1 = 1.$$

例 23　计算 $\lim\limits_{x \to 0} \frac{\sin ax}{\sin bx}$.

解：

$$\lim_{x \to 0} \frac{\sin ax}{\sin bx} = \lim_{x \to 0} \frac{\frac{\sin ax}{x}}{\frac{\sin bx}{x}} = \frac{\lim\limits_{x \to 0} \frac{\sin ax}{x}}{\lim\limits_{x \to 0} \frac{\sin bx}{x}} = \frac{\lim\limits_{x \to 0} a \cdot \frac{\sin ax}{ax}}{\lim\limits_{x \to 0} b \cdot \frac{\sin bx}{bx}} = \frac{a}{b} \cdot \frac{\lim\limits_{x \to 0} \frac{\sin ax}{ax}}{\lim\limits_{x \to 0} \frac{\sin bx}{bx}} = \frac{a}{b}.$$

在以后的学习中，上述例子可以作为公式使用.

例 24　$\lim\limits_{x \to \pi} \frac{\sin 3(x - \pi)}{\pi - x}$.

解：　令 $t = x - \pi$，当 $x \to \pi$ 时，$t \to 0$，于是

$$\lim_{x \to \pi} \frac{\sin 3(x - \pi)}{\pi - x} = \lim_{t \to 0} \frac{\sin 3t}{-t} = \lim_{t \to 0} (-3) \cdot \frac{\sin 3t}{3t}$$

$$= -3 \cdot \lim_{t \to 0} \frac{\sin 3t}{3t} = -3.$$

2.4.2　$\lim\limits_{x \to \infty} \left(1 + \frac{1}{x}\right)^x = e$（$e = 2.718\ 281\ 8\cdots$ 是无理数）

这个函数的极限是“1^∞”型未定式极限，无法用以前的方法求出其极限值.表 2.3 列出了函数 $\left(1 + \frac{1}{x}\right)^x$ 在 x 无限趋近于∞时的一些函数值.

表 2.3

x	10	10^2	10^3	10^4	10^5	10^6	$\cdots\to+\infty$
$\left(1+\frac{1}{x}\right)^x$	2.593 74	2.704 81	2.716 92	2.718 15	2.718 27	2.718 28	$\cdots\to$ e
x	-10	-10^2	-10^3	-10^4	-10^5	-10^6	$\cdots\to-\infty$
$\left(1+\frac{1}{x}\right)^x$	2.867 97	2.732 00	2.719 64	2.718 42	2.718 30	2.718 28	$\cdots\to$ e

观察表 2.3 和图 2.9 可知，当$|x|\to\infty$时，函数$\left(1+\frac{1}{x}\right)^x$的值无限地趋近于常数 2.718 281 8…，其中 e=2.718 281 8… 是一个无理数，即

$$\lim_{x\to\infty}\left(1+\frac{1}{x}\right)^x=\mathrm{e}.$$

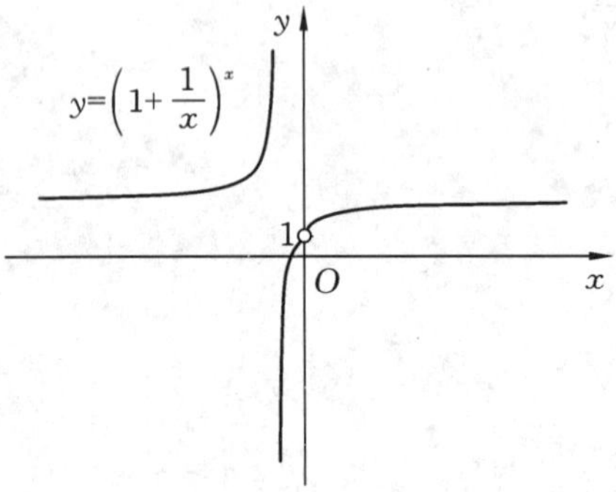

图 2.9

说明：此重要极限有两个特征：

(1) 该函数为幂指函数，且是"1^∞"型未定式极限；

(2) 括号内的第一项为 1，括号内的第二项与括号外的指数互为倒数.

例 25 计算$\lim\limits_{x\to0}(1+x)^{\frac{1}{x}}$.

解： 令$\frac{1}{x}=t$，当$x\to0$时，$t\to\infty$，所以

$$\lim_{x\to0}(1+x)^{\frac{1}{x}}=\lim_{t\to\infty}\left(1+\frac{1}{t}\right)^t=\mathrm{e}.$$

例 26 计算$\lim\limits_{x\to\infty}\left(1+\frac{3}{x}\right)^x$.

解法 1：$\lim\limits_{x\to\infty}\left(1+\frac{3}{x}\right)^x=\lim\limits_{x\to\infty}\left(1+\frac{3}{x}\right)^{\frac{x}{3}\times3}=\lim\limits_{x\to\infty}\left[\left(1+\frac{3}{x}\right)^{\frac{x}{3}}\right]^3=\mathrm{e}^3$.

解法 2：令$t=\frac{3}{x}$，则当$x\to\infty$时，$t\to0$，所以

$$\lim_{x\to\infty}\left(1+\frac{3}{x}\right)^x=\lim_{t\to0}(1+t)^{\frac{3}{t}}=\lim_{t\to0}(1+t)^{\frac{1}{t}\times3}=\lim_{t\to0}\left[(1+t)^{\frac{1}{t}}\right]^3=\mathrm{e}^3.$$

例 27 计算$\lim\limits_{x\to\infty}\left(1-\frac{1}{x}\right)^{x-1}$.

解：

$$\lim_{x\to\infty}\left(1-\frac{1}{x}\right)^{x-1}=\lim_{x\to\infty}\left(1+\frac{1}{-x}\right)^{-x\cdot(-1)-1}=\lim_{x\to\infty}\left(1+\frac{1}{-x}\right)^{-x\cdot(-1)}\cdot\lim_{x\to\infty}\left(1+\frac{1}{-x}\right)^{-1}$$

$$=\lim_{x\to\infty}\left[\left(1+\frac{1}{-x}\right)^{-x}\right]^{(-1)}\cdot\lim_{x\to\infty}\left(1+\frac{1}{-x}\right)^{-1}=\mathrm{e}^{-1}\cdot1=\frac{1}{\mathrm{e}}.$$

例 28 计算$\lim\limits_{x\to\infty}\left(1+\frac{1}{3x}\right)^{2x+1}$.

解：

$$\lim_{x\to\infty}\left(1+\frac{1}{3x}\right)^{2x+1}=\lim_{x\to\infty}\left(1+\frac{1}{3x}\right)^{3x\cdot\frac{2}{3}+1}=\lim_{x\to\infty}\left(1+\frac{1}{3x}\right)^{3x\cdot\frac{2}{3}}\cdot\lim_{x\to\infty}\left(1+\frac{1}{3x}\right)^1$$

$$=\lim_{x\to\infty}\left[\left(1+\frac{1}{3x}\right)^{3x}\right]^{\frac{2}{3}}\cdot\lim_{x\to\infty}\left(1+\frac{1}{3x}\right)^{1}=e^{\frac{2}{3}}\cdot 1=e^{\frac{2}{3}}.$$

例 29 计算$\lim\limits_{x\to\infty}\left(\dfrac{2x+4}{2x-1}\right)^{x+5}$.

解：

$$\lim_{x\to\infty}\left(\frac{2x+4}{2x-1}\right)^{x+5}=\lim_{x\to\infty}\left(\frac{2x-1+5}{2x-1}\right)^{x+5}=\lim_{x\to\infty}\left(1+\frac{5}{2x-1}\right)^{x+5}$$

$$=\lim_{x\to\infty}\left(1+\frac{5}{2x-1}\right)^{\frac{2x-1}{5}\cdot\frac{5}{2}+\frac{1}{2}+5}$$

$$=\lim_{x\to\infty}\left(1+\frac{5}{2x-1}\right)^{\frac{2x-1}{5}\cdot\frac{5}{2}}\cdot\lim_{x\to\infty}\left(1+\frac{5}{2x-1}\right)^{\frac{11}{2}}$$

$$=\lim_{x\to\infty}\left[\left(1+\frac{5}{2x-1}\right)^{\frac{2x-1}{5}}\right]^{\frac{5}{2}}\cdot\lim_{x\to\infty}\left(1+\frac{5}{2x-1}\right)^{\frac{11}{2}}$$

$$=e^{\frac{5}{2}}\cdot 1=e^{\frac{5}{2}}.$$

2.4.3 连续复利与贴现

第二个重要极限在金融学中有一个明确的实际背景——连续复利的计算问题.

1. 连续复利

复利是指将到期后的利息纳入本金继续产生新的利息的结算方式，即把第一期的利息与本金之和作为第二期的本金，然后反复计算利息.

设本金为 p，年利率为 r，一年后的本利和为 S_1，则

$$S_1=p+pr=p(1+r).$$

第二年的本利和为 S_2，且

$$S_2=S_1+S_1r=p(1+r)+p(1+r)\cdot r=p(1+r)(1+r)=p(1+r)^2.$$

第三年的本利和为 S_3，且

$$S_3=S_2+S_2r=p(1+r)^2+p(1+r)^2\cdot r=p(1+r)^2(1+r)=p(1+r)^3.$$

如此反复，第 n 年的本利和为

$$S_n=p(1+r)^n.$$

这是以年为期的复利公式.若把一年均分为 t 期计息，这时每期利率为$\dfrac{r}{t}$，于是 n 年末的本利和为

$$S_n=p\left(1+\frac{r}{t}\right)^{nt}.$$

假设计息期无限缩短，即期数 $t\to\infty$，于是得到连续复利的计算公式为

$$S_n=\lim_{t\to\infty}p\left(1+\frac{r}{t}\right)^{nt}=p\lim_{t\to\infty}\left(1+\frac{r}{t}\right)^{nt}=p\lim_{t\to\infty}\left[\left(1+\frac{r}{t}\right)^{\frac{t}{r}}\right]^{nr}=pe^{nr}.$$

在金融界有人称 e 为银行家常数，它还有一个有趣的解释：你把 1 元钱存入银行，年利率为 10%，10 年后的本利和恰好为 e，即 $S_{10}=1\cdot e^{0.1\times 10}=e$.

例 30 现将1000元现金存入银行，假设年利率为2%，试用连续复利公式计算10年末的本

利和.

解： 已知 $p=1000$ 元，$r=2\%$，$n=10$，根据连续复利计算公式，现在求 S_{10}.

$$S_{10}=pe^{nr}=1000\cdot e^{10\times2\%}=1000e^{0.2}\approx1221.4.$$

例 31 20 000 元本金用于投资，年利率按 10% 的连续复利计算，问经过多少天后，投资额将超过 40 000 元？

解： 已知 $p=20\ 000$ 元，$r=10\%$，$S_n=40\ 000$ 元，根据连续复利计算公式，现在求 n.

$$S_n=pe^{nr}=20\ 000\cdot e^{n\times10\%}=20\ 000e^{0.1n}=40\ 000$$

$$n\approx6.93\text{ 年}\approx6.93\times365\text{ 天}\approx2529.5\text{ 天}.$$

即经过 2529.5 天后，投资额将超过 40 000 元.

2. 贴现问题

已知现在值 p，确定未来值 S_n，这是复利问题；与之相反的问题则是已知未来值 S_n，求现在值 p，这种问题称为贴现问题，这时的利率称为贴现率.

由连续复利公式可得连续贴现公式

$$p=S_ne^{-nr}.$$

例 32 假定为了养老，你打算在一家银行投入一笔资金，你需要这笔投资 10 年后价值 20 000 元. 如果银行以 5% 的年普通复利率付息，你应该投资多少元？若年利率不变，但付息方式改为按季度或连续复利，你又应该投资多少元？

解： 已知 $n=10$ 年，$r=5\%$，$S_n=20\ 000$ 元.

(1) 一年复利一次，10 年后价值为 20 000 元的现值为

$$p=S_n(1+r)^{-n}=20\ 000\times(1+5\%)^{-10}\text{ 元}=12\ 278.27\text{ 元}.$$

(2) 按季度付息，即一年复利 4 次，10 年后价值为 20 000 元的现值为

$$p=S_n\left(1+\frac{r}{t}\right)^{-nt}=20\ 000\times\left(1+\frac{5\%}{4}\right)^{-10\times4}\text{ 元}=12\ 168.27\text{ 元}.$$

(3) 按连续复利计息，10 年后价值为 20 000 元的现值为

$$p=S_ne^{-nr}=20\ 000e^{-10\times5\%}\text{ 元}=12\ 130.61\text{ 元}.$$

所以在三种付息方式下，你现在的投资额分别为 12 278.27 元、12 168.27 元、12 130.61 元.

同步练习 2.4

1. 求下列函数的极限.

(1) $\lim\limits_{x\to0}\dfrac{\sin2x}{4x}$；(2) $\lim\limits_{x\to0}\dfrac{\sin3x}{\sin4x}$；(3) $\lim\limits_{x\to0}\dfrac{\sin^3x}{5x^2}$；(4) $\lim\limits_{x\to0}\left(x^2\sin^2\dfrac{1}{x}\right)$；

(5) $\lim\limits_{x\to\infty}\left(1+\dfrac{2}{x}\right)^{x-1}$；(6) $\lim\limits_{x\to\infty}\left(\dfrac{2x-1}{2x+1}\right)^{x-1}$；(7) $\lim\limits_{x\to\infty}\left(1-\dfrac{1}{2x}\right)^{3x+1}$.

2. 现将 2000 元现金存入银行，假设年利率为 5%，试用连续复利公式计算 2 年末的本利和.

3. 假定为了孩子的教育，你打算在一家银行存入一笔资金，你需要这笔投资 3 年后价值 1000 元，试求：

(1) 如果银行以 10% 的年普通复利率付息，你应该投资多少元？

(2) 若年利率不变，但付息方式改为按季度复利付息，你又应该投资多少元？

(3) 若年利率不变，但付息方式改为连续复利，你又应该投资多少元？

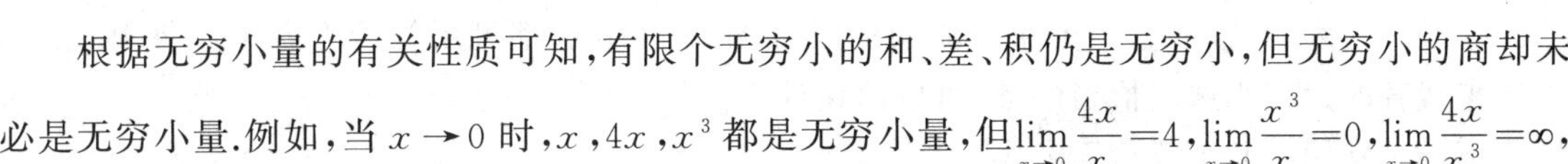

子项目 2.5　无穷小的比较

根据无穷小量的有关性质可知，有限个无穷小的和、差、积仍是无穷小，但无穷小的商却未必是无穷小量.例如，当 $x \to 0$ 时，x，$4x$，x^3 都是无穷小量，但$\lim\limits_{x \to 0}\frac{4x}{x}=4$，$\lim\limits_{x \to 0}\frac{x^3}{x}=0$，$\lim\limits_{x \to 0}\frac{4x}{x^3}=\infty$，说明无穷小的商的极限可能存在，也可能不存在.

究其原因，无穷小量虽然都是以零为极限的量，但不同的无穷小趋近于零的“速度”却不一定相同.

观察表 2.4 可知，x^3 趋近于零的速度最快，x 和 $4x$ 趋近于零的速度大致相仿.

表 2.4

x	1	0.1	0.01	0.001	…	→	0
$4x$	4	0.4	0.04	0.004	…	→	0
x^3	1	0.001	0.000 001	0.000 000 001	…	→	0

定义 2-9　设 α，β 是自变量 x 的同一变化过程中的两个无穷小量.

(1) 如果$\lim\frac{\alpha}{\beta}=0$，则称 α 是比 β 高阶的无穷小量，记作 $\alpha=o(\beta)$.

(2) 如果$\lim\frac{\alpha}{\beta}=\infty$，则称 α 是比 β 低阶的无穷小量.

(3) 如果$\lim\frac{\alpha}{\beta}=c\,(c \neq 0)$，则称 α 与 β 是同阶无穷小量.特别地，当 $c=1$ 时，则称 α 与 β 是等价无穷小量，记作 $\alpha \sim \beta$.

由定义可知，$\lim\limits_{x \to 0}\frac{x^3}{x}=0$，所以当 $x \to 0$ 时，x^3 是比 x 高阶的无穷小量，即 x^3 比 x 趋近于零的速度更快.

因为$\lim\limits_{x \to 0}\frac{4x}{x}=4$，所以当 $x \to 0$ 时，$4x$ 与 x 是同阶无穷小量，即 $4x$ 与 x 趋近于零的速度差不多.

例 33　比较下列无穷小量的阶.

(1) 当 $x \to 2$ 时，无穷小 $2-x$ 与 $4-2x$；

(2) 当 $x \to \infty$ 时，无穷小$\frac{2}{x^3}$与$\frac{1}{4x}$.

解： (1) 因为$\lim\limits_{x \to 2}\frac{2-x}{4-2x}=\lim\limits_{x \to 2}\frac{1}{2}\cdot\frac{2-x}{2-x}=\frac{1}{2}$，所以 $2-x$ 与 $4-2x$ 是同阶无穷小.

(2) 因为$\lim\limits_{x \to \infty}\frac{\frac{2}{x^3}}{\frac{1}{4x}}=\lim\limits_{x \to \infty}\frac{8}{x^2}=0$，所以$\frac{2}{x^3}$是比$\frac{1}{4x}$高阶的无穷小，即$\frac{2}{x^3}=o\left(\frac{1}{4x}\right)$.

关于等价无穷小有下面重要的定理.

定理 2-6(等价无穷小的代换定理) 若$\alpha \sim \alpha'$,$\beta \sim \beta'$,且$\lim \frac{\beta'}{\alpha'}$存在,那么$\lim \frac{\beta}{\alpha} = \lim \frac{\beta'}{\alpha'}$.

证明 $$\lim \frac{\beta}{\alpha} = \lim\left(\frac{\beta}{\beta'} \cdot \frac{\beta'}{\alpha'} \cdot \frac{\alpha'}{\alpha}\right) = \lim \frac{\beta}{\beta'} \cdot \lim \frac{\beta'}{\alpha'} \cdot \lim \frac{\alpha'}{\alpha} = \lim \frac{\beta'}{\alpha'}.$$

定理 2-6 表明,求两个无穷小之比的极限时,分子及分母都可用等价无穷小代替.因此,如果用来代替的无穷小选用恰当的话,可以简化计算.

下面是常用的几个等价无穷小.

当 $x \to 0$ 时,$\sin x \sim x$,$\tan x \sim x$,$\arcsin x \sim x$,$\arctan x \sim x$,$1-\cos x \sim \frac{1}{2}x^2$,$\ln(1+x) \sim x$,$e^x - 1 \sim x$,$\sqrt[n]{1+x} - 1 \sim \frac{1}{n}x$.

例 34 利用等价无穷小的代换定理,计算下列极限.

(1) $\lim\limits_{x \to 0} \frac{\sin 5x}{3x}$; (2) $\lim\limits_{x \to 0} \frac{\tan 2x}{\sin 4x}$; (3) $\lim\limits_{x \to 0} \frac{\ln(1+x)}{2x}$;

(4) $\lim\limits_{x \to 0} \frac{x^2+3x}{\tan 2x}$; (5) $\lim\limits_{x \to 0} \frac{\tan x - \sin x}{x^3}$; (6) $\lim\limits_{x \to 0} \frac{(1+x^2)^{\frac{1}{3}} - 1}{\cos x - 1}$.

解: (1) 当 $x \to 0$ 时,$\sin 5x \sim 5x$,$3x$ 与它本身等价,所以

$$\lim_{x \to 0} \frac{\sin 5x}{3x} = \lim_{x \to 0} \frac{5x}{3x} = \frac{5}{3}.$$

(2) 当 $x \to 0$ 时,$\tan 2x \sim 2x$,$\sin 4x \sim 4x$,所以

$$\lim_{x \to 0} \frac{\tan 2x}{\sin 4x} = \lim_{x \to 0} \frac{2x}{4x} = \frac{1}{2}.$$

(3) 当 $x \to 0$ 时,$\ln(1+x) \sim x$,$2x$ 与它本身等价,所以

$$\lim_{x \to 0} \frac{\ln(1+x)}{2x} = \lim_{x \to 0} \frac{x}{2x} = \frac{1}{2}.$$

(4) 当 $x \to 0$ 时,$\tan 2x \sim 2x$,x^2+3x 与它本身等价,所以

$$\lim_{x \to 0} \frac{x^2+3x}{\tan 2x} = \lim_{x \to 0} \frac{x^2+3x}{2x} = \lim_{x \to 0} \frac{x+3}{2} = \frac{3}{2}.$$

(5) 当 $x \to 0$ 时,$\sin x \sim x$,$1-\cos x \sim \frac{1}{2}x^2$,所以

$$\lim_{x \to 0} \frac{\tan x - \sin x}{x^3} = \lim_{x \to 0} \frac{\sin x\,(1-\cos x)}{x^3 \cdot \cos x} = \lim_{x \to 0} \frac{x \cdot \frac{1}{2}x^2}{x^3 \cdot \cos x} = \lim_{x \to 0} \frac{\frac{1}{2}}{\cos x} = \frac{1}{2}.$$

(6) 当 $x \to 0$ 时,$(1+x^2)^{\frac{1}{3}} - 1 \sim \frac{1}{3}x^2$,$\cos x - 1 \sim -\frac{1}{2}x^2$,所以

$$\lim_{x \to 0} \frac{(1+x^2)^{\frac{1}{3}} - 1}{\cos x - 1} = \lim_{x \to 0} \frac{\frac{1}{3}x^2}{-\frac{1}{2}x^2} = -\frac{2}{3}.$$

小结：

应用等价无穷小的代换定理求极限时，要注意以下三点：

(1) 分子分母都必须是无穷小量.

(2) 用等价无穷小替换时，只能替换整个分子或者分母中的因子，而不能替换分子或分母中的项.

(3) 只有对乘积或商中的无穷小才可用等价无穷小来替换，否则将会出错.

同步练习 2.5

1.试比较下列各对无穷小的阶.

(1) 当 $x \to 0$ 时，无穷小 $x^3 + 2x^2$ 与 $4x^2$；

(2) 当 $x \to 1$ 时，无穷小 $1 - \sqrt{x}$ 与 $1 - x$.

2.求下列极限.

(1) $\lim\limits_{x \to 0} \dfrac{\sin 5x}{x}$；　(2) $\lim\limits_{x \to 0} \dfrac{\sin 4x}{\sqrt{1+x} - 1}$；　(3) $\lim\limits_{x \to 0} \dfrac{x^2}{1 - \cos x}$；

(4) $\lim\limits_{x \to 0} \dfrac{\arcsin 5x}{\arctan 2x}$；　(5) $\lim\limits_{x \to 0} \dfrac{\ln(1+x)}{6x}$；　(6) $\lim\limits_{x \to 0} \dfrac{1 - \cos x}{x \tan x}$.

子项目 2.6　函数的连续性与间断点

在自然界中有许多现象，如动植物的生长、气温的变化、水的流动等，都是连续变化的，自然界中各种物态的连续变化反映在数学上，就是函数的连续性.它与极限是密切相关的.

2.6.1　函数的增量

首先引入变量的增量.设变量 u 从它的初值 u_0 变化到终值 u_1，终值 u_1 与初值 u_0 之差称为变量 u 的增量，又叫作变量 u 的改变量，记作 Δu，即 $\Delta u = u_1 - u_0$.

特别地，当变量 u 表示自变量 x 时，称 $\Delta x = x_1 - x_0$ 为自变量 x 的增量；当变量 u 表示函数 $y = f(x)$ 时，称 $\Delta y = y_1 - y_0 = f(x_1) - f(x_0)$ 为函数 $y = f(x)$ 的增量.

因为 $\Delta x = x_1 - x_0$，所以可得 $x_1 = x_0 + \Delta x$，故若函数 $y = f(x)$ 在点 x_0 及附近有定义，当自变量 x 在点 x_0 的附近从 x_0 变到 $x_0 + \Delta x$ 时，函数 y 相应地从 $f(x_0)$ 变到 $f(x_0 + \Delta x)$，因此函数 y 对应的增量可变为

$$\Delta y = y_1 - y_0 = f(x_1) - f(x_0) = f(x_0 + \Delta x) - f(x_0).$$

说明：变量的增量可以是正的，可以是负的，也可以为零.

2.6.2　函数连续的概念

观察图 2.10 和图 2.11 可知，两条曲线有明显的不同，表现为曲线 $y = f(x)$ 在点 x_0 不间断，而曲线 $y = g(x)$ 在点 x_0 是间断的.那么，如何用数学的语言来描述这种差异呢？

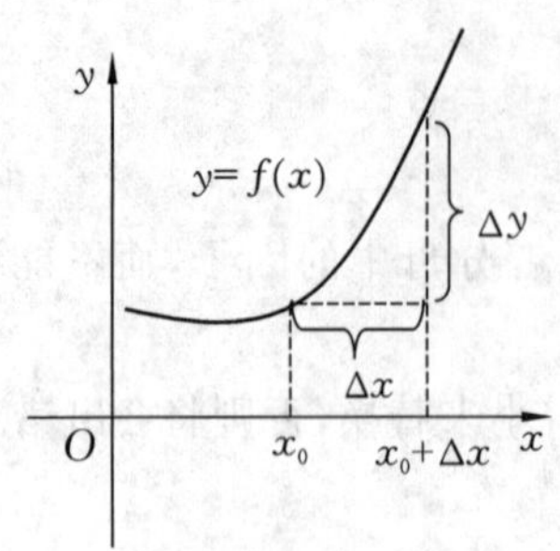

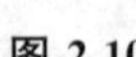
图 2.10

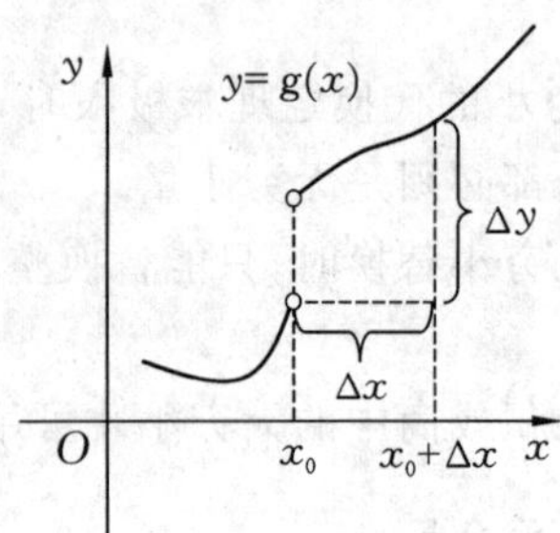

图 2.11

对比两个图形,可以发现:如图 2.10 所示,当自变量 x 的改变量 $\Delta x \to 0$ 时,函数相应的改变量 $\Delta y \to 0$;如图 2.11 所示,当自变量 x 的改变量 $\Delta x \to 0$ 时,函数相应的改变量 Δy 不能够无限趋近于零.于是我们可以用增量来定义函数的连续性.

定义 2-10 设函数在点 x_0 及其左右近旁有定义,如果当自变量的改变量 Δx 趋于零时,相应函数的改变量 Δy 也趋于零,即

$$\lim_{\Delta x \to 0} \Delta y = \lim_{\Delta x \to 0} [f(x_0 + \Delta x) - f(x_0)] = 0,$$

则称函数在点 x_0 处连续.称点 x_0 为函数 $f(x)$ 的连续点.

例 35 证明函数 $y = x^2 - 3$ 在点 x_0 处连续.

证明: 因为

$$\Delta y = f(x_0 + \Delta x) - f(x_0) = [(x_0 + \Delta x)^2 - 3] - (x_0^2 - 3) = 2x_0 \Delta x + (\Delta x)^2,$$

所以

$$\lim_{\Delta x \to 0} \Delta y = \lim_{\Delta x \to 0} [2x_0 \Delta x + (\Delta x)^2] = 0.$$

故函数 $y = x^2 - 3$ 在点 x_0 处连续.

由点 x_0 的任意性可知,函数 $y = x^2 - 3$ 在$(-\infty, +\infty)$ 上连续.

在定义 2-10 中,若令 $x = x_0 + \Delta x$,则 $\Delta x = x - x_0$,相应地函数 $f(x)$ 的改变量为

$$\Delta y = f(x) - f(x_0).$$

当 $\Delta x \to 0$ 时,$x \to x_0$,由于 $\Delta y = f(x) - f(x_0) \to 0$ 时,$f(x) \to f(x_0)$,于是可得下面定义.

定义 2-11 设函数在点 x_0 及其左右近旁有定义,如果当 $x \to x_0$ 时,函数 $y = f(x)$ 的极限存在,且等于函数 $y = f(x)$ 在点 x_0 处的函数值,即

$$\lim_{x \to x_0} f(x) = f(x_0),$$

则称函数 $y = f(x)$ 在点 x_0 处连续.

由定义 2-11 可知,函数 $y = f(x)$ 在点 x_0 处连续必须满足三个条件:

(1) 函数 $y = f(x)$ 在点 x_0 处有定义,即 $f(x_0)$ 必须存在;

(2) 函数 $y = f(x)$ 在点 x_0 处有极限,即 $\lim\limits_{x \to x_0} f(x)$ 存在;

(3) 函数值等于极限值,即 $\lim\limits_{x \to x_0} f(x) = f(x_0)$.

例 36 考察函数 $y = \ln x$ 在点 $x = \mathrm{e}$ 处的连续性.

解: 因为 $\lim\limits_{x \to \mathrm{e}} \ln x = 1$,又 $f(\mathrm{e}) = \ln \mathrm{e} = 1$,即

$$\lim_{x \to \mathrm{e}} f(x) = f(\mathrm{e}),$$

所以函数 $y=\ln x$ 在点 $x=\mathrm{e}$ 处连续.

由函数 $f(x)$ 在点 x_0 处左极限与右极限的定义，可得函数 $f(x)$ 在点 x_0 处左连续与右连续的定义.

定义 2-12　如果函数在点 x_0 处的左极限存在，且等于函数 $y=f(x)$ 在点 x_0 处的函数值，即 $\lim\limits_{x\to x_0^-} f(x)=f(x_0)$，则称函数 $y=f(x)$ 在点 x_0 处左连续.

定义 2-13　如果函数在点 x_0 处的右极限存在，且等于函数 $y=f(x)$ 在点 x_0 处的函数值，即 $\lim\limits_{x\to x_0^+} f(x)=f(x_0)$，则称函数 $y=f(x)$ 在点 x_0 处右连续.

要判断函数是否连续，除了利用定义之外，还有

$$\lim_{x\to x_0} f(x)=f(x_0) \Longleftrightarrow \lim_{x\to x_0^-} f(x)=\lim_{x\to x_0^+} f(x)=f(x_0),$$

即函数 $y=f(x)$ 在点 x_0 处连续的充分必要条件是：函数 $f(x)$ 在点 x_0 处既左连续，又右连续.

例 37　设函数 $f(x)=\begin{cases} x+5, x\leqslant 0, \\ \mathrm{e}^x-2, x>0, \end{cases}$ 讨论 $f(x)$ 在点 $x=0$ 处的连续性.

解：　这是分段函数，$x=0$ 是其分段点.

因为 $f(0)=5$，又 $\lim\limits_{x\to 0^-} f(x)=\lim\limits_{x\to 0^-}(x+5)=5$；$\lim\limits_{x\to 0^+} f(x)=\lim\limits_{x\to 0^+}(\mathrm{e}^x-2)=-1$，所以函数 $f(x)$ 在点 $x=0$ 处左连续，但右不连续，从而函数 $f(x)$ 在点 $x=0$ 处不连续.

例 38　考察函数 $f(x)=\begin{cases} \dfrac{\sin x}{x}, & x\neq 0, \\ 1, & x=0 \end{cases}$ 在分段点处的连续性.

解：　这是分段函数，$x=0$ 是其分段点.

因为 $f(0)=1$，又 $\lim\limits_{x\to 0} f(x)=\lim\limits_{x\to 0}\dfrac{\sin x}{x}=1$，即 $\lim\limits_{x\to 0} f(x)=f(0)$，所以函数在点 $x=0$ 处连续.

小结：讨论分段函数的连续性，一定要讨论在“分段点”的左、右极限，进而判断连续性.

函数在一点连续的定义，可以推广到区间上.

如果函数 $y=f(x)$ 在开区间 (a,b) 内任何一点都连续，则称函数 $y=f(x)$ 在开区间 (a,b) 内连续，区间 (a,b) 叫作函数的连续区间.

如果函数 $y=f(x)$ 在区间 (a,b) 内连续，且 $\lim\limits_{x\to a^+} f(x)=f(a)$，$\lim\limits_{x\to b^-} f(x)=f(b)$，则称函数 $y=f(x)$ 在闭区间 $[a,b]$ 上连续，区间 $[a,b]$ 叫作函数的连续区间.

在连续区间上，连续函数的图像是一条延绵不断的曲线.

2.6.3　初等函数的连续性

1. 基本初等函数的连续性

基本初等函数在其定义域内都是连续的.

2. 连续函数的和、差、积、商的连续性

如果 $f(x)$，$g(x)$ 都在点 x_0 处连续，则 $f(x)\pm g(x)$，$f(x)\cdot g(x)$，$\dfrac{f(x)}{g(x)}(g(x)\neq 0)$ 都在点 x_0 处连续.

3. 复合函数的连续性

设函数 $y=f(u)$ 在点 u_0 处连续，又函数 $u=\varphi(x)$ 在点 x_0 处连续，则复合函数 $y=f[\varphi(x)]$ 在点 x_0 处连续.

这个法则说明了连续函数的复合函数仍为连续函数，并可得到如下结论：

$$\lim_{x\to x_0} f[\varphi(x)]=f[\varphi(x_0)]=f[\lim_{x\to x_0}\varphi(x)].$$

特别地，当 $\varphi(x)=x$ 时，$\lim\limits_{x\to x_0} f(x)=f(x_0)=f(\lim\limits_{x\to x_0} x)$，这表示连续函数极限符号与函数符号可以交换次序.

4. 初等函数的连续性

一切初等函数在其定义域内都是连续的.

根据这一结论，求初等函数在其定义域内某点处的极限时，只需求函数在该点的函数值即可.

例 39 求下列函数的极限.

(1) $\lim\limits_{x\to 4}\dfrac{e^x+\sin(x-4)}{\sqrt{x}-3}$； (2) $\lim\limits_{x\to 0}\ln\cos x$.

解： (1) 因为该函数是初等函数，且在 $x=4$ 处有定义，故由初等函数的连续性可知，

$$\lim_{x\to 4}\frac{e^x+\sin(x-4)}{\sqrt{x}-3}=\frac{e^4+\sin 0}{2-3}=-e^4.$$

(2) 因为该函数是初等函数，且在 $x=0$ 处有定义，故由初等函数的连续性可知，

$$\lim_{x\to 0}\ln\cos x=\ln\cos 0=0.$$

2.6.4 函数的间断点

定义 2-14 如果函数 $f(x)$ 在点 x_0 处不满足连续的条件，则称函数 $f(x)$ 在点 x_0 处不连续或间断.点 x_0 叫作函数 $f(x)$ 的不连续点或间断点.

由函数 $f(x)$ 在某点连续的定义可知，若函数 $f(x)$ 在点 x_0 处有下列三种情形之一，则点 x_0 为 $f(x)$ 的间断点.

(1) 函数 $f(x)$ 在点 x_0 处没有定义；

(2) 函数极限 $\lim\limits_{x\to x_0} f(x)$ 不存在；

(3) 虽然 $f(x_0)$ 有定义，且 $\lim\limits_{x\to x_0} f(x)$ 存在，但 $\lim\limits_{x\to x_0} f(x)\neq f(x_0)$.

例如，函数 $y=\dfrac{1}{x+2}$ 在点 $x=-2$ 处无定义，所以函数 $y=\dfrac{1}{x+2}$ 在点 $x=-2$ 处不连续，$x=-2$ 就是函数 $y=\dfrac{1}{x+2}$ 的一个间断点.

例 40 考察函数 $f(x)=\begin{cases}x-2, & x<0,\\ 0, & x=0,\\ x+2, & x>0\end{cases}$ 在点 $x=0$ 处的连续性.

解： 因为 $\lim\limits_{x\to 0^-} f(x)=\lim\limits_{x\to 0^-}(x-2)=-2$，$\lim\limits_{x\to 0^+} f(x)=\lim\limits_{x\to 0^+}(x+2)=2$，所以 $\lim\limits_{x\to 0} f(x)$

不存在.

故 $x=0$ 是函数 $f(x)$ 的间断点.

函数的间断点按左右极限是否存在分类.

定义 2-15　设 x_0 是函数 $y=f(x)$ 的间断点,如果函数 $y=f(x)$ 在点 x_0 处的左极限和右极限都存在,则称 x_0 是第一类间断点;非第一类间断点就是第二类间断点.

根据定义 2-15 可知,例 40 的间断点 $x=0$ 属于第一类间断点.通常把左、右极限都存在但不相等的间断点称为跳跃间断点.

例 41　考察函数 $f(x)=\begin{cases} x+4, & x\neq 0, \\ 0, & x=0 \end{cases}$ 在点 $x=0$ 处的连续性.

解:　因为 $\lim\limits_{x\to 0}f(x)=\lim\limits_{x\to 0}(x+4)=4$,但 $f(0)=0$,即 $\lim\limits_{x\to 0}f(x)\neq f(0)$,所以函数 $y=f(x)$ 在点 $x=0$ 处不连续,即 $x=0$ 是间断点.

这类间断点称为可去间断点.

如果在点 $x=0$ 处定义 $y=4$,那么上面函数就变成了在点 $x=0$ 处连续了.

例 42　考察函数 $y=\dfrac{3}{x}$ 在点 $x=0$ 处的连续性.

解:　因为函数 $y=\dfrac{3}{x}$ 在点 $x=0$ 处无定义,所以函数 $y=f(x)$ 在点 $x=0$ 处不连续,即 $x=0$ 是间断点.又因为 $\lim\limits_{x\to 0}\dfrac{3}{x}=\infty$,这类间断点称为无穷间断点.

2.6.5　闭区间上连续函数的性质

闭区间上的连续函数有一些重要性质,这些性质在图形上比较明显直观,因而在此只做介绍,不予证明.

定理 2-7(最值定理)　若函数 $f(x)$ 在闭区间 $[a,b]$ 上连续,则函数 $f(x)$ 在 $[a,b]$ 上一定能取得最大值和最小值.(见图 2.12)

注意:定理中"闭区间"和"连续"这两个充分条件与结论之间的逻辑关系.例如函数 $y=\cos x$ 在开区间 $(0,\pi)$ 上连续,但它无法取得最大值和最小值.

定理 2-8(介值定理)　若函数 $f(x)$ 在闭区间 $[a,b]$ 上连续,m 和 M 分别为 $f(x)$ 在 $[a,b]$ 上的最小值与最大值,则对介于 m 和 M 之间的任一实数 c,至少存在一点 $\varepsilon\in(a,b)$,使得 $f(\varepsilon)=c$.(见图 2.13)

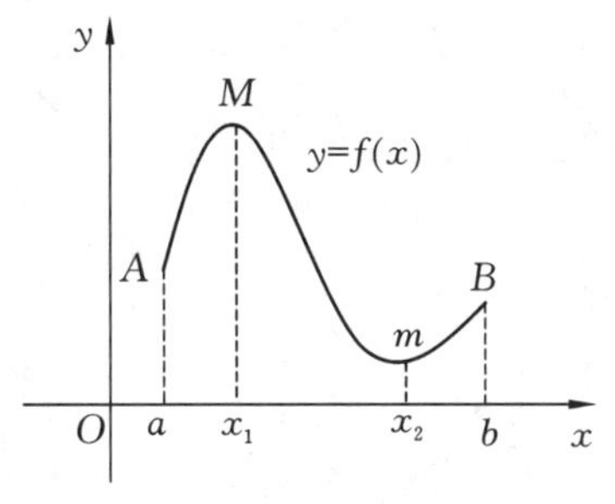

图 2.12

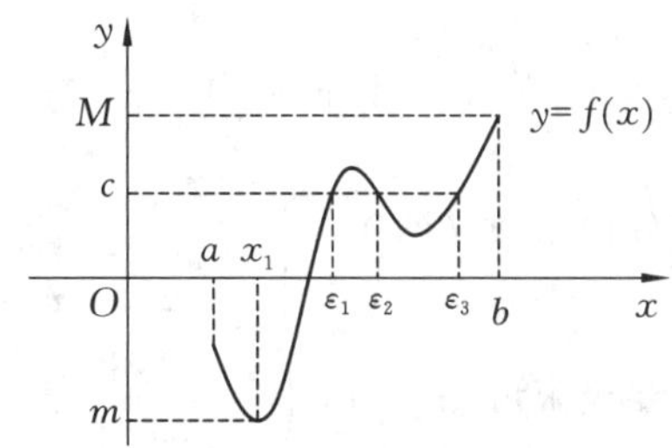

图 2.13

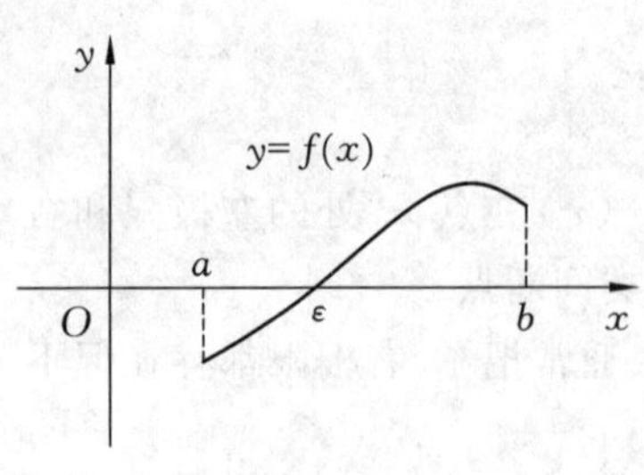

图 2.14

推论(零点定理或根的存在定理)　若函数 $f(x)$ 在闭区间 $[a,b]$ 上连续,且 $f(a)$ 与 $f(b)$ 异号,则至少存在一点 $\varepsilon \in (a,b)$,使得 $f(\varepsilon)=0$.(见图 2.14)

例 43　证明方程 $x^3-4x+2=0$ 在区间 $(0,1)$ 内至少有一个根.

证明:　$f(x)=x^3-4x+2$ 在闭区间 $[0,1]$ 上连续,又

$$f(0)=2>0, f(1)=-1<0.$$

根据零点定理,在区间 $(0,1)$ 内至少有一点 ε,使得 $f(\varepsilon)=0$,即方程 $x^3-4x+2=0$ 在区间 $(0,1)$ 内至少有一个根是 ε.

同步练习 2.6

1.讨论下列函数在给定点处的连续性.

(1) $f(x)=\dfrac{x^2-4}{x-2}$,点 $x=2$;　　(2) $f(x)=\begin{cases}x+1, & 0<x\leqslant 1,\\ 3-x, & 1<x\leqslant 4,\end{cases}$ 点 $x=1$;

(3) $f(x)=\begin{cases}\dfrac{\sin 3x}{x}, & x\neq 0,\\ 2, & x=0,\end{cases}$ 点 $x=0$;　　(4) $f(x)=\begin{cases}\dfrac{x^2-4}{x+2}, & x\neq -2,\\ 4, & x=-2,\end{cases}$ 点 $x=-2$.

2.已知函数 $f(x)=\begin{cases}\sqrt{x^2+4}, & x<0,\\ a, & x=0,\\ 2x+b, & x>0\end{cases}$ 在点 $x=0$ 处连续,求 a 与 b 的值.

3.求下列函数的间断点,并判断其类型.

(1) $f(x)=x\sin\dfrac{1}{x}$;　　(2) $f(x)=\dfrac{x^2-1}{x^2-3x+2}$.

4.试证明方程 $x^3-5x+2=0$ 在区间 $(-3,3)$ 内至少有一个根.

复习题 2

一、填空题.

1. $\lim\limits_{x\to 3}\dfrac{x^2-2x+k}{x-3}=4$,则 $k=$__________.

2. 函数 $y=\dfrac{x^2-1}{x^2-3x+2}$ 的间断点是__________.

3. 当 $x\to 0$ 时,无穷小 $1-\sqrt{1-x}$ 与 x 相比较是__________无穷小.

4. 已知分段函数 $f(x)=\begin{cases}\dfrac{\sin x}{x}, & x>0,\\ x+a, & x\leqslant 0\end{cases}$ 连续,则 $a=$__________.

5. 由重要极限可知,$\lim\limits_{x\to+\infty}\left(1+\dfrac{1}{2x}\right)^x=$__________.

6. 极限 $\lim\limits_{x\to\infty}\dfrac{\sqrt{x^2+1}-1}{x}=$__________.

二、选择题.

1. 如果$\lim\limits_{n\to\infty}x_n=a$,则数列$x_n$是(　　).

A.单调递增数列　　B.有界数列　　C.发散数列　　D.无界数列

2. 当$x\to 0$时，e^x-1是x的(　　).

A.高阶无穷小　　B.低阶无穷小　　C.等价无穷小　　D.同阶无穷小

3. 如果函数$f(x)$当$x\to x_0$时极限存在,则函数$f(x)$在x_0点(　　).

A.有定义　　B.无定义　　C.不一定有定义

4. 点$x=0$是函数$\arctan\dfrac{1}{x}$的(　　).

A.连续点　　B.第一类间断点　　C.第二类间断点　　D.第三类间断点

5. 设函数$f(x)=\dfrac{|x|}{x}$,则$\lim\limits_{x\to 0}f(x)=$(　　).

A.1　　B.-1　　C.0　　D.不存在

6. 当$x\to 0$时，$\sin\dfrac{1}{x}$(　　).

A.极限为0　　B.极限为∞　　C.是有界变量　　D.是无界变量

7. 若函数$f(x)=\begin{cases}e^{-x}, & x<0,\\ a+\cos x, & x\geqslant 0\end{cases}$在$x=0$处连续,则常数$a=$(　　).

A.0　　B.∞　　C.-1　　D.-2

8. 函数$f(x)=\begin{cases}2, & x>0,\\ -2, & x\leqslant 0\end{cases}$在$x=0$处(　　).

A.间断　　B.右连续　　C.连续　　D.以上均错

9. 若$\lim\limits_{x\to\infty}\left[\dfrac{x^2+1}{x+1}-(ax+b)\right]=0$,则常数$a$，$b$分别等于(　　).

A.$a=1$，$b=-1$　　B.$a=-1$，$b=-1$　　C.$a=1$，$b=1$　　D.$a=-1$，$b=1$

三、计算题.

1. 求下列极限.

(1) $\lim\limits_{x\to 1}\dfrac{x^2-1}{\sqrt{3-x}-\sqrt{1+x}}$;

(2) $\lim\limits_{n\to\infty}\dfrac{1+2+3+\cdots+(n-1)}{n^2}$;

(3) $\lim\limits_{x\to 2}\dfrac{x^2+5}{x-3}$;

(4) $\lim\limits_{x\to 1}\dfrac{x^2-2x+1}{x^2-1}$;

(5) $\lim\limits_{x\to 1}\left(\dfrac{1}{1-x}-\dfrac{3}{1-x^3}\right)$;

(6) $\lim\limits_{x\to 0}\dfrac{\tan 3x}{2x}$;

(7) $\lim\limits_{x\to\infty}\dfrac{x-\cos x}{x+\cos x}$;

(8) $\lim\limits_{x\to\infty}x\ln\left(1+\dfrac{1}{x}\right)$;

(9) $\lim\limits_{x\to\infty}\left(\dfrac{x-1}{x+1}\right)^x$;

(10) $\lim\limits_{x\to 0}\dfrac{x\sin x}{\sqrt{1+x^2}-1}$;

(11) $\lim\limits_{x\to 0}\dfrac{1-\cos x}{x^2}$； (12) $\lim\limits_{x\to 0}\dfrac{x^2\sin\dfrac{1}{x}}{\sin x}$；

(13) $\lim\limits_{x\to\infty}(\sqrt{x^2+x+1}-\sqrt{x^2-x+1})$； (14) $\lim\limits_{x\to\infty}\dfrac{1-3x^2}{x^2+1}$.

2. 已知 $f(x)=\begin{cases}ax^2+b, & 0<x<1,\\ 2, & x=1,\\ bx+1, & 1<x\leqslant 3,\end{cases}$ 问当 a,b 为何值时，$f(x)$ 在 $x=1$ 处连续？

3. 讨论函数 $f(x)=\begin{cases}x-1, & x\leqslant 1,\\ 3-x, & x>1\end{cases}$ 在 $x=1$ 处是否连续.

4. 求下列函数的间断点.

(1) $y=\dfrac{1}{(x+3)^2}$； (2) $y=\dfrac{x+2}{x^2+6x+8}$；

(3) $y=\begin{cases}x+\dfrac{\sin 2x}{x}, & x<0,\\ 0, & x=0,\\ x\cos\dfrac{1}{x}, & x>0;\end{cases}$ (4) $f(x)=\begin{cases}-\dfrac{1}{x}, & x\leqslant -1,\\ 2+x, & -1<x\leqslant 0,\\ x\sin\dfrac{1}{x}, & 0<x\leqslant 2.\end{cases}$

5. 证明方程 $4x-2^x=0$ 在区间 $(0,1)$ 内至少有一个根.

6. 已知 $\lim\limits_{x\to\infty}\left(\dfrac{x}{x-k}\right)=2$，求常数 k.

7. 现将1000元现金投入银行，月利率为1%，分别用离散型和连续型的复利公式计算10年末的本利和（不扣利息税）.

项目三

导数与微分

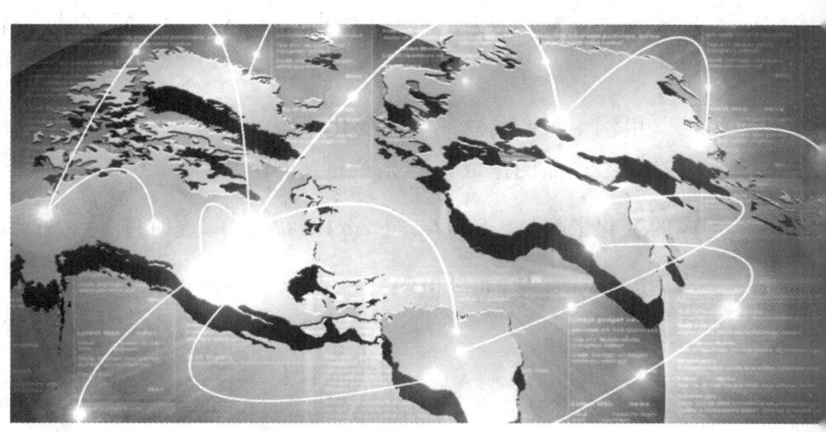

JINGJI
SHUXUE

1. 知识目标

- 了解导数及微分的几何意义和经济意义；
- 理解导数的概念；
- 了解函数可导、可微与连续之间的关系；
- 了解高阶导数的概念.

2. 技能目标

- 熟练掌握导数的运算法则及导数的基本公式；
- 掌握复合函数求导法则；
- 掌握隐函数的求导方法及幂指函数的求导方法；
- 掌握微分的四则运算法则；
- 理解一阶微分形式不变性及微分在近似计算中的应用.

子项目 3.1　导数的概念

引例 1　产品总成本的变化率.

设某产品的总成本 C 是产量 q 的函数：$C=C(q)$.当产量由 q_0 变为 $q_0+\Delta q$ 时，总成本相对应的变化量为 $\Delta C=C(q_0+\Delta q)-C(q_0)$，这时称 $\frac{\Delta C}{\Delta q}$ 为产量由 q_0 变为 $q_0+\Delta q$ 时的平均变化率.当 $\Delta q\to 0$ 时，如果极限

$$\lim_{\Delta q\to 0}\frac{\Delta C}{\Delta q}=\lim_{\Delta q\to 0}\frac{C(q_0+\Delta q)-C(q_0)}{\Delta q}$$

存在，则称此极限为产量由 q_0 到 $q_0+\Delta q$ 时总成本的变化率，又称为边际成本.

引例 2　曲线的切线.

在中学数学中，圆的切线定义为与圆只有一个交点的直线.对于一般曲线，这样的描述显然不合适.为了研究曲线运动，我们需要对一般曲线的切线给予定义并说明如何计算.

在数学的发展史上，切线的计算也是推动微分学产生和发展的一个动力.

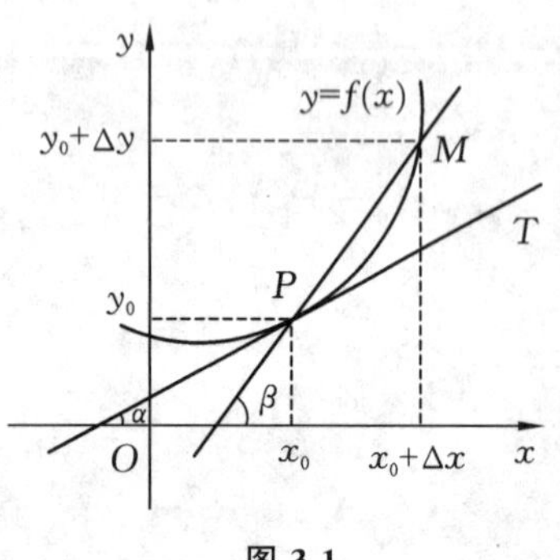

图 3.1

曲线 C 的方程为 $y=f(x)$，求曲线 C 在定点 $P(x_0,y_0)$ 处切线的斜率.如图 3.1 所示，在曲线上取与定点 $P(x_0,y_0)$ 邻近的动点 $M(x_0+\Delta x,y_0+\Delta y)$，作曲线的割线 PM，则割线 PM 的斜率为 $\tan\beta=\frac{\Delta y}{\Delta x}=\frac{f(x_0+\Delta x)-f(x_0)}{\Delta x}$.

其中 β 为割线 PM 与 x 轴正方向的夹角.当动点 M 沿曲线 C 趋于定点 P 时，割线 PM 也随之变动而趋向于其极限位置——直线 PT，则称此直线为曲线 $f(x)$ 在定点 P 处的切线.设 k 为切线 PT 的斜率.显然，此时角 β 趋向于切线 PT 的倾斜角 α，即切线的斜率为

$$\tan\alpha=\lim_{\Delta x\to 0}\tan\beta=\lim_{\Delta x\to 0}\frac{\Delta y}{\Delta x}=\lim_{\Delta x\to 0}\frac{f(x_0+\Delta x)-f(x_0)}{\Delta x}.$$

$k=\tan\alpha\left(\alpha\neq\dfrac{\pi}{2}\right)$，其中 α 是切线 PT 的倾斜角.

曲线 C 在点 P 的切线斜率反映了曲线 $y=f(x)$ 在点 P 升降的快慢程度.因此，切线斜率又称为曲线 $y=f(x)$ 在 $x=x_0$ 处的变化率.

前两个引例虽然具体内容不同，但都是函数变化率的极限问题，解决问题的方法是相同的，抽象成数学模型就是导数的定义.

3.1.1　导数的定义

定义 3-1　设函数 $f(x)$ 在点 x_0 的某一邻域内有定义，当自变量 x 在 x_0 处有改变量 Δx（点 $x_0+\Delta x$ 仍在该邻域内）时，相应地，函数有改变量 $\Delta y=f(x_0+\Delta x)-f(x_0)$.如果极限 $\lim\limits_{\Delta x\to 0}\dfrac{\Delta y}{\Delta x}=\lim\limits_{\Delta x\to 0}\dfrac{f(x_0+\Delta x)-f(x_0)}{\Delta x}$ 存在，则称函数 $f(x)$ 在点 x_0 处可导，并称此极限为函数 $f(x)$ 在点 x_0 处的导数，记为 $f'(x_0)$，也可记作

$$y'\big|_{x=x_0},\left.\frac{\mathrm{d}y}{\mathrm{d}x}\right|_{x=x_0},\left.\frac{\mathrm{d}f(x)}{\mathrm{d}x}\right|_{x=x_0}.$$

如果 $\lim\limits_{\Delta x\to 0}\dfrac{\Delta y}{\Delta x}$ 不存在，则称函数 $f(x)$ 在点 x_0 处不可导.

为了方便起见，导数的定义也可以写成

$$f'(x_0)=\lim_{x\to x_0}\frac{f(x)-f(x_0)}{x-x_0}\text{ 或 }f'(x_0)=\lim_{\Delta x\to 0}\frac{f(x_0+\Delta x)-f(x_0)}{\Delta x}.$$

如果极限

$$\lim_{\Delta x\to 0^-}\frac{\Delta y}{\Delta x}=\lim_{\Delta x\to 0^-}\frac{f(x_0+\Delta x)-f(x_0)}{\Delta x},\ \lim_{\Delta x\to 0^+}\frac{\Delta y}{\Delta x}=\lim_{\Delta x\to 0^+}\frac{f(x_0+\Delta x)-f(x_0)}{\Delta x}$$

都存在，则其极限值分别称为函数 $f(x)$ 在点 x_0 处的左导数和右导数，分别记作 $f'_-(x_0)$，$f'_+(x_0)$.

注意：函数 $f(x)$ 在点 x_0 处可导的充分必要条件是函数 $f(x)$ 在点 x_0 处的左、右导数都存在且相等.

如果函数 $y=f(x)$ 在区间 (a,b) 内的每一点都可导，则称函数 $y=f(x)$ 在区间 (a,b) 内可导.这时对于区间 (a,b) 内每一个 x 值，都有唯一确定的导数值 $f(x)$ 与之对应，所以 $f'(x)$ 仍然是 x 的一个函数，这个函数 $y'=f'(x)$ 称为函数 $y=f(x)$ 对 x 的导函数，记作

$$y',f'(x),\frac{\mathrm{d}y}{\mathrm{d}x}\text{ 或 }\frac{\mathrm{d}f(x)}{\mathrm{d}x}\text{，即 }f'(x)=\lim_{\Delta x\to 0}\frac{f(x_0+\Delta x)-f(x_0)}{\Delta x}.$$

显然，函数 $y=f(x)$ 在点 x_0 处的导数 $f'(x_0)$ 就是导函数 $f'(x)$ 在点 $x=x_0$ 处的函数值，即 $f'(x_0)=f'(x)\big|_{x=x_0}$.

今后在不会发生混淆的情况下，导函数也简称为导数.

根据导数的定义，总成本 C 在产量 q_0 处的变化率是总成本 C 对产量 q 的导数，即 $C'(q_0)=\left.\dfrac{\mathrm{d}C}{\mathrm{d}q}\right|_{q=q_0}$；曲线在点 $M(x_0,f(x_0))$ 处的切线斜率 k，就是曲线方程 $y=f(x)$ 在点 x_0 处对横坐

标 x 的导数,即 $k=\left.\frac{\mathrm{d}y}{\mathrm{d}x}\right|_{x=x_0}$.

3.1.2 导数的实际意义

1. 导数的几何意义

前面我们讨论了曲线 $y=f(x)$ 在点 $P(x_0,y_0)$ 处的切线的斜率:

$$k=\lim_{\Delta x\to 0}\frac{\Delta y}{\Delta x}=f'(x_0).$$

从上式可以看出,函数 $f(x)$ 在点 (x_0,y_0) 处的导数 $f'(x_0)$ 就是曲线 $y=f(x)$ 在点 $P(x_0,y_0)$ 处的切线的斜率,这就是导数的几何意义.

而 $-\frac{1}{f'(x_0)}$ 表示曲线 $y=f(x)$ 在该点处的法线的斜率.从而,曲线 $y=f(x)$ 在点 x_0 处的切线方程为 $y-y_0=f'(x_0)(x-x_0)$,曲线 $y=f(x)$ 在点 x_0 处的法线方程为

$$y-y_0=-\frac{1}{f'(x_0)}(x-x_0)\quad (f'(x_0)\neq 0).$$

例 1 求出曲线 $y=x^3$ 在点(1,1)处的切线的斜率,并写出切线方程和法线方程.

解: $y'=(x^3)'=3x^2$,由导数的几何意义得,所求切线的斜率为

$$k=y'|_{x=1}=3x^2|_{x=1}=3.$$

所求切线方程为

$$y-1=3(x-1),\text{ 即 }3x-y-2=0.$$

过点(1,1)的法线的斜率为

$$k'=-\frac{1}{k}=-\frac{1}{3},$$

所求法线方程为

$$y-1=-\frac{1}{3}(x-1),\text{即 }x+3y-4=0.$$

2. 导数的经济意义

在经济应用中,一个函数的导数表示该函数的边际函数,这将在后面详细讨论.

3. 导数的物理意义

设物体作变速直线运动的运动方程为 $s=s(t)$,那么物体在 t_0 时刻的瞬时速度 $v(t_0)=s'(t_0)$.

3.1.3 可导与连续的关系

定理 3-1 如果函数 $y=f(x)$ 在点 x_0 处可导,则函数 $y=f(x)$ 在点 x_0 处连续;反之不一定成立.

例如函数 $f(x)=|x|$ 在 $x=0$ 处连续,但在 $x=0$ 处不可导.

同步练习 3.1

1. 已知垂直向上抛一物体，其运动规律 $h(t)=10t-\frac{1}{2}gt^2$，求：

(1) 物体从 1 秒到 1.2 秒的平均速度；

(2) 物体在 1 秒末的瞬时速度.

2. 根据导数的定义，证明 $(\cos x)'=-\sin x$.

3. 求下列曲线在给定点处的切线和法线方程.

(1) $y=\ln x$ 在点 $(1,0)$ 处；　(2) $y=\sin x$ 在点 $\left(\frac{\pi}{6},\frac{1}{2}\right)$ 处.

子项目 3.2　导数的运算

3.2.1　一些基本初等函数的导数

例 2　求常量函数 $f(x)=C$（C 为常数）的导数.

解：　$f'(x)=\lim\limits_{h\to 0}\frac{f(x+h)-f(x)}{h}=\lim\limits_{h\to 0}\frac{C-C}{h}=0$，即 $(C)'=0$.

例 3　设函数 $f(x)=\sin x$，求 $(\sin x)'$.

解：　$(\sin x)'=\lim\limits_{h\to 0}\frac{\sin(x+h)-\sin x}{h}=\lim\limits_{h\to 0}\cos\left(x+\frac{h}{2}\right)\times\frac{\sin\frac{h}{2}}{\frac{h}{2}}=\cos x$，

即

$$(\sin x)'=\cos x.$$

类似的

$$(\cos x)'=-\sin x.$$

例 4　求函数 $y=\log_a x\ (a>0,a\neq 1)$ 的导数.

解：　$y'=\lim\limits_{h\to 0}\frac{\log_a(x+h)-\log_a x}{h}=\frac{1}{x}\lim\limits_{h\to 0}\log_a\left(1+\frac{h}{x}\right)^{\frac{x}{h}}=\frac{1}{x}\log_a e$，

即 $(\log_a x)'=\frac{1}{x}\log_a e$，特别地，$(\ln x)'=\frac{1}{x}$.

3.2.2　导数公式

由导数定义及有关求导法则可得基本初等函数的求导公式.

(1) $(C)'=0$；

(2) $(x^\mu)'=\mu x^{\mu-1}$；

(3) $(\sin x)'=\cos x$；

(4) $(\cos x)'=-\sin x$；

(5) $(\tan x)'=\sec^2 x$；

(6) $(\cot x)'=-\csc^2 x$；

(7) $(\sec x)'=\sec x\tan x$；

(8) $(\csc x)'=-\csc x\cot x$；

(9) $(a^x)'=a^x\ln a$；

(10) $(e^x)'=e^x$；

(11) $(\log_a x)' = \dfrac{1}{x\ln a}$；　　(12) $(\ln x)' = \dfrac{1}{x}$；

(13) $(\arcsin x)' = \dfrac{1}{\sqrt{1-x^2}}$；　　(14) $(\arccos x)' = -\dfrac{1}{\sqrt{1-x^2}}$；

(15) $(\arctan x)' = \dfrac{1}{1+x^2}$；　　(16) $(\operatorname{arccot} x)' = -\dfrac{1}{1+x^2}$.

3.2.3 求导法则

1. 导数的四则运算法则

定理 3-2 如果函数 $u(x)$,$v(x)$ 在点 x 处可导,则它的和、差、积、商(分母不为零)在点 x 处也可导,并且：

(1) $[u(x) \pm v(x)]' = u'(x) \pm v'(x)$；

(2) $[u(x)\cdot v(x)]' = u'(x)v(x) + u(x)v'(x)$,特别地 $[kf(x)]' = kf'(x)(k \in \mathbf{R})$；

(3) $\left[\dfrac{u(x)}{v(x)}\right]' = \dfrac{u'(x)v(x) - u(x)v'(x)}{v^2(x)}(v(x) \neq 0)$.

上述公式(1) 和公式(2) 可推广到有限个函数的情形.

例 5 求下列函数的导数.

(1) $y = 2x^3 - 5x^2 + 3x - 7$；(2) $y = \ln x\cos x$；(3) $y = \tan x$；(4) $y = \dfrac{\cos x}{x}$.

解： (1) $y' = (2x^3 - 5x^2 + 3x - 7)' = 6x^2 - 10x + 3$；

(2) $y' = (\ln x)'\cos x + \ln x\,(\cos x)' = \dfrac{1}{x}\cos x - \ln x\sin x$；

(3) $y' = (\tan x)' = \left(\dfrac{\sin x}{\cos x}\right)' = \dfrac{(\sin x)'\cos x - \sin x\,(\cos x)'}{\cos^2 x}$

$= \dfrac{\cos^2 x + \sin^2 x}{\cos^2 x} = \dfrac{1}{\cos^2 x} = \sec^2 x$；

(4) $y' = \left(\dfrac{\cos x}{x}\right)' = \dfrac{-x\sin x - \cos x}{x^2}$.

2. 复合函数的求导法则

定理 3-3 如果函数 $u = \varphi(x)$ 在点 x 处可导,$y = f(u)$ 在点 $u = \varphi(x)$ 处可导,则复合函数 $y = f[\varphi(x)]$ 在点 x 处可导,则

$$\frac{\mathrm{d}y}{\mathrm{d}x} = \frac{\mathrm{d}y}{\mathrm{d}u}\cdot\frac{\mathrm{d}u}{\mathrm{d}x} \text{ 或 } y'_x = y'_u \cdot u'_x,$$

即因变量对自变量求导,等于因变量对中间变量求导,乘以中间变量对自变量求导(链式法则).

复合函数的求导法则可以推广到含多个中间变量的情形.

例 6 求下列函数的导数.

(1) $y = \ln\sin x$；　　(2) $y = 5^{\tan x}$；

(3) $y = (x^2 + 1)^{10}$；　　(4) $y = \ln\dfrac{\sqrt{x^2+1}}{\sqrt[3]{x-2}}(x > 2)$.

解： (1) 令 $y=\ln u, u=\sin x$，则

$$\frac{dy}{dx}=\frac{dy}{du}\cdot\frac{du}{dx}=\frac{1}{u}\cdot\cos x=\frac{\cos x}{\sin x}=\cot x.$$

(2) 令 $y=5^u, u=\tan x$，则

$$\frac{dy}{dx}=\frac{dy}{du}\cdot\frac{du}{dx}=(5^u\ln 5)\cdot(\sec^2 x)=(5^{\tan x}\sec^2 x)\ln 5.$$

注意：复合函数的求导熟练后，不必写出中间变量，可以直接由外到里逐层求导，这样可以求出由多个函数复合而成的复合函数的导数.

(3) $\frac{dy}{dx}=10(x^2+1)^9\cdot(x^2+1)'=10(x^2+1)^9\cdot 2x=20x(x^2+1)^9.$

(4) 因为 $y=\frac{1}{2}\ln(x^2+1)-\frac{1}{3}\ln(x-2)$，则

$$\frac{dy}{dx}=\frac{1}{2}\cdot\frac{1}{x^2+1}\cdot(x^2+1)'-\frac{1}{3(x-2)}\cdot(x-2)'=\frac{1}{2}\cdot\frac{1}{x^2+1}\cdot 2x-\frac{1}{3(x-2)}$$

$$=\frac{x}{x^2+1}-\frac{1}{3(x-2)}.$$

3. 隐函数的导数

若函数可表示成 $y=f(x)$ 形式，则称此函数为显函数.但是有时还会遇到另一种表示形式的函数，就是 y 与 x 的函数关系是由一个含有和 y 的二元方程 $F(x,y)=0$ 确定的.例如在方程 $2x-y+1=0$ 中，任给一个 x 值，就有一个 y 值与之对应，这个方程就确定了 y 与 x 的函数关系.这种形式的函数称为隐函数.

一般地，直接求隐函数导数的方法可以分为两步：

(1) 将方程 $F(x,y)=0$ 两端对 x 求导，在求导过程中，由于 y 是 x 的函数，含 y 的式子按复合函数求导方法对 x 求导；

(2) 解出 $\frac{dy}{dx}$(或 y'_x).

例 7 设 $y^5+2y-x=0$，求 $\frac{dy}{dx}$.

解： 方程两边对 x 求导，$5y^4\frac{dy}{dx}+2\frac{dy}{dx}-1=0$，解得 $\frac{dy}{dx}=\frac{1}{5y^4+2}$.

例 8 求由方程 $xy-e^x+e^y=0$ 所确定的隐函数的导数 $\left.\frac{dy}{dx}\right|_{x=0}$.

解： 方程两边对 x 求导，$y+x\frac{dy}{dx}-e^x+e^y\frac{dy}{dx}=0$，解得 $\frac{dy}{dx}=\frac{e^x-y}{x+e^y}$.

由原方程知 $x=0$ 时，$y=0$，则 $\left.\frac{dy}{dx}\right|_{x=0}=\left.\frac{e^x-y}{x+e^y}\right|_{\substack{x=0\\y=0}}=1.$

4. 取对数求导法

我们有时会遇到一些直接求导较为复杂和麻烦的显函数，比如幂指函数 $y=u^v$(其中 u,v 都是 x 的函数，且 $u>0$) 及一种因子之幂的连乘积的函数.对于这类函数，可对函数 $y=f(x)$

两边同时取对数,变成隐函数的形式,然后利用隐函数求导的方法来计算,这种求导的方法称为取对数求导法.

例 9 求幂指函数 $y=x^{\tan x}$ 的导数.

解: 方程两边同时取对数得:$\ln y=\tan x\ln x$.

方程两边对 x 求导得:$\frac{y'}{y}=\sec^2 x\ln x+\frac{\tan x}{x}$.

整理得:$y'=x^{\tan x}\left(\sec^2 x\ln x+\frac{\tan x}{x}\right)$.

例 10 设 $y=\frac{(x+1)\sqrt[3]{x-1}}{(x+4)^2\mathrm{e}^x}$,求 y'.

解: 等式两边同时取对数得:$\ln y=\ln(x+1)+\frac{1}{3}\ln(x-1)-2\ln(x+4)-x$.

上式两边对 x 求导得:$\frac{y'}{y}=\frac{1}{x+1}+\frac{1}{3(x-1)}-\frac{2}{x+4}-1$.

整理得:$y'=\frac{(x+1)\sqrt[3]{x-1}}{(x+4)^2\mathrm{e}^x}\left[\frac{1}{x+1}+\frac{1}{3(x-1)}-\frac{2}{x+4}-1\right]$.

同步练习 3.2

1.求下列函数的导数.

(1) $y=x^4-3x^2+x-1$;

(2) $y=\frac{3}{x^2}+\frac{1}{x}-\mathrm{e}^2$;

(3) $y=5x^2+2^x-\mathrm{e}^x$;

(4) $y=\tan x+\csc x-2$;

(5) $y=\ln x+\log_2 x-5$;

(6) $y=\sin x\cos x$;

(7) $y=x^2\sin x$;

(8) $y=\frac{\cos x}{x}$;

(9) $y=\frac{x+1}{x-1}$;

(10) $y=x\mathrm{e}^x\sin x$.

2.求下列函数的导数.

(1)$y=\sin^2 x-\cos 2x$;

(2)$y=\sin(x^2+3x)$;

(3)$y=(1+x^3)^2\cos x$;

(4)$y=\ln(1-x^2)$;

(5)$y=\sqrt{1+x^2}$;

(6)$y=\ln\frac{1+\sqrt{x}}{1-\sqrt{x}}$.

3.求下列隐函数的导数.

(1) $\sin x-\cos y=1$;

(2) $y\mathrm{e}^x-\ln y=1$;

(3) $x-y=\mathrm{e}^{x+y}$;

(4) $\sin(xy)=x+y$.

子项目 3.3 高阶导数

一般地,若函数 $y=f(x)$ 的导数 $f'(x)$ 仍然是 x 的可导函数,则称 $f'(x)$ 的导数为 $f(x)$

的二阶导数，记为 $f''(x),y'',\frac{d^2y}{dx^2}$ 或 $\frac{d^2f(x)}{dx^2}$；同样，$f(x)$ 的二阶导数的导数称为 $f(x)$ 的三阶导数，记为 $f'''(x),y''',\frac{d^3y}{dx^3},\frac{d^3f(x)}{dx^3}$；依此类推，$n-1$ 阶导数的导数称为 n 阶导数，记 $f^{(n)}(x)$，$y^{(n)},\frac{d^ny}{dx^n},\frac{d^nf(x)}{dx^n}$.

二阶和二阶以上的导数统称为高阶导数.相应地，$f(x)$ 称为零阶导数，$f'(x)$ 称为一阶导数.

例 11　求下列函数的二阶导数 $f''(x)$.

(1) $f(x)=3x^4+4x^2-3x+1$；(2) $f(x)=e^{nx}$；(3) $f(x)=\sin2x$.

解：　(1) $f'(x)=12x^3+8x-3,f''(x)=36x^2+8$；

(2) $f'(x)=ne^{nx},f''(x)=n^2e^{nx}$；

(3) $f'(x)=2\cos2x,f''(x)=-4\sin2x$.

例 12　求函数 $y=e^x$ 的 n 阶导数.

解：　$y'=e^x,\ y''=e^x,\ y'''=e^x,\ y^{(4)}=e^x$，一般地，可得

$$y^{(n)}=e^x.$$

例 13　求函数 $y=\ln x$ 的 n 阶导数.

解：　$y'=\frac{1}{x}=x^{-1},\ y''=(-1)x^{(-2)},\ y'''=(-1)(-2)x^{(-3)},\cdots,$

$$y^{(n)}=(-1)(-2)\cdots[-(n-1)]x^{-n}=\frac{(-1)^{n-1}(n-1)!}{x^n}.$$

同步练习 3.3

1.求下列函数的二阶导数.

(1) $y=xe^x$；　(2) $y=x^3-6x+5$；

(3) $y=x^2\ln x$；　(4) $y=\sin^2 2x$.

子项目 3.4　函数的微分

在实际应用中有这样一类问题：当自变量 x 在点 x_0 处有微小的改变量 Δx 时，要计算函数的改变量.但是 Δy 的计算往往比较复杂，因此就想到要寻找一个计算比较方便、精度比较高的计算方法，这种方法要用到我们下面学习的微分.

3.4.1　函数微分的概念

引例 3　如图 3.2 所示，一个正方形的铁片受热后均匀膨胀，边长由 x_0 变为 $x_0+\Delta x$，问铁片的面积大约变了多少？

由正方形的面积公式 $A=x_0^2$ 得面积的改变量为

$$\Delta A=(x_0+\Delta x)^2-x_0^2=2x_0\cdot\Delta x+(\Delta x)^2.$$

由图3.2不难看出，当$\Delta x \to 0$时，上式中第一项$2x_0 \cdot \Delta x$是影响面积改变量的主要部分，而第二项$(\Delta x)^2$是次要部分，所以$\Delta A \approx 2x_0 \Delta x$.因为$\Delta A'\Big|_{x=x_0}=2x_0$，所以$\Delta A \approx A'\Big|_{x=x_0} \cdot \Delta x$.其中$2x_0 \cdot \Delta x$是关于$\Delta x$的线性函数，因此把$2x_0 \cdot \Delta x$称为$\Delta A$的线性主体部分，由此就得到了微分的定义.

定义3-2　设函数$y=f(x)$在点x处可导，则称$f'(x)\Delta x$为函数$f(x)$在点x处的微分，记为$\mathrm{d}y=f'(x)\Delta x$.规定自变量的微分等于自变量的改变量($\mathrm{d}x=\Delta x$)，即

$$\mathrm{d}y=f'(x)\mathrm{d}x.$$

特别地，当$x=x_0$时，$\mathrm{d}y\big|_{x=x_0}=f'(x_0)\cdot \Delta x$.

例14　求函数$y=x^3$当$x=2,\Delta x=0.02$时的微分.

解：　因为$\mathrm{d}y=(x^3)'\Delta x=3x^2\Delta x$，所以$\mathrm{d}y\big|_{\Delta x=0.02}=3x^2\Delta x\big|_{\Delta x=0.02}=0.24$.

例15　设$y=\ln(x+\mathrm{e}^{x^2})$，求$\mathrm{d}y$.

解：　$\mathrm{d}y=y'\mathrm{d}x=\dfrac{1+2x\mathrm{e}^{x^2}}{x+\mathrm{e}^{x^2}}\mathrm{d}x$.

例16　设$y=2^x \cdot \ln x$，求$\mathrm{d}y$.

解：　$\mathrm{d}y=y'\mathrm{d}x=\left[(2^x\ln 2)\ln x+2^x\cdot\dfrac{1}{x}\right]\mathrm{d}x=2^x\left(\ln 2\cdot\ln x+\dfrac{1}{x}\right)\mathrm{d}x$.

如图3.3所示，函数$y=f(x)$在点x_0的微分$\mathrm{d}y$的几何意义是：曲线$f(x)$在点x_0处的切线对应于Δx的纵坐标的改变量.

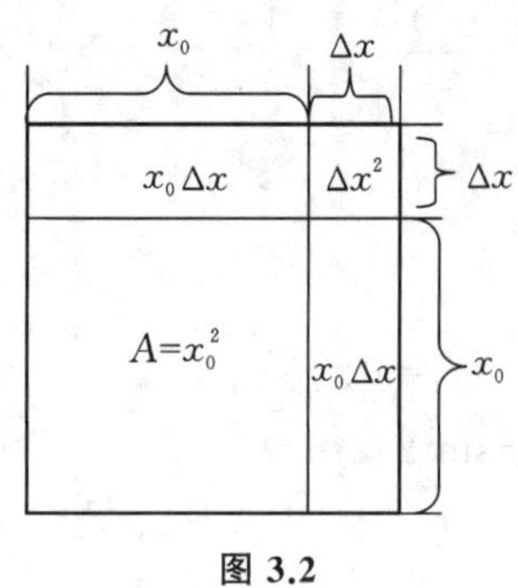

图3.2

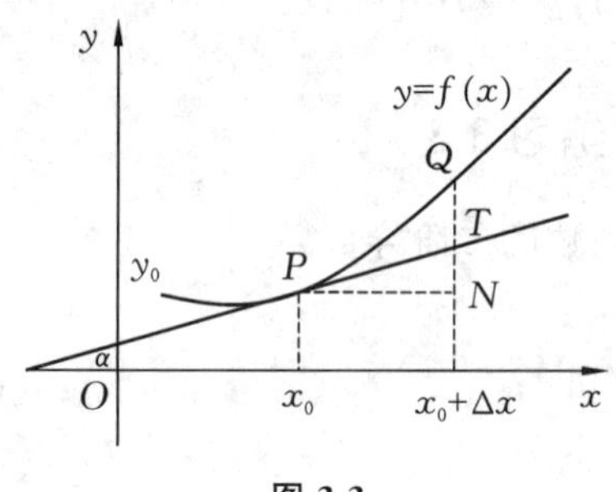

图3.3

3.4.2　微分运算法则与基本公式

1. 函数和、差、积、商的微分法则

(1) $\mathrm{d}(u\pm v)=\mathrm{d}u\pm \mathrm{d}v$；

(2) $\mathrm{d}(uv)=v\mathrm{d}u+u\mathrm{d}v$，特别地，$\mathrm{d}(Cu)=C\mathrm{d}u$，其中$C$为常数；

(3) $\mathrm{d}\left(\dfrac{u}{v}\right)=\dfrac{v\mathrm{d}u-u\mathrm{d}v}{v^2}$，其中$v(x)\neq 0$.

2. 基本初等函数的微分公式

(1) $\mathrm{d}(C)=0$；　　　　(2) $\mathrm{d}(x^\mu)=\mu x^{\mu-1}\mathrm{d}x$；

(3) $d(\sin x)=\cos x\,dx$；

(4) $d(\cos x)=-\sin x\,dx$；

(5) $d(\tan x)=\sec^2 x\,dx$；

(6) $d(\cot x)=-\csc^2 x\,dx$；

(7) $d(\sec x)=\sec x\tan x\,dx$；

(8) $d(\csc x)=-\csc x\cot x\,dx$；

(9) $d(a^x)=a^x\ln a\,dx$；

(10) $d(e^x)=e^x\,dx$；

(11) $d(\log_a x)=\dfrac{1}{x\ln a}dx$；

(12) $d(\ln x)=\dfrac{1}{x}dx$；

(13) $d(\arcsin x)=\dfrac{1}{\sqrt{1-x^2}}dx$；

(14) $d(\arccos x)=-\dfrac{1}{\sqrt{1-x^2}}dx$；

(15) $d(\arctan x)=\dfrac{1}{1+x^2}dx$；

(16) $d(\text{arccot}\ x)=-\dfrac{1}{1+x^2}dx$.

例 17　设 $y=x^2e^{3x}$，求 dy.

解：　$dy=d(x^2e^{3x})=d(x^2)e^{3x}+x^2d(e^{3x})=2x\,dx\cdot e^{3x}+x^2\cdot 3e^{3x}\,dx$.

3.4.3　微分形式的不变性

设函数 $y=f(x)$ 在点 u 处可微，那么

(1) 若 u 是自变量，即 $u=x$ 时，函数的微分为 $dy=f'(u)du$；

(2) 若 u 不是自变量，而是 x 的可导函数，即 $u=\varphi(x)$，以 u 为中间变量的复合函数 $f[\varphi(x)]$ 的微分是 $dy=f'(u)\varphi'(x)dx$，因为 $du=\varphi'(x)dx$，所以 $dy=f'(u)du$.

因此，对于函数 $y=f(u)$，无论 u 是自变量还是另一个变量的可微函数，函数的微分形式始终是 $dy=f'(u)du$，保持不变，这一性质称为微分形式的不变性.

例 18　$y=\cos(3x+2)$，求 dy.

解：　把 $3x+2$ 看成中间变量 u，则

$$\begin{aligned}dy&=d(\cos u)=-\sin u\,du=-\sin(3x+2)d(3x+2)\\&=-\sin(3x+2)\cdot 3dx=-3\sin(3x+2)dx.\end{aligned}$$

例 19　$y=\ln(2+e^x)$，求 dy.

解：　把 $2+e^x$ 看成中间变量 u，则

$$\begin{aligned}dy&=d(\ln u)=\frac{1}{u}du=\frac{1}{(2+e^x)}d(2+e^x)\\&=\frac{1}{(2+e^x)}\cdot e^x\,dx=\frac{e^x}{(2+e^x)}dx.\end{aligned}$$

例 20　在括号内填入适当的函数，使得等式成立.

(1) $d(\qquad)=x\,dx$；

(2) $d(\qquad)=\sin\omega t\,dt$.

解：　(1) 因为 $d(x^2)=2x\,dx$，所以

$$x\,dx=\frac{1}{2}d(x^2)=d\left(\frac{1}{2}x^2\right)，即\ d\left(\frac{1}{2}x^2\right)=x\,dx.$$

一般地，有 $d\left(\dfrac{1}{2}x^2+C\right)=x\,dx$（$C$ 为任意常数.）

(2) 因为 $d(-\cos\omega t)=\omega\sin\omega t\,dt$，所以

$$\sin\omega t\,dt=\frac{1}{\omega}d(-\cos\omega t)=d\left(-\frac{1}{\omega}\cos\omega t\right).$$

因此 $$d\left(-\frac{1}{\omega}\cos\omega t+C\right)=\sin\omega t\,dt.$$

3.4.4 微分在近似计算中的应用

若 $y=f(x)$ 在 x_0 处的导数 $f'(x_0)\neq 0$，且 Δx 很小，则

$$\Delta y\big|_{x=x_0}\approx dy\big|_{x=x_0}=f'(x_0)\cdot\Delta x.$$

由 $\Delta y=f(x_0+\Delta x)-f(x_0)$ 得

$$f(x_0+\Delta x)-f(x_0)\approx f'(x_0)\Delta x,$$

即

$$f(x_0+\Delta x)\approx f(x_0)+f'(x_0)\Delta x.$$

例 21 半径为 10 厘米的金属圆片加热后，半径伸长了 0.05 厘米，问面积增大了多少？

解： 设 $A=\pi r^2$，$r=10$ 厘米，$\Delta x=0.05$ 厘米，所以

$$\Delta A\approx dA=2\pi r\cdot\Delta r=2\pi\times 10\text{ 厘米}\times 0.05\text{ 厘米}=\pi\text{ 平方厘米}.$$

例 22 计算 $\cos 60°\,30'$ 的近似值.

解： 设 $f(x)=\cos x$，$f'(x)=-\sin x$（x 为弧度）.

因为 $x_0=\frac{\pi}{3}$，$\Delta x=\frac{\pi}{360}$，$f\left(\frac{\pi}{3}\right)=\frac{1}{2}$，$f'\left(\frac{\pi}{3}\right)=-\frac{\sqrt{3}}{2}$，所以

$$\cos 60°\,30'=\cos\left(\frac{\pi}{3}+\frac{\pi}{360}\right)\approx\cos\frac{\pi}{3}-\sin\frac{\pi}{3}\cdot\frac{\pi}{360}$$

$$=\frac{1}{2}-\frac{\sqrt{3}}{2}\cdot\frac{\pi}{360}\approx 0.492\,4.$$

注意：当 $x_0=0$，$\Delta x=x$ 时，可得近似公式 $f(x)\approx f(0)+f'(0)x$（$|\Delta x|$ 很小）. 由此，当 $|x|$ 很小时，得如下常用近似公式：

(1) $e^x\approx 1+x$；(2) $\ln(1+x)\approx x$；(3) $\sin x\approx x$；

(4) $\tan x\approx x$；(5) $\sqrt[n]{1+x}\approx 1+\frac{x}{n}$；(6) $\arcsin x\approx x$.

同步练习 3.4

1. 求函数 $y=x^2-x+1$ 当 $x=1$，$\Delta x=0.001$ 时的微分.

2. 求下列各函数的微分.

(1) $y=\sin x\cdot\ln x$；(2) $y=e^{3x}+\sin 2x$；

(3) $y=xe^{2x}$；(4) $y=\sin^2 x\cos 2x$；

(5) $y=(x^2-1)^3$；(6) $y=\ln(1+x^2)$.

3. 利用微分求下列近似值.

(1) $\cos 44°$；(2) $\sqrt{1.08}$.

复习题 3

一、选择题.

1. 设 $f(x)=2+x$，则 $f(x)$ 在 $x=0$ 处(　　).

A. $f'(0)=2$　　B. $f'(0)=0$　　C. $f'(0)=1$　　D. 不可导

2. 设 $f(x)=x(x-1)(x-2)$，则 $f'(0)=$(　　).

A. $f'(0)=1$　　B. $f'(0)=2$　　C. $f'(0)=-2$　　D. $f'(0)=0$

3. 设 $f'(x_0)=-2$，则 $\lim\limits_{\Delta x\to 0}\dfrac{f(x_0+\Delta x)-f(x_0-\Delta x)}{\Delta x}=$(　　).

A. 2　　B. 4　　C. -4　　D. -2

4. 曲线 $y=x^2$ 在(1,1)处的切线方程为(　　).

A. $y=2x+1$　　B. $y=2x-1$　　C. $y=x-2$　　D. $y=x+2$

5. d(　　)$=\cos 2x\,dx$，则括号内的函数为(　　).

A. $\sin 2x$　　B. $2\sin 2x$　　C. $2\sin x$　　D. $\dfrac{1}{2}\sin 2x$

二、计算题.

1. $y=\sin x-x^3+\tan e$，求 y'.

2. $y=\sin x\ln x+\sec x$ 求 y'.

3. $y=\cot x$ 求 y'.

4. $y=\sin e^{\frac{1}{x}}$，求 y'.

5. $y=x\cos x$，求 dy.

6. 设 $f(x)=\begin{cases} e^x, & x>0, \\ ax+b, & x\leqslant 0 \end{cases}$ 在 $x=0$ 处可导，试求常数 a,b.

项目四

导数的应用

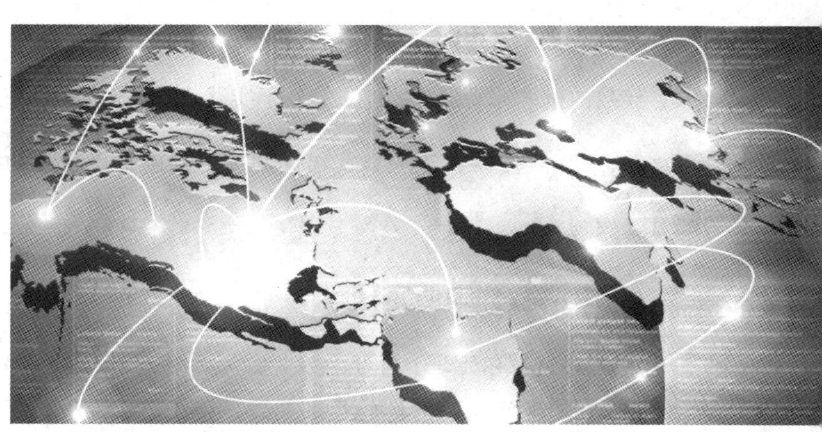

JINGJI
SHUXUE

学习目标

1. 知识目标

- 理解罗尔定理、拉格朗日中值定理的条件与结论；
- 熟练利用导数判断函数的增减性和极值；
- 利用函数解决极值以及经济上的最值问题.

2. 技能目标

- 熟练掌握运用洛必达法则求不定式的极限；
- 熟练掌握用导数判断函数的单调性和求极值的方法；
- 熟练掌握求解经济应用中的最值问题；
- 理解边际分析、弹性分析.

子项目 4.1　微分中值定理和洛必达法则

导数的概念来源于实践，又服务于实践，这就是数学的魅力所在.洛必达法则就是导数的应用之一，求“$\frac{0}{0}$”或“$\frac{\infty}{\infty}$”型未定式极限的理论基础是微积分的柯西定理.为此，我们先介绍微分学的基本定理.

4.1.1　微分中值定理

定理 4-1(罗尔定理)　若函数 $f(x)$ 满足：

(1) 在闭区间$[a,b]$上连续；

(2) 在开区间(a,b)内可导；

(3) $f(a)=f(b)$，

则在区间(a,b)内至少有一点$\xi(a<\xi<b)$，使得 $f'(\xi)=0$.

如图 4.1 所示，它的几何解释就是，在曲线弧 AB 上至少有一点 C，在该点处的切线是水平的.

定理 4-2(拉格朗日中值定理)　若函数 $f(x)$ 满足：

(1) 在闭区间$[a,b]$上连续；

(2) 在开区间(a,b)内可导，

则在区间(a,b)内至少有一点$\xi(a<\xi<b)$，使得 $f'(\xi)=\frac{f(b)-f(a)}{b-a}$ 或者 $f(b)-f(a)=f'(\xi)(b-a)$.

如图 4.2 所示，它的几何解释就是在曲线弧 AB 上至少有一点 C，在该点处的切线平行于 AB.

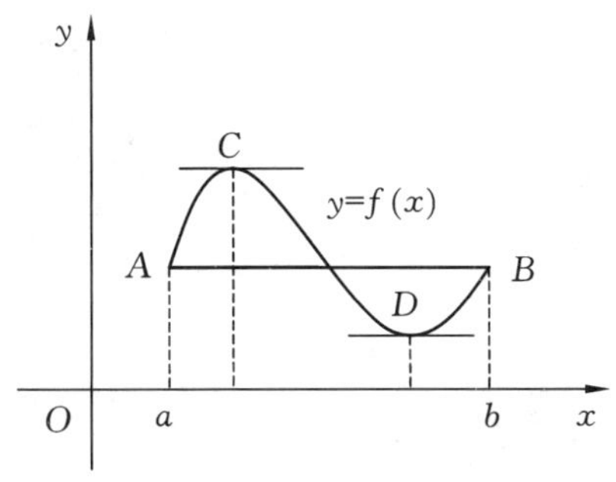

图 4.1

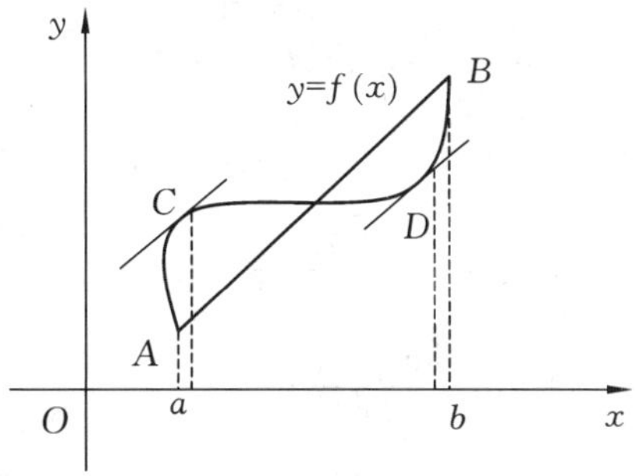

图 4.2

推论 1　如果函数 $f(x)$ 在区间 I 上的导数恒为零，那么 $f(x)$ 在区间 I 上是一个常数.

推论 2　如果函数 $f(x)$ 与 $g(x)$ 在区间 (a,b) 内可导，且对任意的 $x\in(a,b)$，有 $f'(x)=g'(x)$，则在 (a,b) 内 $f(x)$ 与 $g(x)$ 仅相差一个常数，即 $f(x)=g(x)+C$，其中 C 为常数.

注意：罗尔定理是拉格朗日中值定理的特殊情形.

4.1.2　洛必达法则

如果 $x\to x_0$ 或 $(x\to\infty)$ 时，两个函数 $f(x)$ 和 $g(x)$ 都趋于零或趋于无穷大，那么极限 $\lim\limits_{\substack{x\to x_0\\(x\to\infty)}}\dfrac{f(x)}{g(x)}$ 可能存在，也可能不存在.通常把这种极限叫作未定式，并记为“$\dfrac{0}{0}$”或“$\dfrac{\infty}{\infty}$”.

定理 4-3(洛必达法则)　设函数 $f(x)$ 与 $g(x)$ 满足条件：

(1) $\lim\limits_{x\to x_0}f(x)=\lim\limits_{x\to x_0}g(x)=0(\infty)$；

(2) 在点的某邻域内(点 x_0 可除外)，$f'(x)$ 与 $g'(x)$ 都存在，且 $g'(x)\neq 0$；

(3) $f(x)$ 存在(或为 ∞)，

那么 $\lim\limits_{x\to x_0}\dfrac{f(x)}{g(x)}=\lim\limits_{x\to x_0}\dfrac{f'(x)}{g'(x)}$.

当 $x\to x_0$ 改为 $x\to\infty$ 时，定理仍然成立.

如果 $\dfrac{f'(x)}{g'(x)}$ 仍属“$\dfrac{0}{0}$”或“$\dfrac{\infty}{\infty}$”型，且 $f'(x)$ 和 $g'(x)$ 仍满足定理的条件，则可以继续使用洛必达法则，即 $\lim\limits_{x\to x_0}\dfrac{f(x)}{g(x)}=\lim\limits_{x\to x_0}\dfrac{f'(x)}{g'(x)}=\lim\limits_{x\to x_0}\dfrac{f''(x)}{g''(x)}$.依此类推，直到求出所求的极限.

例 1　求 $\lim\limits_{x\to 0}\dfrac{\tan x}{x}$.

解：　原式 $=\lim\limits_{x\to 0}\dfrac{(\tan x)'}{(x)'}=\lim\limits_{x\to 0}\dfrac{\sec^2 x}{1}=1$.

例 2　求 $\lim\limits_{x\to 1}\dfrac{x^3-3x+2}{x^3-x^2-x+1}$.

解：　原式 $=\lim\limits_{x\to 1}\dfrac{3x^2-3}{3x^2-2x-1}=\lim\limits_{x\to 1}\dfrac{6x}{6x-2}=\dfrac{3}{2}$.

例 3　求 $\lim\limits_{x\to 0}\dfrac{x-\sin x}{\tan(x^3)}$.

解: 原式$=\lim\limits_{x\to 0}\dfrac{1-\cos x}{\sec^2(x^3)\cdot 3x^2}=\lim\limits_{x\to 0}\dfrac{1-\cos x}{3x^2}=\lim\limits_{x\to 0}\dfrac{\sin x}{6x}=\dfrac{1}{6}$.

例 4 求$\lim\limits_{x\to\infty}\dfrac{x^2-1}{2x^2-x-1}$.

解: 原式$=\lim\limits_{x\to\infty}\dfrac{2x}{4x-1}=\lim\limits_{x\to\infty}\dfrac{2}{4}=\dfrac{1}{2}$.

例 5 求$\lim\limits_{x\to 0}\dfrac{\tan x-x}{x^2\tan x}$.

解: 原式$=\lim\limits_{x\to 0}\dfrac{\tan x-x}{x^3}=\lim\limits_{x\to 0}\dfrac{\sec^2 x-1}{3x^2}$ （$x\to 0$ 时，$x\sim\tan x$）

$$=\lim_{x\to 0}\frac{2\sec^2 x\tan x}{6x}=\frac{1}{3}\lim_{x\to 0}\frac{\tan x}{x}=\frac{1}{3}.$$

注意:(1) 每一次利用洛必达法则，应将结果尽可能化简，还应结合求极限的其他方法，使计算快捷；

(2) “$0\cdot\infty,\infty-\infty,0^0,1^\infty,\infty^0$”等类型的极限，应采取变形的方法将极限化为“$\dfrac{0}{0}$”型或“$\dfrac{\infty}{\infty}$”型来计算；

(3) 当用洛必达法则失效或用其他方法求“$\dfrac{0}{0}$”型或“$\dfrac{\infty}{\infty}$”型极限更简便时，应选用其他方法求极限.

同步练习 4.1

1. 下列函数在给定区间上是否满足罗尔定理的所有条件？若满足，则求出使 $f'(\xi)=0$ 成立的点 ξ.

(1) $f(x)=x^3-x^2-2x+1,[-1,0]$；

(2) $f(x)=x\sqrt{3-x},[0,3]$.

2. 下列函数在给定区间上是否满足拉格朗日中值定理的所有条件？如果满足，求出定理中的 ξ.

(1) $f(x)=2x^3,[-1,1]$； (2) $f(x)=\arctan x,[0,1]$.

3. 试证明对函数 $y=px^2+qx+r$ 应用拉格朗日中值定理时所要求得的点 ξ 总是位于区间的正中间.

4. 证明下列不等式.

(1) 当 $x>0$ 时，$xe^x>e^x-1$；

(2) $|\arctan a-\arctan b|\leqslant|a-b|$.

5. 利用洛必达法则求下列极限.

(1) $\lim\limits_{x\to 0}\dfrac{\sin 5x}{x}$； (2) $\lim\limits_{x\to 0}\dfrac{2x^3-5x+3}{x^3-4x^2+2x+1}$；

(3) $\lim\limits_{x\to 0}\dfrac{e^x-e^{-x}}{\sin x}$； (4) $\lim\limits_{x\to 0}\dfrac{1-\cos x^2}{x^2\sin x^2}$；

(5) $\lim\limits_{x\to 0}\dfrac{\sqrt{a+x}-\sqrt{a-x}}{x}$ $(a>0)$； (6) $\lim\limits_{x\to\infty}\dfrac{\ln x}{x}$；

(7) $\lim\limits_{x\to1}\left(\dfrac{2}{x^2-1}-\dfrac{1}{x-1}\right)$；　　　　(8) $\lim\limits_{x\to0}x\cdot\cot2x$.

子项目 4.2　函数的单调性

导数理论为我们广泛深入地研究函数的性质提供了有力工具.在初等数学中,我们就接触过函数的单调性、最大值和最小值等内容,接下来我们将利用导数来研究函数的单调性、极值和最值.

定理 4-4　如果函数 $f(x)$ 在闭区间$[a,b]$上连续,在开区间(a,b)内可导,那么:

(1) 如果在(a,b)内 $f'(x)>0$,那么函数 $y=f(x)$ 在(a,b)内单调增加;

(2) 如果在(a,b)内 $f'(x)<0$,那么函数 $y=f(x)$ 在(a,b)内单调减少.

如图 4.3 所示,函数 $y=f(x)$ 在$[a,b]$上单调增加,则曲线上各点处的切线的倾斜角 α 都是锐角,此时切线的斜率 $k>0$,即 $f'(x)>0$.

如图 4.4 所示,函数 $y=f(x)$ 在$[a,b]$上单调减少,则曲线上各点处的切线的倾斜角 α 都是钝角,此时切线的斜率 $k<0$,即 $f'(x)<0$.

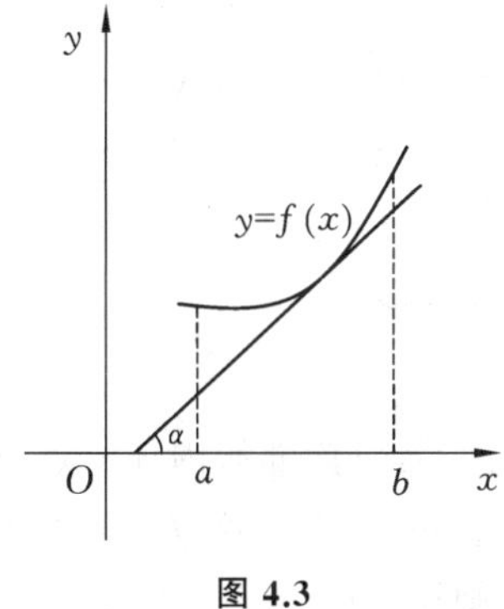

图 4.3

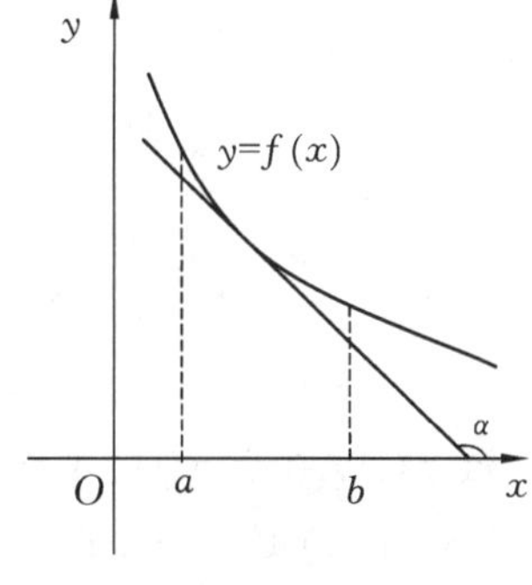

图 4.4

确定函数 $y=f(x)$ 单调性的一般步骤:

(1) 确定函数 $y=f(x)$ 的定义域;

(2) 求出使函数 $f'(x)=0$（称之为函数 $y=f(x)$ 的驻点）和 $f'(x)$ 不存在的点,并以这些点为分界点,将定义域分成若干个子区间;

(3) 确定 $f'(x)$ 在各个子区间的符号,从而确定其单调性.

例 6　确定函数 $f(x)=2x^3-9x^2+12x-3$ 的单调区间.

解:　(1) 该函数的定义域为$(-\infty,+\infty)$.

(2) $f'(x)=6x^2-18x+12=6(x-1)(x-2)$,令 $f'(x)=0$,得 $x_1=1$,$x_2=2$,它们将定义域分为三个子区间:$(-\infty,1)$,$(1,2)$,$(2,+\infty)$.

(3) 列表确定 $f(x)$ 的单调区间:

x	$(-\infty,1)$	$(1,2)$	$(2,+\infty)$
$f'(x)$	+	−	+
$f(x)$	单增	单减	单增

由该表知，函数 $f(x)$ 的单调增区间为$(-\infty,1)$ 和$(2,+\infty)$，单调减区间为$(1,2)$.

例 7 确定函数 $f(x)=\sqrt[3]{x^2}$ 的单调区间.

解： (1) 该函数的定义域为$(-\infty,+\infty)$.

(2)$f'(x)=\dfrac{2}{3\sqrt[3]{x}}(x\neq 0)$，显然，$x=0$ 为 $f(x)$ 的不可导点，它将定义域分为两个子区间：$(-\infty,0)$，$(0,+\infty)$.(3) 列表确定 $f(x)$ 的单调区间：

x	$(-\infty,0)$	$(0,+\infty)$
$f'(x)$	$-$	$+$
$f(x)$	单减	单增

由该表知，函数 $f(x)$ 的单调增区间为$(0,+\infty)$，单调减区间为$(-\infty,0)$.

同步练习 4.2

1. 确定下列函数的单调区间.

(1) $f(x)=x^3+x$ ；

(2) $f(x)=xe^x$ ；

(3) $f(x)=2x+\dfrac{8}{x}$；

(4) $f(x)=\ln(x+\sqrt{1+x^2})$.

子项目 4.3 函数的极值

定义 4-1 函数 $f(x)$ 在点 x_0 的某邻域内有定义，若对该邻域内任一点 $x\ (x\neq x_0)$ 均有 $f(x)<f(x_0)$，则称 $f(x_0)$ 是 $f(x)$ 的一个极大值，称点 x_0 为函数 $f(x)$ 的极大值点；若对该邻域内的任一点 $x\ (x\neq x_0)$，均有 $f(x)>f(x_0)$，则称 $f(x_0)$ 是 $f(x)$ 的一个极小值，称点 x_0 为函数 $f(x)$ 的极小值点.(见图 4.5)

函数的极大值与极小值统称为极值，极大值点与极小值点统称为极值点.

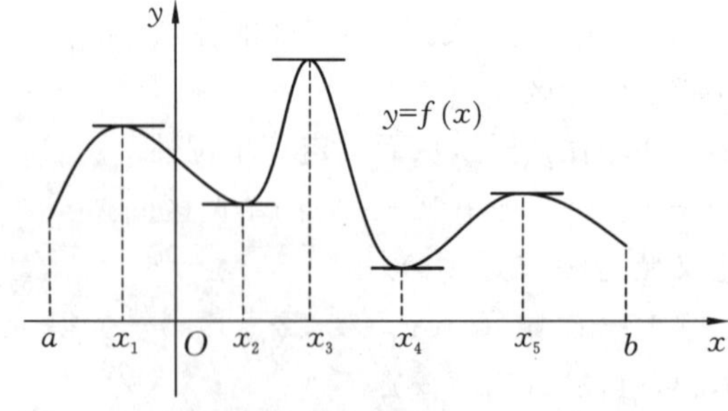

图 4.5

注意：(1) 函数极值的概念是局部性的，函数的极大值和极小值之间并无确定的大小关系；(2) 由极值的定义知，函数的极值只能在区间内部取得，不能在区间端点上取得.

定理 4-5 (极值存在的必要条件) 设 $f(x)$ 在点 x_0 处具有导数，且在此处取得极值，那么

x_0 一定是 $f(x)$ 的驻点，即 $f'(x_0)=0$.

此定理为我们寻找函数的极值点划定了一定的范围.

但是，函数的驻点不一定是函数的极值点.例如，$x=0$ 是函数 $y=x^3$ 的驻点，但不是极值点，那么驻点具备什么条件才是函数的极值点呢?

从几何图形上直观地进行理解，如果曲线通过某点时先增后减，则对应于该点函数取得极大值；反之，如果先减后增，则对应于该点函数取得极小值.利用前面的结论容易得到判定函数极值点的方法.

在这里我们介绍两个常用定理.

定理 4-6(极值存在的第一充分条件) 设函数 $f(x)$ 在点 x_0 的某邻域内可导，且 $f'(x_0)=0$，则有：

(1) 若 $x<x_0$，有 $f'(x_0)>0$，而 $x>x_0$，有 $f'(x_0)<0$，则 $f(x)$ 在 x_0 处取得极大值；

(2) 若 $x<x_0$，有 $f'(x_0)<0$，而 $x>x_0$，有 $f'(x_0)>0$，则 $f(x)$ 在 x_0 处取得极小值；

(3) 当 $f'(x)$ 符号保持不变时，$f(x)$ 在 x_0 处无极值.

以上讨论仅限于可导函数，对于含有不可导点的函数来说，不可导点也可能成为函数的极值点.例如，函数 $y=|x|$ 在 $x=0$ 处取得极小值，但却不可导.我们有时称导数不存在的点为可能极值点.

综合以上讨论，我们可按如下步骤求函数的极值：

(1) 确定函数的定义域；

(2) 求出函数的驻点和不可导的点；

(3) 利用充分条件依次判断这些点是否是函数的极值点.

例 8 求出函数 $f(x)=x^3-3x^2-9x+5$ 的极值.

解： (1) 函数的定义域为$(-\infty,+\infty)$.

(2) $f'(x)=3x^2-6x-9=3(x+1)(x-3)$.

令 $f'(x)=0$，得驻点 $x_1=-1$，$x_2=3$.这两个点把定义域分成三个子区间$(-\infty,-1)$，$(-1,3)$，$(3,+\infty)$.

(3) 列表讨论：

x	$(-\infty,-1)$	-1	$(-1,3)$	3	$(3,+\infty)$
$f'(x)$	$+$	0	$-$	0	$+$
$f(x)$	单增	极大值	单减	极小值	单增

所以函数的极大值为 $f(-1)=10$，函数的极小值为 $f(3)=-22$.

定理 4-7(极值存在的第二充分条件) 设 $f(x)$ 在 x_0 处具有二阶导数，且 $f'(x_0)=0$，$f''(x_0)\neq 0$，那么

(1) 当 $f''(x_0)<0$ 时，函数 $f(x)$ 在 x_0 处取得极大值；

(2) 当 $f''(x_0)>0$ 时，函数 $f(x)$ 在 x_0 处取得极小值；

(3) 当 $f''(x_0)=0$ 时，$f(x)$ 有可能是 $f(x)$ 的极值，也可能不是极值.

注意：此定理虽然适用的范围比定理 4-6 要小，但对某些问题来讲，应用此定理可以使问题的解决更简捷，当遇到不符合定理 4-7 条件的问题时，我们仍要用定理 4-6 去判定.

例 9 求出函数 $f(x)=x^3+3x^2-24x-20$ 的极值.

解： $f'(x)=3x^2+6x-24=3(x+4)(x-2)$.

令 $f'(x)=0$，得驻点 $x_1=-4,x_2=2$，没有不可导点.因此，可用第二充分条件判断.

$f''(x)=6x+6$，$f''(-4)=-18<0$，故函数的极大值为 $f(-4)=60$.

$f''(2)=18>0$，故函数的极小值为 $f(2)=-48$.

同步练习 4.3

1.求下列函数的极值.

(1) $y=x^3-6x^2+9x-4$； (2) $y=x-\sin x$；

(3) $y=x^2\ln x$ ； (4) $y=2-(x-1)^{\frac{2}{3}}$.

子项目 4.4 函数的最值及其应用

在实际中常会遇到在一定条件下怎样使材料最省、效率最高、性能最好、进程最快等问题，这类问题可归结为求一个函数在给定区间上的最大值或最小值问题.

连续函数在闭区间 $[a,b]$ 上一定有最大值和最小值.使函数取得最值的点叫最值点，而最值点只能在 $[a,b]$ 的内部或区间端点处取得，若在 $[a,b]$ 的内部取得，则最值点一定是极值点，为了判断函数的最值，可直接在 (a,b) 内部求出函数 $f(x)$ 的可能极值点和端点处的函数值，比较这些函数值的大小，即可得出函数在 $[a,b]$ 上的最大值和最小值.

例 10 求函数 $y=2x^3+3x^2-12x+14$ 在 $[-3,4]$ 上的最大值和最小值.

解： 在 $[-3,4]$ 内部，函数的导数为

$$f'(x)=6(x+2)(x-1).$$

令 $f'(x)=0$ 得 $x_1=-2,x_2=1$ 且

$$f(-3)=23,f(-2)=34,f(1)=7,f(4)=142.$$

比较得函数 $y=2x^3+3x^2-12x+14$ 在 $[-3,4]$ 上的最大值为 $f(4)=142$，最小值为 $f(1)=7$.

在实际问题中，若函数 $f(x)$ 在开区间 (a,b) 内可导，且只有唯一驻点 x_0，而由实际问题本身可判断 $f(x)$ 在开区间 (a,b) 内有最大值（或最小值），则 x_0 就是 $f(x)$ 的最大值点（或最小值点），即 $f(x_0)$ 就是所求的最大值（或最小值）.

例 11 某房地产公司有 50 套公寓要出租，当租金定为每月 180 元时，公寓会全部租出去；当租金每月增加10元时，就有一套公寓租不出去，而租出去的房子每月需花费20元的整修维护费.试问房租定为多少可获得最大收入？

解： 设房租为每月 x 元，则租出去的房子有 $50-\dfrac{x-180}{10}$ 套.每月总收入为

$$R(x)=(x-20)\left(50-\frac{x-180}{10}\right)$$

$$=(x-20)\left(68-\frac{x}{10}\right),$$

此问题就归结于求 x 为何值时 $R(x)$ 取得最大值.由于

$$R'(x)=\left(68-\frac{x}{10}\right)+(x-20)\left(-\frac{1}{10}\right)=70-\frac{x}{5},$$

令 $R'(x)=0$,得 $x=350$(唯一驻点).而由实际问题可知,每月总收入在 $(0,\infty)$ 内确实有最大值,因此当每月每套租金为 350 元时月收入最高,即最大收入为

$$R(x)=(350-20)\left(68-\frac{350}{10}\right)\text{元}=10\ 890\ \text{元}.$$

同步练习 4.4

1. 某车间靠墙壁要盖一间长方形小屋,现有存砖只够砌 20 m 的墙,问应围成怎样的长方形才能使这间小屋的面积最大?

2. 设有一块边长为 a 的正方形铁皮,从它的四角截去同样大小的正方形,做成一个无盖方匣,问截去的小正方形为多大才能使做成的方匣容积最大?

3. 一渔艇停泊在距岸 9 km 处,假定海岸线是直线,今派人送信给距艇 $3\sqrt{34}$ km 处的海岸渔站,如果送信人步行每小时 5 km,船速每小时 4 km,问应在何处登岸再走,才可使抵达渔站的时间最省?

子项目 4.5　导数在经济分析中的应用

函数的一阶导数 $f'(x)$ 在经济分析中有着直接而广泛的应用,本节介绍边际分析、弹性分析和最优化分析三种分析方法.

4.5.1　边际分析

边际分析是经济分析中一种常用的分析方法,函数的一阶导数称为该函数的边际函数.

1. 边际成本

当 $y=f(x)$(其中 x 为产量)表示成本函数时,它的一阶导数 $f'(x)$ 就表示边际成本.

设某产品产量为 q 单位时所需的成本为 $C=C(q)$,那么当 $\Delta q=1$ 时,有

$$C(q+1)-C(q)=\Delta C(q)\approx \mathrm{d}C(q)=C'(q)\Delta q=C'(q),$$

即边际成本可以估计生产厂家在生产了 q 个单位的产品后再多生产一个单位的产品所增加的成本,通常用 $C'(q)$ 表示.

例 12　某企业生产某种产品的成本 C(单位为元)是产量 x(单位为件)的函数:

$$C(x)=400+2x+5\sqrt{x}.$$

求边际成本函数及产量为 2500 件时的边际成本,并说明其经济意义.

解:　边际成本函数为 $C'(x)=2+\dfrac{5}{2\sqrt{x}}$,产量为 2500 件时的边际成本为

$$C'(2500)=2.05.$$

经济意义是:在产量为 2500 件的基础上,再多生产一件产品所增加的成本为 2.05 元.

2. 边际收入

当 $y=f(x)$(其中 x 为销售量)表示收入函数时,它的一阶导数 $f'(x)$ 就表示边际收入.边际收入可以估计商家在销售了 q 个单位的产品后再多销售一个单位的产品所获得的收入,通常用 $R'(q)$ 表示.

例 13 某商家某种家用电器的需求函数为 $q=1200-3p$(其中 q 为需求量,单位为件;p 为销售价格,单位为元/件),求:

(1) 销售该商品的边际收入;

(2) 销售量 $q=480,600,660$ 时的边际收入.

解: (1) 收入函数为 $R(q)=qp=400q-\frac{1}{3}q^2$,则销售该商品的边际收入为

$$R'(q)=\left(400q-\frac{1}{3}q^2\right)'=400-\frac{2}{3}q.$$

(2)$R'(480)=400-\frac{2}{3}\times480=80$;

$R'(600)=400-\frac{2}{3}\times600=0$;

$R'(660)=400-\frac{2}{3}\times660=-40$.

3. 边际利润

当 $y=f(x)$(其中 x 为销售量)表示利润函数时,它的一阶导数 $f'(x)$ 就表示边际利润.边际利润可以估计商家在销售了 q 个单位的产品后再多销售一个单位的产品所获得的利润,通常用 $L'(q)$ 表示.

例 14 某矿产公司生产某种矿产 q 吨的成本函数为 $C(q)=1000+360q+0.2q^2$,如果每吨矿产的销售价格为 400 元,求:

(1) 边际利润;

(2) 边际利润为 0 时的产量.

解: (1) 收入函数为 $R(q)=qp=400q$,则利润函数为

$$L(q)=R(q)-C(q)=-1000+40q-0.2q^2,$$

从而边际利润为

$$L'(q)=40-0.4q.$$

(2) 当边际利润为 0 时,即 $L'(q)=40-0.4q=0$,由此可得 $q=100$ 吨.

4.5.2 弹性分析

我们在边际分析中讨论的函数变化率与函数改变量均属于绝对数范围内的讨论.在经济问题中,仅仅用绝对数的概念是不足以深入分析问题的.例如,甲商品每单位价格是 5 元,涨价 1 元;乙商品单位价格为 200 元,也涨价 1 元.两种商品价格的绝对改变量都是 1 元,哪个商品的涨价幅度更大呢?显然甲商品的涨价幅度更大,为此我们有必要研究函数的相对改变量与相对变化率.

定义 4-2　设函数 $y=f(x)$，如果极限 $\lim\limits_{\Delta x\to 0}\dfrac{\Delta y/y}{\Delta x/x}$ 存在，则把

$$\lim_{\Delta x\to 0}\frac{\Delta y/y}{\Delta x/x}=\lim_{\Delta x\to 0}\frac{\Delta y}{\Delta x}\cdot\frac{x}{y}=\frac{x}{y}f'(x)$$

称为函数 $y=f(x)$ 在点 x 处的弹性(弹性系数)，记为 $E=\dfrac{x}{y}f'(x)$ 或 $E=\dfrac{x}{y}\cdot\dfrac{\mathrm{d}y}{\mathrm{d}x}$.

由此不难看出，函数 $f(x)$ 的弹性 E 是函数 y 的相对改变量与自变量 x 的相对改变量之比的极限，或者说当自变量 x 变化 1% 时函数 y 发生 E% 的改变.

1. 需求弹性

当 $y=f(x)$ 表示需求函数时，即 $q=q(p)$ (其中 p 为价格)，此时的弹性就成为需求弹性(也称为需求价格弹性)，即 $E_p=\dfrac{p}{q}\cdot\dfrac{\mathrm{d}q}{\mathrm{d}p}$.

由于需求函数是递减函数，所以 $\dfrac{\mathrm{d}q}{\mathrm{d}p}<0$，又因为价格 p 与需求量 q 都是正的，所以需求弹性为负值，因此需求弹性 E，表示当价格为 p 时，若价格上涨(下降)1%，则需求量约减少(增加)E%，它反映了当价格变动时需求量对价格相对变动的反应程度或敏感程度.

例 15　某种商品的需求函数为 $q=10-\dfrac{p}{2}$，求：

(1) 需求价格弹性函数；

(2) 当 $p=3$ 时的需求价格弹性，并说明其经济意义.

解：　(1) 需求弹性为 $E_p=\dfrac{p}{q}\cdot\dfrac{\mathrm{d}q}{\mathrm{d}p}=\dfrac{p}{p-20}$.

(2) 当 $p=3$ 时，需求价格弹性 $E_p\big|_{p=3}=-\dfrac{3}{17}\approx-0.18$，即当 $p=3$ 时，若价格上涨 1%，则需求量约减少 0.18%.

注意：

(1) 若 $|E_p|>1$，称需求富有弹性；

(2) 若 $|E_p|<1$，称需求缺乏弹性；

(3) 若 $|E_p|=1$，称需求是单位弹性.

2. 供给弹性

当 $y=f(x)$ 表示供给函数时，即 $S=S(p)$ (其中 p 为价格)，此时的弹性就成为供给弹性，即 $E_S=\dfrac{p}{S}\cdot\dfrac{\mathrm{d}S}{\mathrm{d}p}$.

它表示在价格为 p 时，若价格上涨(下降)1%，则需求量约增加(减少) E%，它反映了当价格变动时供给量对价格相对变动的反应程度或敏感程度.

4.5.3　最优化分析

例 16　某商家以每双 10 元的进价购进一批袜子，且这批袜子的需求函数为 $q=80-2p$

(其中 q 为需求量,单位为双; p 为销售价格,单位为元/双).问商家应该将价格定为多少才能获得最大利润?并求出最大利润.

解: 由利润 L、收入 R 及成本 C 三者之间的关系可得

$$L=L(p)=R(p)-C(p),$$
$$R(p)=pq=80p-2p^2,$$
$$C(p)=10q=800-20p,$$

所以 $$L=L(p)=-2p^2+100p-800, L'(p)=100-4p.$$

令 $L'(p)=0$,求得 $p=25$ 元/双.由实际意义知最大利润一定存在,现又只有一个驻点,故当 $p=25$ 时利润 L 最大,这时, $L(25)=(-2\times25^2+100\times25-800)$ 元 $=450$ 元,即当每双袜子的销售价格为 25 元时获得最大利润,最大利润为 450 元.

例 17 某一厂商生产某种产品的成本函数为 $C(q)=1600+40q+0.01q^2$(其中 q 为产量),求:

(1) 平均成本最小时的产量;

(2) 最小平均成本.

解: (1) 平均成本为 $$\overline{C}(q)=\frac{C(q)}{q}=\frac{1600}{q}+40+0.01q,$$

求导得 $$\overline{C}'(q)=-\frac{1600}{q^2}+0.01.$$

令 $\overline{C}'(q)=0$,得唯一驻点 $q=400$ ($q=-400$,不合题意,舍去).由实际意义知平均成本的最小值一定存在,现又只有一个驻点,所以当 $q=400$ 时,平均成本最小.

(2) 最小平均成本为 $\overline{C}(400)=48$.

同步练习 4.5

1. 某粮油加工厂利用副产品,经过初步加工生产饲料的半成品,其生产能力为每月 100 吨,设这项业务的总收入和总成本是产量 x 的函数:

$$R(x)=405x-2x^2,$$
$$C(x)=\frac{1}{2}x^2+5x+2800.$$

求:(1) 产量为 70 吨时的平均成本、平均收入和平均利润;

(2) 产量为 90 吨时的边际成本、边际收入和边际利润.

2. 某化工厂日产能力最高为 1000 吨.每日产品的总成本 C (单位:元) 是日产量 x (单位:吨) 的函数:

$$C=C(x)=1000+7x+50\sqrt{x}, x\in[0,1000].$$

(1) 求当日产量为 100 吨时的平均单位成本;

(2) 求当日产量为 100 吨时的边际成本.

3. 某工厂生产某产品 x 件的总成本为 $C(x)=9000+40x+0.001x^2$,问该厂生产多少产品时,平均成本最小?

4. 市场上对某商品的需求量(件) 是单价(元) 的函数:

$$Q(p)=10^{2.1}e^{-\frac{p}{4}}.$$

求：(1) 需求价格弹性；

(2) 当商品的单价分别为 3.5 元、4 元、4.5 元时的需求弹性，并说明其经济意义.

复习题 4

一、选择题.

1. 若函数 $y=f(x)$ 满足条件(　　)，则在 (a,b) 内至少存在一点 $\xi(a<\xi<b)$，使得 $f(x)=\dfrac{f(b)-f(a)}{b-a}$.

A. 在 (a,b) 内连续　　B. 在 (a,b) 内可导

C. 在 (a,b) 内连续，在 (a,b) 内可导　　D. 在 $[a,b]$ 内连续，在 (a,b) 内可导

2. 下列函数在区间 $[-1,1]$ 上满足拉格朗日中值定理条件的是(　　).

A. $y=1-\sqrt[3]{x^2}$　　B. $y=(x+1)(x-1)$

C. $y=\dfrac{1}{x}$　　D. $y=\dfrac{1}{x-1}$

3. 函数 $y=\arcsin x-x$ 的单调增区间是(　　).

A. $(-\infty,+\infty)$　　B. $(0,1)$　　C. $(-1,1)$　　D. $(-1,0)$

4. 满足方程 $f'(x)=0$ 的点，一定是函数 $y=f(x)$ 的(　　).

A. 极大值点　　B. 极小值点

C. 驻点　　D. 间断点

5. 函数 $f(x)=x^2+4x-1$ 的单调增区间是(　　).

A. $(-\infty,-1)\cup(1,+\infty)$　　B. $(-1,1)$　　C. $(-\infty,3)$　　D. $(-2,+\infty)$

6. 设函数 $f(x)=ax^3-(ax)^2-ax-a$ 在 $x=1$ 处取得极大值 -2，则 $a=$(　　).

A. 1　　B. $\dfrac{1}{3}$　　C. 0　　D. $-\dfrac{1}{3}$

二、填空题.

1. 函数 $y=\ln\sqrt{2x-1}$ 的单调增区间是__________.

2. 设函数 $g(x)$ 有一阶连续导数，且 $g(0)=g'(0)=1$，则 $\lim\limits_{x\to 0}\dfrac{g(x)-1}{\ln x(x)}=$__________.

3. 若函数 $y=f(x)$ 的自变量 x 从 x_0 的左邻域到右邻域时，$f'(x)$ 的符号由负变为正，则 $x=x_0$ 是函数 $y=f(x)$ 的__________点.

4. 函数 $y=x-\ln(1+x)$ 在区间__________内单调减少，在区间__________内单调增加.

三、计算题.

1. 计算下列极限：

(1) $\lim\limits_{x\to 3}\dfrac{x^4-81}{x-3}$；　　(2) $\lim\limits_{x\to 0}\dfrac{a^x-b^x}{x}$；

(3) $\lim\limits_{x\to 0}\dfrac{e^x-1-x}{x^2}$；　　(4) $\lim\limits_{x\to+\infty}\dfrac{x}{1+\sqrt{x}}$.

2. 求函数 $y=(x+1)^{\frac{2}{3}}(x-5)^2$ 的单调区间和极值.

3. (1) 从面积为 S 的一切矩形中,求其周长最小者;

(2) 从周长为 L 的一切矩形中,求其面积最大者.

4. 某厂每批生产某种产品 Q 个单位的费用为 $C(Q)=5Q+200$,得到的收入是:

$$R(Q)=10Q-0.01Q^2.$$

问每批生产多少单位时能使利润最大?

5. 有一块等腰直角三角形钢板,其斜边长为 L,欲从这一块钢板中割下一块矩形,使其面积最大,要求以斜边为矩形的一条边,问如何截取?

项目五

不定积分

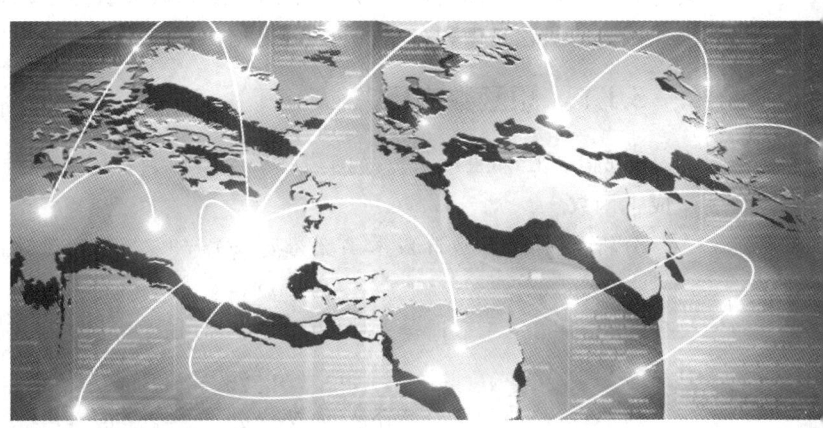

JINGJI
SHUXUE

学习目标

1. 知识目标

- 理解原函数和不定积分的概念；
- 掌握不定积分的基本公式；
- 掌握积分的换元积分法和分部积分法.

2. 技能目标

- 能运用不定积分的性质、基本积分公式熟练进行运算；
- 能运用积分的换元积分法和分部积分法熟练进行运算.

子项目 5.1　不定积分的概念与性质

在微分学中已经讨论了求已知函数的导数或微分问题.但是在社会生产实践领域中,经常会遇到与此相反的问题,即已知一个函数的导数或微分,求出此函数.这种由函数的导数或微分求原函数的问题是微积分学的另一个基本问题——不定积分.

5.1.1　原函数的概念

引例 1　已知生产某产品的边际成本函数为 $c'(q)=3+4q$,固定成本 $c_0=5$,求该产品的生产成本函数.

分析: 该产品的边际成本函数为 $c'(q)=3+4q$,由于边际成本为可变成本的导数,即

$$c'(q)=(c_1+c_0)'=(c_1)',$$

又因为 $(3q+2q^2+C)'=3+4q$(其中 C 为任意常数),且 $c_0=5$,

所以

$$c(q)=3q+2q^2+5.$$

因此,该产品的生产成本函数为 $c(q)=3q+2q^2+5$.

引例 2　已知函数 $y=f(x)$ 的导数 $f'(x)=4x$,求函数 $f(x)$.

分析: 因为 $(2x^2)'=4x$,对任意的常数 C,都有

$$(2x^2+C)'=4x,$$

所以

$$f(x)=2x^2+C.$$

上述两个引例实际上就是一个与微分学中求导数(微分)相反的问题,即导数与微分的逆运算问题.已知某函数的导数(或微分),求原来这个函数的问题,这就形成了"原函数"的概念.

定义 5-1　设函数 $f(x)$ 在区间 D 上有定义,若存在函数 $F(x)$,使对该区间 D 上的任一点都有

$$F'(x)=f(x),$$

或

$$\mathrm{d}F(x)=f(x)\mathrm{d}x,$$

则称函数 $F(x)$ 为 $f(x)$ 在区间 D 上的一个原函数.

例 1　求函数 $\cos x$ 的一个原函数.

解:　在区间 $(-\infty,+\infty)$ 内,有 $(\sin x)'=\cos x$,所以,$\sin x$ 是函数 $\cos x$ 在区间 $(-\infty,+\infty)$ 内的一个原函数.

因为$(\sin x+1)'=\cos x$，$(\sin x+2)'=\cos x$，…，所以它们均为$\cos x$的原函数.由此可见原函数存在的不唯一性.

关于原函数存在如下定理：

定理 5-1(原函数存在定理) 若函数$f(x)$在区间D上连续，则函数$f(x)$在区间D上必有原函数.

定理 5-2(原函数结构定理) 若已知函数$f(x)$有一原函数，则该函数就有无穷多个原函数存在，其中任意两个原函数之差为一个常数.

小结：一般地，如果$F(x)$为$f(x)$的一个原函数，那么$F(x)+C$就是$f(x)$的全部原函数.

5.1.2 不定积分的概念

定义 5-2 在区间D上，若$f(x)$存在原函数，则它的全体原函数称为$f(x)$的不定积分，记作

$$\int f(x)\mathrm{d}x=F(x)+C.$$

其中$\int$称为积分号，$f(x)$称为被积函数，$f(x)\mathrm{d}x$称为被积表达式，x称为积分变量，C称为积分常数.

注意：(1) 在求不定积分时，需“$+C$”，否则只是求了一个原函数；

(2) 积分变量可以用任意字母，即$\int f(x)\mathrm{d}x$与$\int f(u)\mathrm{d}u$，除常数外，它们是相同函数.

例如$\int\cos x\,\mathrm{d}x=\sin x+c$，$\int\cos u\,\mathrm{d}u=\sin u+c$，显然它们是相同函数.

几何意义：从几何上看，不定积分表示一簇积分曲线.设$F(x)$是$f(x)$的一个原函数，则$y=F(x)$表示一条曲线，称它为$f(x)$的一条积分曲线.如果将曲线沿着y轴方向向上或向下做任意的平行移动，就得到一簇积分曲线，由此得到不定积分的几何意义：函数$f(x)$的不定积分$\int f(x)\mathrm{d}x$是全部积分曲线所组成的积分曲线簇，其方程为$y=F(x)+C$.显然，簇中的每一条积分曲线在具有同一横坐标x的点处有互相平行的切线，其斜率都等于$f'(x)$.

例 2 求下列不定积分.

(1)$\int 3x^2\mathrm{d}x$； (2)$\int\frac{1}{1+x^2}\mathrm{d}x$； (3)$\int\frac{1}{x}\mathrm{d}x$.

解： (1) 因为$(x^3)'=3x^2$，所以$\int 3x^2\mathrm{d}x=x^3+C$.

(2) 因为$(\arctan x)'=\frac{1}{1+x^2}$，所以$\int\frac{1}{1+x^2}\mathrm{d}x=\arctan x+C$.

(3) 当$x>0$时，因为$(\ln x)'=\frac{1}{x}$，所以$\int\frac{1}{x}\mathrm{d}x=\ln x+C(x>0)$；

当$x<0$时，因为$[\ln(-x)]'=\frac{1}{-x}\cdot(-1)=\frac{1}{x}$，所以$\int\frac{1}{x}\mathrm{d}x=\ln(-x)+C(x<0)$；

综上可得$\int\frac{1}{x}\mathrm{d}x=\ln|x|+C$.

例 3 已知曲线上任一点的切线斜率为$2x$，且过点$(2,6)$，求该曲线的方程.

解： 由于曲线 $F(x)$ 切线的斜率为 $2x$，即 $k=2x$，又因为 $F'(x)=f(x)$，而 $(x^2)'=2x$，所以

$$F(x)=\int(2x)\mathrm{d}x=x^2+C.$$

因为曲线 $F(x)$ 过点(2,6)，得 $4+C=6$，$C=2$，所以

$$F(x)=x^2+2.$$

综上所得，该曲线的方程为 $y=x^2+2$.

5.1.3 不定积分的性质

性质 1 积分与微分互为逆运算，即

(1) $\left[\int f(x)\mathrm{d}x\right]'=f(x)$ 或 $\mathrm{d}\left[\int f(x)\mathrm{d}x\right]=f(x)\mathrm{d}x$.

(2) $\int F'(x)\mathrm{d}x=F(x)+C$ 或 $\int \mathrm{d}F(x)=F(x)+C$.

性质 2 两个函数代数和的不定积分，等于它们的不定积分的代数和，即

$$\int[f(x)\pm g(x)]\mathrm{d}x=\int f(x)\mathrm{d}x\pm\int g(x)\mathrm{d}x.$$

推论 有限个函数的代数和的不定积分等于各个函数不定积分的代数和，即

$$\int[f_1(x)\pm f_2(x)\pm\cdots\pm f_n(x)]\mathrm{d}x=\int f_1(x)\mathrm{d}x\pm\int f_2(x)\mathrm{d}x\pm\cdots\pm\int f_n(x)\mathrm{d}x.$$

性质 3 被积函数中的非零常数因子可以提到积分号前面，即

$$\int kf(x)\mathrm{d}x=k\int f(x)\mathrm{d}x\quad(k\neq 0).$$

例 4 根据不定积分的性质，求下列不定积分.

(1) $\left(\int \sin x\ln x\,\mathrm{d}x\right)'$；　(2) $\int(\cos x\ln x)'\mathrm{d}x$；　(3) $\int\left(\frac{1}{x}+\sin x\right)\mathrm{d}x$.

解： 根据不定积分的性质，可得

(1) $\left(\int \sin x\ln x\,\mathrm{d}x\right)'=\sin x\ln x$；

(2) $\int(\cos x\ln x)'\mathrm{d}x=\cos x\ln x+C$；

(3) $\int\left(\frac{1}{x}+\sin x\right)\mathrm{d}x=\int\frac{1}{x}\mathrm{d}x+\int\sin x\,\mathrm{d}x=\ln|x|-\cos x+C$.

同步练习 5.1

1. 填空题.

(1) 设 $f(x)$ 的一个原函数是 $\cos x$，则 $f(x)=$__________；

(2) $\sec^2 x$ 是__________的原函数，故 $\int$ __________ $\mathrm{d}x=\tan x+C$；

(3) $\int\frac{1}{x}\mathrm{d}x=$__________；

(4) $\int\sin x\,\mathrm{d}x=$__________；

(5) $\int F'(x)\mathrm{d}x =$ ________.

2. 选择题.

(1) 下列等式成立的是(　　).

A. $\mathrm{d}\left[\int f(x)\mathrm{d}x\right] = f(x)\mathrm{d}x$　　B. $\mathrm{d}\left[\int f(x)\mathrm{d}x\right] = f(x)$

C. $\int F'(x)\mathrm{d}x = F(x)$　　D. $\int F'(x)\mathrm{d}x = F(x)\mathrm{d}x$

(2) 下列等式成立的是(　　).

A. $\int x^4\mathrm{d}x = 4x^3 + C$　　B. $\int \ln x\,\mathrm{d}x = \frac{1}{x} + C$

C. $\int 5\mathrm{d}x = 5x + C$　　D. $\int (\cos x - \sin x)\mathrm{d}x = \sin x - \cos x + C$

3. 已知曲线过点(−1,2),并且曲线上任意一点处切线的斜率等于这点横坐标的两倍,求该曲线方程.

4. 根据不定积分的性质求下列不定积分.

(1) $\left(\int e^x\mathrm{d}x\right)'$;　　(2) $\int (2x - \sin x + 3)\mathrm{d}x$.

子项目 5.2　不定积分的基本公式

本节主要给出基本初等函数的基本积分公式以及不定积分的简单运算,为后续积分的学习奠定基础.由于求导数(微分)与求不定积分互为逆运算,所以可以直接由导数(微分)的基本公式,直接推导出不定积分的基本公式,列表5.1.

表 5.1

导数的基本公式	不定积分的基本公式
$F'(x) = f(x)$	$\int f(x)\mathrm{d}x = F(x) + C$
(1) $(C)' = 0$(C 为常数)	(1) $\int 0\mathrm{d}x = C$(C 为常数)
(2) $x' = 1$	(2) $\int \mathrm{d}x = x + C$
(3) $(kx)' = k$	(3) $\int k\mathrm{d}x = kx + C$
(4) $(x^a)' = ax^{a-1}$	(4) $\int x^a\mathrm{d}x = \frac{1}{a+1}x^{a+1} + C(a \neq -1)$
(5) $(e^x)' = e^x$	(5) $\int e^x\mathrm{d}x = e^x + C$
(6) $(\ln x)' = \frac{1}{x}$	(6) $\int \frac{1}{x}\mathrm{d}x = \ln\lvert x\rvert + C$

续表

导数的基本公式	不定积分的基本公式
(7) $(a^x)' = a^x \ln a$	(7) $\int a^x dx = \frac{a^x}{\ln a} + C$
(8) $(\sin x)' = \cos x$	(8) $\int \cos x dx = \sin x + C$
(9) $(\cos x)' = -\sin x$	(9) $\int \sin x dx = -\cos x + C$
(10) $(\tan x)' = \sec^2 x = \frac{1}{\cos^2 x}$	(10) $\int \sec^2 x dx = \tan x + C$
(11) $(\cot x)' = -\csc^2 x = -\frac{1}{\sin^2 x}$	(11) $\int \csc^2 x dx = -\cot x + C$
(12) $(\sec x)' = \sec x \tan x$	(12) $\int \sec x \tan x dx = \sec x + C$
(13) $(\csc x)' = -\csc x \cot x$	(13) $\int \csc x \cot x dx = -\csc x + C$
(14) $(\arcsin x)' = \frac{1}{\sqrt{1-x^2}}$	(14) $\int \frac{1}{\sqrt{1-x^2}} dx = \arcsin x + C$
(15) $(\arctan x)' = \frac{1}{1+x^2}$	(15) $\int \frac{1}{1+x^2} dx = \arctan x + C$

利用不定积分的基本公式和运算性质求不定积分的方法,称为直接积分法.

例 5 求下列不定积分.

(1) $\int x^4 dx$; (2) $\int x^2 \sqrt{x} dx$; (3) $\int \left(\sin x - 2e^x + \frac{1}{x}\right) dx$.

解： (1) $\int x^4 dx = \frac{1}{4+1} x^{4+1} + C = \frac{1}{5} x^5 + C$;

(2) $\int x^2 \sqrt{x} dx = \int x^2 \cdot x^{\frac{1}{2}} dx = \int x^{2+\frac{1}{2}} dx = \int x^{\frac{5}{2}} dx = \frac{1}{\frac{5}{2}+1} x^{\frac{5}{2}+1} + C = \frac{2}{7} x^{\frac{7}{2}} + C$;

(3) $\int \left(\sin x - 2e^x + \frac{1}{x}\right) dx = \int \sin x dx - \int 2e^x dx + \int \frac{1}{x} dx = -\cos x - 2e^x + \ln|x| + C$.

例 6 求下列不定积分.

(1) $\int (x^4-2)^2 dx$; (2) $\int \frac{1-x^2}{1+x^2} dx$; (3) $\int \frac{(\sqrt{x}+2)^2}{x} dx$.

解： (1) $\int (x^4-2)^2 dx = \int (x^8 - 4x^4 + 4) dx = \frac{1}{9} x^9 - \frac{4}{5} x^5 + 4x + C$.

(2) 先将被积函数化简：

$$\int \frac{1-x^2}{1+x^2} dx = \int \frac{2-(1+x^2)}{1+x^2} dx = \int \frac{2}{1+x^2} dx - \int dx$$

$$= 2\int \frac{1}{1+x^2} dx - \int dx = 2\arctan x - x + C.$$

(3) 先将被积函数化简：

$$\int \frac{(\sqrt{x}+2)^2}{x}dx=\int \frac{x+4\sqrt{x}+4}{x}dx=\int dx+4\int \frac{\sqrt{x}}{x}dx+4\int \frac{1}{x}dx$$

$$=\int dx+4\int x^{-\frac{1}{2}}dx+4\int \frac{1}{x}dx$$

$$=x+8x^{\frac{1}{2}}+4\ln|x|+C.$$

例 7 已知某产品的边际成本函数为 $C'(q)=2q-10$，当产量 $q=0$ 时，总成本为 $C(0)=100$，求总成本函数 $C(q)$，并求出最低成本时的产量.

解： 因为边际成本函数为 $C'(q)=2q-10$，所以

$$C(q)=\int C'(q)dq=\int (2q-10)dq=q^2-10q+C.$$

又因为已知当产量 $q=0$ 时，总成本为 $C(0)=100$，故所求成本函数为

$$C(q)=\int C'(q)dq=q^2-10q+100.$$

令 $C'(q)=2q-10=0$，得 $q=5$.因为

$$C''(q)=2>0,$$

所以 $q=5$ 时成本最低.

同步练习 5.2

1. 填空题.

(1) $\int 5x\,dx=$__________；　　(2) $\int \frac{5x}{\sqrt{x}}dx=$__________；

(3) $\int 3^x dx=$__________；　　(4) $\int \frac{4}{x}dx=$__________.

2. 求下列不定积分.

(1) $\int (2x^3+\sin x+5x)dx$；　(2) $\int (3^x-4\cos x)dx$；　(3) $\int \frac{1}{\sqrt{x}}dx$；

(4) $\int \frac{e^{2x}-1}{e^x-1}dx$；　(5) $\int \left(4^x+e^x-\sin\frac{\pi}{2}\right)dx$；　(6) $\int 4^x e^x dx$；

(7) $\int \frac{x^4-1}{x^2+1}dx$；　(8) $\int \frac{2\cdot 3^x-5\cdot 2^x}{3^x}dx$；　(9) $\int \frac{x^2}{1+x^2}dx$；

(10) $\int 2\frac{(1+\sqrt[3]{x})}{x}dx$；　(11) $\int x\left(\sqrt{x}-\frac{1}{\sqrt{x}}\right)^2 dx$.

3. 已知某产品的边际成本函数为 $C'(q)=5q-20$，当产量 $q=0$ 时，总成本为 $C(0)=60$，求总成本函数 $C(q)$，并求出最低成本时的产量.

子项目 5.3　换元积分法

利用直接积分法只能解决一些简单的不定积分的计算问题.为了解决更多较复杂的函数的

不定积分问题，有必要进一步寻找更有效的积分方法.本节讨论的换元积分法是与复合函数求导法则相对应的一种积分法.它的基本思路是通过适当的变量代换，把较难求的不定积分化为较易求的不定积分.

按照引入变量方式的不同，换元法又分为第一类换元积分法（又称为“凑微分法”）和第二类换元积分法（又称为“变量置换法”）.

5.3.1 第一类换元积分法

引例 3 求不定积分$\int \cos 2x \,\mathrm{d}x$.

分析：
$$\int \cos x \,\mathrm{d}x = \sin x + C,$$
但不能很显然地得到
$$\int \cos 2x \,\mathrm{d}x = \sin 2x + C.$$

问题在于被积函数是复合函数，故不能运用直接积分法求解函数的不定积分，根据一元函数微分形式的不变性
$$\cos 2x \,\mathrm{d}x = \frac{1}{2}\cos 2x \,\mathrm{d}(2x),$$
所以
$$\int \cos 2x \,\mathrm{d}x = \frac{1}{2}\int \cos 2x \,\mathrm{d}(2x).$$

令 $2x = u$，则 $\mathrm{d}(2x) = \mathrm{d}u$，于是
$$\int \cos 2x \,\mathrm{d}x = \frac{1}{2}\int \cos 2x \,\mathrm{d}(2x) = \frac{1}{2}\int \cos u \,\mathrm{d}u = \frac{1}{2}\sin u + C = \frac{1}{2}\sin 2x + C.$$

上述情况具有一般性，可得如下定理.

定理 5-3 已知$\int f(u)\mathrm{d}u = F(u) + C$，$C$ 是任意常数，且 $u = \varphi(x)$ 可导，则
$$\int f[\varphi(x)]\varphi'(x)\mathrm{d}x = F[\varphi(x)] + C.$$

注意：(1)$\int f[\varphi(x)]\varphi'(x)\mathrm{d}x = \int f[\varphi(x)]\mathrm{d}\varphi(x) = \int f(u)\mathrm{d}u = F(u) + C = F[\varphi(x)] + C$；

(2) 当被积函数是一个复合函数乘以一个基本初等函数时，可以考虑第一类换元积分法.

例 8 求不定积分$\int \mathrm{e}^{2x} \mathrm{d}x$.

解法 1： 和基本公式$\int \mathrm{e}^{x} \mathrm{d}x = \mathrm{e}^{x} + C$ 相比较，本题不能直接用公式，又因为 e^{2x} 是一个复合函数，所以为了套用公式，可以将原积分作下列变形：
$$\int \mathrm{e}^{2x} \mathrm{d}x = \int \mathrm{e}^{2x} \cdot \frac{1}{2}\mathrm{d}(2x).$$

令 $2x = u$，则
$$\int \mathrm{e}^{2x} \mathrm{d}x = \int \mathrm{e}^{2x} \cdot \frac{1}{2}\mathrm{d}(2x) = \frac{1}{2}\int \mathrm{e}^{u} \mathrm{d}u = \frac{1}{2}\mathrm{e}^{u} + C.$$

回代
$$2x = u$$

$$原式=\frac{1}{2}e^{2x}+C.$$

解法 2： 设 $u=2x$，则 $du=d(2x)=2dx$，即 $dx=\frac{1}{2}du$.所以

$$\int e^{2x}dx=\int e^{u}\cdot\frac{1}{2}du=\frac{1}{2}\int e^{u}du=\frac{1}{2}e^{u}+C.$$

再将 $u=2x$ 回代，得 $\int e^{2x}dx=\frac{1}{2}e^{2x}+C$.

例 9 求不定积分 $\int(1+2x)^{10}dx$.

解： 利用基本积分公式 $\int x^{a}dx=\frac{1}{a+1}x^{a+1}+C(a\neq-1)$，可以将原积分作下列变形.

设 $u=1+2x$，则 $du=d(1+2x)=2dx$，即 $dx=\frac{1}{2}du$.所以

$$\int(1+2x)^{10}dx=\int u^{10}\cdot\frac{1}{2}du=\frac{1}{2}\int u^{10}du=\frac{1}{22}u^{11}+C.$$

再将 $u=1+2x$ 回代，得 $\int(1+2x)^{10}dx=\frac{1}{22}(1+2x)^{11}+C$.

例 10 求不定积分 $\int\frac{1}{1+x}dx$.

解： 利用基本积分公式 $\int\frac{1}{x}dx=\ln|x|+C$，可以将原积分作下列变形.

设 $u=1+x$，则 $du=d(1+x)=dx$，即 $dx=du$.所以

$$\int\frac{1}{1+x}dx=\int\frac{1}{u}du=\ln|u|+C.$$

再将 $u=1+x$ 回代，得 $\int\frac{1}{1+x}dx=\ln|1+x|+C$.

例 11 求不定积分 $\int x\sin x^{2}dx$.

解： 被积表达式中有 $x\,dx$，由于 $x\,dx=\frac{1}{2}d(x^{2})$，且 $\sin x^{2}$ 中有 x^{2}，所以

$$\int x\sin x^{2}dx=\int\sin x^{2}\cdot\frac{1}{2}d(x^{2})=\frac{1}{2}\int\sin x^{2}d(x^{2}).$$

设 $u=x^{2}$，可得

$$\int x\sin x^{2}dx=\frac{1}{2}\int\sin u\,du=-\frac{1}{2}\cos u+C.$$

再将 $u=x^{2}$ 回代，得 $\int x\sin x^{2}dx=-\frac{1}{2}\cos x^{2}+C$.

例 12 求不定积分 $\int\frac{\cos\sqrt{x}}{\sqrt{x}}dx$.

解： 被积表达式中有 $\frac{1}{\sqrt{x}}dx$，由于 $\frac{1}{\sqrt{x}}dx=2d(\sqrt{x})$，且 $\cos\sqrt{x}$ 中有 $\sqrt{x}$，所以

$$\int \frac{\cos\sqrt{x}}{\sqrt{x}}\mathrm{d}x = \int \cos\sqrt{x} \cdot 2\mathrm{d}(\sqrt{x}) = 2\int \cos\sqrt{x}\,\mathrm{d}(\sqrt{x}).$$

设 $u=\sqrt{x}$，可得

$$2\int \cos\sqrt{x} \cdot \mathrm{d}(\sqrt{x}) = 2\int \cos u\,\mathrm{d}u = 2\sin u + C.$$

再将 $u=\sqrt{x}$ 回代，得 $\int \frac{\cos\sqrt{x}}{\sqrt{x}}\mathrm{d}x = 2\sin\sqrt{x} + C.$

例 13　求不定积分 $\int \frac{1}{x^2}\sin\frac{1}{x}\mathrm{d}x.$

解：　被积表达式中有 $\frac{1}{x^2}\mathrm{d}x$，由于 $\frac{1}{x^2}\mathrm{d}x = -\mathrm{d}\left(\frac{1}{x}\right)$，且 $\sin\frac{1}{x}$ 中有 $\frac{1}{x}$，所以

$$\int \frac{1}{x^2}\sin\frac{1}{x}\mathrm{d}x = \int \sin\frac{1}{x} \cdot - \mathrm{d}\left(\frac{1}{x}\right) = -\int \sin\frac{1}{x}\mathrm{d}\left(\frac{1}{x}\right).$$

设 $u=\frac{1}{x}$，可得

$$-\int \sin\frac{1}{x}\mathrm{d}\left(\frac{1}{x}\right) = -\int \sin u\,\mathrm{d}u = \cos u + C.$$

再将 $u=\frac{1}{x}$ 回代，得 $\int \frac{1}{x^2}\sin\frac{1}{x}\mathrm{d}x = \cos\frac{1}{x} + C.$

例 14　求不定积分 $\int \frac{\ln x}{x}\mathrm{d}x.$

解：　被积表达式中有 $\frac{1}{x}\mathrm{d}x$，由于 $\frac{1}{x}\mathrm{d}x = \mathrm{d}(\ln x)$，所以

$$\int \frac{\ln x}{x}\mathrm{d}x = \int \ln x\,\mathrm{d}(\ln x).$$

设 $u=\ln x$，可得

$$\int \ln x\,\mathrm{d}(\ln x) = \int u\,\mathrm{d}u = \frac{1}{2}u^2 + C.$$

再将 $u=\ln x$ 回代，得 $\int \frac{\ln x}{x}\mathrm{d}x = \frac{1}{2}\ln^2 x + C.$

例 15　求不定积分 $\int \frac{\mathrm{e}^x}{(1+\mathrm{e}^x)^2}\mathrm{d}x.$

解：　被积表达式中有 $\mathrm{e}^x\mathrm{d}x$，由于 $\mathrm{e}^x\mathrm{d}x = \mathrm{d}(1+\mathrm{e}^x)$，且 $(1+\mathrm{e}^x)^2$ 中有 $1+\mathrm{e}^x$，所以

$$\int \frac{\mathrm{e}^x}{(1+\mathrm{e}^x)^2}\mathrm{d}x = \int \frac{1}{(1+\mathrm{e}^x)^2}\mathrm{d}(1+\mathrm{e}^x).$$

设 $u=1+\mathrm{e}^x$，可得

$$\int \frac{1}{(1+\mathrm{e}^x)^2}\mathrm{d}(1+\mathrm{e}^x) = \int \frac{1}{u^2}\mathrm{d}u = -u^{-1} + C.$$

再将 $u=1+\mathrm{e}^x$ 回代，得 $\int \frac{\mathrm{e}^x}{(1+\mathrm{e}^x)^2}\mathrm{d}x = -\frac{1}{1+\mathrm{e}^x} + C.$

下面一些常用的微分式，对第一类换元积分法的使用十分有益.

(1) $dx=\frac{1}{a}d(ax+b)$；　(2) $x\,dx=\frac{1}{2}d(x^2)$；

(3) $\frac{1}{x}dx=d(\ln|x|)$；　(4) $\frac{1}{\sqrt{x}}dx=2d(\sqrt{x})$；

(5) $\frac{1}{x^2}dx=-d\left(\frac{1}{x}\right)$；　(6) $e^x\,dx=d(e^x)$；

(7) $\sin x\,dx=-d(\cos x)$；　(8) $\cos x\,dx=d(\sin x)$；

(9) $\frac{1}{\sqrt{1-x^2}}dx=d(\arcsin x)$；　(10) $\frac{1}{1+x^2}dx=d(\arctan x)$；

(11) $\sec^2 x\,dx=d(\tan x)$；　(12) $\csc^2 x\,dx=-d(\cot x)$.

例 16　求不定积分$\int\frac{1}{4-x^2}dx$.

解：　先将函数进行恒等变形，可得

$$\int\frac{1}{4-x^2}dx=\int\frac{1}{(2-x)(2+x)}dx=\frac{1}{4}\int\left(\frac{1}{2+x}+\frac{1}{2-x}\right)dx$$
$$=\frac{1}{4}\int\left(\frac{1}{2+x}\right)dx+\frac{1}{4}\int\left(\frac{1}{2-x}\right)dx.$$

再根据第一类换元积分法，可得

$$\frac{1}{4}\int\left(\frac{1}{2+x}\right)dx+\frac{1}{4}\int\left(\frac{1}{2-x}\right)dx=\frac{1}{4}(\ln|2+x|-\ln|2-x|)+C=\frac{1}{4}\ln\left|\frac{2+x}{2-x}\right|+C.$$

例 17　求不定积分$\int\tan x\,dx$.

解：　先将函数进行恒等变形，可得

$$\int\tan x\,dx=\int\frac{\sin x}{\cos x}dx.$$

再根据第一类换元积分法，可得

$$\int\frac{\sin x}{\cos x}dx=\int\frac{1}{\cos x}\cdot[-d(\cos x)]=-\int\frac{1}{\cos x}d(\cos x)=-\ln|\cos x|+C.$$

同理：$\int\cot x\,dx=\ln|\sin x|+C$.

例 18　求不定积分$\int\sec x\,dx$.

解：　先将函数进行恒等变形，可得

$$\int\sec x\,dx=\int\frac{1}{\cos x}dx.$$

再根据第一类换元积分法，可得

$$\int\frac{1}{\cos x}dx=\int\frac{\cos x}{\cos^2 x}dx=\int\frac{1}{1-\sin^2 x}d(\sin x)=\frac{1}{2}\ln\left|\frac{1+\sin x}{1-\sin x}\right|+C$$
$$=\frac{1}{2}\ln\frac{(1+\sin x)^2}{1-\sin^2 x}+C=\ln\left|\frac{1+\sin x}{\cos x}\right|+C=\ln|\sec x+\tan x|+C.$$

同理：$\int\csc x\,dx=\ln|\csc x-\cot x|+C$.

注意:上面两道例题的结果可以作为公式直接使用.

5.3.2 第二类换元积分法

第一类换元积分法是将所求积分先凑成基本积分公式的形式,然后做变量代换 $u=\varphi(x)$. 但有的积分并不是很容易地凑出积分,需要一开始就做代换,把所要求解的积分化成简单、易求的积分,我们把这种换元积分的方法称为第二类换元积分法,其思路与第一类换元积分法恰好相反.

定理 5-4 若$\int f[\varphi(x)]\varphi'(x)\mathrm{d}x=F[\varphi(x)]+C$,则$\int f(u)\mathrm{d}u=F(u)+C$.

假设$\int g(x)\mathrm{d}x$ 不易积分,令 $x=\varphi(t)$,则

$$\int g(x)\mathrm{d}x=\int g[\varphi(t)]\mathrm{d}\varphi(t)=\int g\,[\varphi(t)\varphi'(t)]\,\mathrm{d}t.$$

如果积分$\int g\,[\varphi(t)\varphi'(t)]\,\mathrm{d}t$ 比积分$\int g(x)\mathrm{d}x$ 易于求解,那么目的就达到了,此方法是将原变量 x 换成 $\varphi(t)$,得到积分的新变量是 t,所以这种方法又称为变量置换法.

注意:第二类换元积分法主要用于被积函数含有根式的积分,通过积分变量代换使被积函数有理化,从而将要求解的积分简单化.

1. 幂代换法

例 19 求不定积分$\int\frac{1}{1+\sqrt{x}}\mathrm{d}x$.

解: 被积函数显然不符合凑微分的条件,于是令$\sqrt{x}=t$,则 $x=t^2$, $\mathrm{d}x=2t\mathrm{d}t$.

$$\int\frac{1}{1+\sqrt{x}}\mathrm{d}x=\int\frac{1}{1+t}\cdot 2t\mathrm{d}t=2\int\frac{t}{1+t}\mathrm{d}t=2\int\frac{1+t-1}{1+t}\mathrm{d}t$$

$$=2\int\left(1-\frac{1}{1+t}\right)\mathrm{d}t=2t-2\ln|1+t|+C.$$

将$\sqrt{x}=t$ 回代,得

$$\int\frac{1}{1+\sqrt{x}}\mathrm{d}x=2\sqrt{x}-2\ln(1+\sqrt{x})+C.$$

例 20 求不定积分$\int x\sqrt{2x-1}\,\mathrm{d}x$.

解: 被积函数显然不符合凑微分的条件,于是令$\sqrt{2x-1}=t$,则 $x=\frac{t^2+1}{2}$, $\mathrm{d}x=t\mathrm{d}t$.

$$\int x\sqrt{2x-1}\,\mathrm{d}x=\int\frac{t^2+1}{2}\cdot t\cdot t\mathrm{d}t=\int\frac{t^4+t^2}{2}\mathrm{d}t=\frac{1}{10}t^5+\frac{1}{6}t^3+C.$$

将$\sqrt{2x-1}=t$ 回代,得

$$\int x\sqrt{2x-1}\,\mathrm{d}x=\frac{1}{10}(2x-1)^{\frac{5}{2}}+\frac{1}{6}(2x-1)^{\frac{3}{2}}+C.$$

例 21 求不定积分$\int\frac{1}{\sqrt{x}+\sqrt[3]{x}}\mathrm{d}x$.

解： 被积函数显然不符合凑微分的条件，且被积函数中含有$\sqrt{x}$ 和$\sqrt[3]{x}$ 两个根式，于是令$\sqrt[6]{x}=t$ 就可以将两个根号同时去掉，即 $x=t^6$，$\mathrm{d}x=6t^5\mathrm{d}t$.

$$\int\frac{1}{\sqrt{x}+\sqrt[3]{x}}\mathrm{d}x=\int\frac{1}{t^3+t^2}\cdot 6t^5\mathrm{d}t=6\int\frac{t^3}{t+1}\mathrm{d}t=6\int\left(t^2-t+1-\frac{1}{1+t}\right)\mathrm{d}t$$

$$=6\left(\frac{1}{3}t^3-\frac{1}{2}t^2+t-\ln|1+t|\right)+C=2t^3-3t^2+6t-6\ln|1+t|+C.$$

将$\sqrt[6]{x}=t$ 回代，得

$$\int\frac{1}{\sqrt{x}+\sqrt[3]{x}}\mathrm{d}x=2\sqrt{x}-3\sqrt[3]{x}+6\sqrt[6]{x}-6\ln(1+\sqrt[6]{x})+C.$$

2. 三角代换法

例 22 求不定积分$\int\sqrt{1-x^2}\mathrm{d}x$.

解： 令 $x=\sin t$，$0\leqslant t\leqslant\frac{\pi}{2}$，则 $\mathrm{d}x=\cos t\,\mathrm{d}t$，$t=\arcsin x$，于是

$$\int\sqrt{1-x^2}\mathrm{d}x=\int\cos t\cdot\cos t\,\mathrm{d}t=\int\cos^2 t\,\mathrm{d}t$$

$$=\int\frac{1+\cos 2t}{2}\mathrm{d}t=\frac{1}{2}t+\frac{1}{4}\sin 2t+C.$$

由于 t 是引入的新变量，最后应将其还原成原变量，得

$$t=\arcsin x,\ \cos t=\sqrt{1-x^2}.$$

回代变量得

$$\int\sqrt{1-x^2}\mathrm{d}x=\frac{1}{2}\arcsin x+\frac{1}{2}x\sqrt{1-x^2}+C.$$

例 23 求不定积分$\int\frac{1}{\sqrt{a^2+x^2}}\mathrm{d}x$.

解： 令 $x=a\tan t$，$-\frac{\pi}{2}<t<\frac{\pi}{2}$，则 $\mathrm{d}x=a\sec^2 t\,\mathrm{d}t$，则

$\sqrt{a^2+x^2}=\sqrt{a^2+a^2\tan^2 t}=a\sqrt{1+\tan^2 t}=a\sec t$，$\mathrm{d}x=(a\tan t)'\mathrm{d}t=a\sec^2 t\,\mathrm{d}t$，代入原积分，于是

$$\int\frac{1}{\sqrt{a^2+x^2}}\mathrm{d}x=\int\frac{a\sec^2 t}{\sqrt{a^2+a^2\tan^2 t}}\mathrm{d}t=\int\frac{\sec^2 t}{|\sec t|}\mathrm{d}t=\int\sec t\,\mathrm{d}t=\ln|\sec t+\tan t|+C_1.$$

为了将变量 t 还原成原变量 x，常做三角替换.

作一个直角三角形，三角形的边角关系由所做代换 $x=a\tan t$ 确定，故有 $\sec t=\frac{\sqrt{a^2+x^2}}{a}$，于是

$$\int\frac{1}{\sqrt{a^2+x^2}}\mathrm{d}x=\ln\left|\frac{\sqrt{a^2+x^2}}{a}+\frac{x}{a}\right|+C_1=\ln|x+\sqrt{a^2+x^2}|+C\,(C=C_1-\ln a).$$

小结：(1) 被积函数为 $f(\sqrt[n_1]{x},\sqrt[n_2]{x})$，则令 $t=\sqrt[n]{x}$，其中 n 为 n_1，n_2 的最小公倍数；

(2) 被积函数为 $f(\sqrt[n]{ax+b})$,则令 $t=\sqrt[n]{ax+b}$;

(3) 若被积函数中含有 $\sqrt{a^2-x^2}\ (a>0)$,则可做代换 $x=a\sin t$;

(4) 若被积函数中含有 $\sqrt{a^2+x^2}\ (a>0)$,则可做代换 $x=a\tan t$;

(5) 若被积函数中含有 $\sqrt{x^2-a^2}\ (a>0)$,则可做代换 $x=a\sec t$.

在做三角替换时,可以利用直角三角形的边角关系确定有关三角函数的关系,以返回原积分变量.

同步练习 5.3

1. 填空题.

(1) $dx=$ __________ $d(2-2x)$; (2) $x\,dx=$ __________ $d(3-2x^2)$;

(3) $\cos 3x\,dx=$ __________ $d(\sin 3x)$; (4) $e^{-x}\,dx=$ __________ $d(e^{-x})$;

(5) $x^3\,dx=$ __________ $d(1+3x^4)$; (6) $x^{-3}\,dx=$ __________ $d(2-x^{-2})$;

(7) $\frac{1}{\sqrt{x}}dx=$ __________ $d(1-\sqrt{x})$; (8) $\frac{1}{x}dx=$ __________ $d(2\ln x+3)$.

2. 求下列不定积分.

(1) $\int(3-2x)^3\,dx$; (2) $\int x\cos x^2\,dx$; (3) $\int x\sin x^2\,dx$;

(4) $\int e^{2x-1}\,dx$; (5) $\int \sin 5x\,dx$; (6) $\int \frac{3x^3}{1-x^4}dx$;

(7) $\int \frac{dx}{x\ln x\ln(\ln x)}$; (8) $\int \frac{1}{(x+2)(x+3)}dx$; (9) $\int \frac{\sin\frac{1}{x}}{x^2}dx$;

(10) $\int \frac{1}{\sqrt{x}}\sin\sqrt{x}\,dx$; (11) $\int \frac{dx}{\sqrt[3]{2-3x}}$; (12) $\int \frac{\sin x}{\cos^2 x}dx$;

(13) $\int \frac{1}{\sqrt[3]{x}+1}dx$; (14) $\int x\sqrt{x+1}\,dx$; (15) $\int \frac{\sqrt{x}}{\sqrt{x}-1}dx$.

子项目 5.4　分部积分法

前面介绍的不定积分的直接积分法和换元积分法,已能计算很多函数的不定积分.但有些看似很简单的积分,如 $\int x\ln x\,dx$、$\int x e^x\,dx$、$\int \arctan x\,dx$ 等,用前面的方法却难以求解.解决此类积分,需要用到一个与乘积的微分法则相对应的积分法 —— 分部积分法.

设函数 $u=u(x)$, $v=v(x)$ 具有连续函数,根据乘积的求导法则

$$(uv)'=u'v+uv',$$

即

$$uv'=(uv)'-u'v,$$

对上式两边积分,可得

$$\int uv'\,dx=uv-\int u'v\,dx \text{ 或} \int u\,dv=uv-\int v\,du,$$

上式称为不定积分的分部积分公式.

注意:分部积分公式是把一个积分变为另一个易计算的积分,所以

(1) 被积函数中 u 和 $\mathrm{d}v$ 的选择是关键,以由v' 易求 v 为原则;

(2) 分部后右边的积分$\int v\mathrm{d}u$ 以容易计算为原则.

例 24　求不定积分$\int x\ln x\,\mathrm{d}x$.

解:　根据 u 和 $\mathrm{d}v$ 选择的原则,令 $u=\ln x$, $\mathrm{d}v=x\,\mathrm{d}x$,则 $\mathrm{d}u=\frac{1}{x}\mathrm{d}x$, $v=\frac{1}{2}x^2$,根据分部积分公式,有

$$\int x\ln x\,\mathrm{d}x=\ln x\cdot\frac{1}{2}x^2-\int\frac{1}{2}x^2\cdot\frac{1}{x}\mathrm{d}x=\frac{1}{2}x^2\ln x-\frac{1}{2}\int x\,\mathrm{d}x=\frac{1}{2}x^2\ln x-\frac{1}{4}x^2+C.$$

例 25　求不定积分$\int x\cos x\,\mathrm{d}x$.

解:　根据 u 和 $\mathrm{d}v$ 选择的原则,令 $u=x$, $\mathrm{d}v=\cos x\,\mathrm{d}x$,则 $\mathrm{d}u=\mathrm{d}x$, $v=\sin x$,根据分部积分公式,有

$$\int x\cos x\,\mathrm{d}x=x\sin x-\int\sin x\,\mathrm{d}x=x\sin x+\cos x+C.$$

例 26　求不定积分$\int\ln x\,\mathrm{d}x$.

解:　根据 u 和 $\mathrm{d}v$ 选择的原则,令 $u=\ln x$, $\mathrm{d}v=\mathrm{d}x$,则 $\mathrm{d}u=\frac{1}{x}\mathrm{d}x$, $v=x$,根据分部积分公式,有

$$\int\ln x\,\mathrm{d}x=x\ln x-\int x\cdot\frac{1}{x}\mathrm{d}x=x\ln x-x+C.$$

例 27　求不定积分$\int\mathrm{e}^x\sin x\,\mathrm{d}x$.

解:　根据 u 和 $\mathrm{d}v$ 选择的原则,令 $u=\sin x$, $\mathrm{d}v=\mathrm{e}^x\,\mathrm{d}x$,则 $\mathrm{d}u=\cos x\,\mathrm{d}x$, $v=\mathrm{e}^x$,根据分部积分公式,有

$$\int\mathrm{e}^x\sin x\,\mathrm{d}x=\mathrm{e}^x\sin x-\int\mathrm{e}^x\cos x\,\mathrm{d}x.$$

而$\int\mathrm{e}^x\cos x\,\mathrm{d}x=\mathrm{e}^x\cos x+\int\mathrm{e}^x\sin x\,\mathrm{d}x$,可得

$$\int\mathrm{e}^x\sin x\,\mathrm{d}x=\mathrm{e}^x\sin x-\left(\mathrm{e}^x\cos x+\int\mathrm{e}^x\sin x\,\mathrm{d}x\right)=\mathrm{e}^x\sin x-\mathrm{e}^x\cos x-\int\mathrm{e}^x\sin x\,\mathrm{d}x.$$

右边出现了与左边相同的积分,移项得

$$2\int\mathrm{e}^x\sin x\,\mathrm{d}x=\mathrm{e}^x(\sin x-\cos x),$$

$$\int\mathrm{e}^x\sin x\,\mathrm{d}x=\frac{1}{2}\mathrm{e}^x(\sin x-\cos x)+C.$$

例 28　求不定积分$\int\mathrm{e}^{\sqrt{x}}\,\mathrm{d}x$.

解:　设$\sqrt{x}=t$,则 $x=t^2$, $\mathrm{d}x=2t\,\mathrm{d}t$,可得

$$\int e^{\sqrt{x}}\,dx=\int e^t\cdot 2t\,dt=2\int te^t\,dt.$$

根据 u 和 dv 选择的原则，令 $u=t$，$dv=e^t dt$，则 $du=dt$，$v=e^t$，根据分部积分公式，有

$$2\int te^t\,dt=2\left(te^t-\int e^t\,dt\right)=2(te^t-e^t)+C.$$

回代变量得

$$\int e^{\sqrt{x}}\,dx=2e^{\sqrt{x}}(\sqrt{x}-1)+C.$$

例 29 求不定积分$\int\dfrac{xe^x}{\sqrt{e^x-1}}dx$.

解： 设$\sqrt{e^x-1}=t$，则 $e^x=1+t^2$，$x=\ln(1+t^2)$，$dx=\dfrac{2t}{1+t^2}dt$，可得

$$\int\frac{xe^x}{\sqrt{e^x-1}}dx=\int\frac{\ln(1+t^2)\cdot(1+t^2)}{t}\cdot\frac{2t}{1+t^2}dt=2\int\ln(1+t^2)\,dt.$$

根据 u 和 dv 选择的原则，令 $u=\ln(1+t^2)$，$dv=dt$，则 $du=\dfrac{2t}{1+t^2}dt$，$v=t$，根据分部积分公式，有

$$\begin{aligned}2\int\ln(1+t^2)\,dt&=2t\ln(1+t^2)-4\int\frac{t^2}{1+t^2}dt=2t\ln(1+t^2)-4\int\frac{1+t^2-1}{1+t^2}dt\\&=2t\ln(1+t^2)-4\int\left(1-\frac{1}{1+t^2}\right)dt=2t\ln(1+t^2)-4t+4\arctan t+C.\end{aligned}$$

回代变量得

$$\begin{aligned}\int\frac{xe^x}{\sqrt{e^x-1}}dx&=2\sqrt{e^x-1}\ln(e^x)-4\sqrt{e^x-1}+4\arctan\sqrt{e^x-1}+C\\&=2x\sqrt{e^x-1}-4\sqrt{e^x-1}+4\arctan\sqrt{e^x-1}+C.\end{aligned}$$

同步练习 5.4

1. 求下列不定积分.

(1)$\int x\sin x\,dx$；　　(2)$\int x\cos 2x\,dx$；　　(3)$\int x^2e^x\,dx$；

(4)$\int e^x\cos x\,dx$；　　(5)$\int\cos\sqrt{x}\,dx$；　　(6)$\int xe^{-x}\,dx$.

2. 设 e^x 是函数 $f(x)$ 的一个原函数，求$\int xf'(x)\,dx$.

复习题 5

一、填空题.

1. 已知一个函数 $F(x)$ 的导函数为$\dfrac{1}{\sqrt{1-x^2}}$，且当 $x=1$ 时函数值为$\dfrac{3}{2}\pi$，则此函数为________.

2. 如果 e^{-x} 是函数 $f(x)$ 的一个原函数，则 $\int f(x)dx=$__________.

3. 经过点(1,2)，且其切线的斜率为 $2x$ 的曲线方程为__________.

4. 已知 $f'(x)=2x+1$，且 $x=1$ 时 $y=2$，则 $f(x)=$__________.

5. 若 $\int xf(x)dx=x\sin x-\int \sin x dx$，则 $f(x)=$__________.

6. 不定积分 $\int (x-2)^2 dx=$__________.

7. 不定积分 $\int\left(1-\frac{1}{x^2}\sqrt{x\sqrt{x}}\right)dx=$__________.

8. 设 $f(x)=\frac{1}{x}$，则 $\int f'(x)dx=$__________.

9. 不定积分 $\int(10^x+3\sin x-\sqrt{x})dx=$__________.

10. 不定积分 $\int\left(1-x+x^3-\frac{1}{\sqrt[3]{x^2}}\right)dx=$__________.

11. $dx=(\quad)d(4x)$.

12. $dx=(\quad)d(1-3x)$.

13. $dx=(\quad)d(x^2)$.

14. $xdx=(\quad)d(2+2x^2)$.

15. $\frac{1}{x}dx=(\quad)d(2\ln x)$.

16. $\sin 2x dx=(\quad)d\cos 2x$.

17. $\frac{1}{\sqrt{1+x}}dx=(\quad)d\sqrt{1+x}$.

18. $e^{-\frac{1}{3}x}dx=(\quad)d(e^{-\frac{1}{3}x})$.

二、选择题.

1. 若 $f(x)$ 为可导、可积函数，则(　　).

A. $\left[\int f(x)dx\right]'=f(x)$　　B. $d\left[\int f(x)dx\right]=f(x)$

C. $\int f'(x)dx=f(x)$　　D. $\int df(x)=f(x)$

2. 设 $f(x)=\frac{1}{1-x^2}$，则 $f(x)$ 的一个原函数为(　　).

A. $\arcsin x$　　B. $\arctan x$　　C. $\frac{1}{2}\ln\left(\frac{1-x}{1+x}\right)$　　D. $\frac{1}{2}\ln\left(\frac{1+x}{1-x}\right)$

3. 若 $F(x)$ 是 $f(x)$ 的原函数，则(　　)也是 $f(x)$ 的原函数.

A. $F(x)+2$　　B. $F(x-2)$　　C. $2F(x)$　　D. $F(2x)$

4. 下列等式正确的是(　　).

A. $d\int f(x)dx=f(x)$　　B. $\int df(x)dx=f(x)dx$

C. $\int f'(x)\,\mathrm{d}x = f(x)+C$　　D. $\frac{\mathrm{d}}{\mathrm{d}x}\int f(x)\,\mathrm{d}x = f(x)+C$

5. 设 $\int f(x)\,\mathrm{d}x = \frac{3}{4}\ln\sin 4x + C$，则 $f(x)=$（　　）.

A. $\cot 4x$　　B. $-\cot 4x$　　C. $3\cos 4x$　　D. $3\cot 4x$

6. 设 $I=\int \frac{\mathrm{e}^x-1}{\mathrm{e}^x+1}\mathrm{d}x$，则 $I=$（　　）.

A. $\ln(\mathrm{e}^x-1)+C$　　B. $\ln(\mathrm{e}^x+1)+C$

C. $2\ln(\mathrm{e}^x+1)-x+C$　　D. $x-3x\ln(\mathrm{e}^x+1)+C$

7. $\int\left(1+\frac{1}{\sin^2 x}\right)\cos x\,\mathrm{d}x=$（　　）.

A. $x-\frac{1}{\sin x}+C$　　B. $x+\frac{1}{\sin x}+C$　　C. $\sin x-\frac{1}{\sin x}+C$　　D. $\sin x+\frac{1}{\sin x}+C$

8. 如果 $f(x)=x+\sqrt{x}$，则 $\int f'(x)\,\mathrm{d}x=$（　　）.

A. $x+\sqrt{x}$　　B. $1+\frac{1}{2\sqrt{x}}$　　C. $x+\sqrt{x}+C$　　D. $1+\frac{1}{2\sqrt{x}}+C$

9. 设 $f(x)=k\tan 2x$ 的一个原函数是 $\frac{2}{3}\ln(\cos 2x)$，则常数 $k=$（　　）.

A. $-\frac{2}{3}$　　B. $\frac{2}{3}$　　C. $-\frac{4}{3}$　　D. $\frac{4}{3}$

10. 下列函数中，不是 $\mathrm{e}^{2x}-\mathrm{e}^{-2x}$ 的原函数的是（　　）.

A. $\frac{1}{2}(\mathrm{e}^{2x}+\mathrm{e}^{-2x})$　　B. $\frac{1}{2}(\mathrm{e}^{x}+\mathrm{e}^{-x})^2$　　C. $\frac{1}{2}(\mathrm{e}^{x}-\mathrm{e}^{-x})^2$　　D. $2(\mathrm{e}^{2x}-\mathrm{e}^{-2x})$

三、求下列不定积分.

1. $\int(5x-2\sqrt{x}+\sqrt[4]{x})\,\mathrm{d}x$；　　2. $\int(3x^2+2^x)\,\mathrm{d}x$；

3. $\int\frac{x^2+x+\sqrt{x}-2}{x}\mathrm{d}x$；　　4. $\int\cos(3x+4)\,\mathrm{d}x$；

5. $\int(3x+2)^{\frac{3}{2}}\,\mathrm{d}x$；　　6. $\int\frac{\mathrm{e}^{\frac{1}{x}}}{x^2}\mathrm{d}x$；

7. $\int(x-1)\mathrm{e}^x\,\mathrm{d}x$；　　8. $\int x^2\ln x\,\mathrm{d}x$；

9. $\int\frac{1}{x^2-x-6}\mathrm{d}x$；　　10. $\int\frac{x}{x^2+1}\mathrm{d}x$；

11. $\int(1+\mathrm{e}^x)^2\mathrm{e}^x\,\mathrm{d}x$；　　12. $\int\frac{\ln^3 x}{x}\mathrm{d}x$；

13. $\int\frac{x+1}{\sqrt{x}}\mathrm{d}x$；　　14. $\int\frac{1}{x^2-a^2}\mathrm{d}x$；

15. $\int\frac{1}{x^2}\cos\frac{1}{x}\mathrm{d}x$；　　16. $\int\sin^3 x\,\mathrm{d}x$；

17. $\int \frac{\arctan x}{1+x^2}dx$；

18. $\int e^{3\cos x}\sin x\,dx$；

19. $\int \ln(1+x^2)\,dx$；

20. $\int \frac{1}{1+\sqrt{x}}dx$.

四、应用题.

1. 已知生产某商品 x 单位时，边际收益函数为 $R'(x)=100-\frac{x}{20}$（元/单位），求生产 x 单位时总收益 $R(x)$ 以及平均单位收益 $\overline{R}(x)$，并求生产这种产品1000单位时的总收益和平均单位收益.

2. 设生产某产品 x 单位的总成本 C 是 x 的函数 $C(x)$，固定成本（即 $C(0)$）为20元，边际成本函数为 $C'(x)=2x+10$（元/单位），求总成本函数.

项目六

定积分

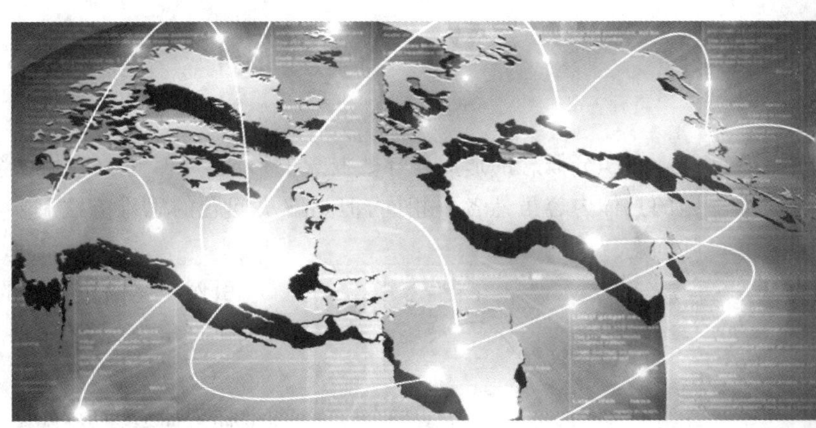

JINGJI
SHUXUE

学习目标

1. 知识目标

- 理解定积分的概念和几何意义；
- 理解定积分的性质；
- 掌握定积分的计算；
- 理解定积分在经济中的应用.

2. 技能目标

- 能运用牛顿 - 莱布尼茨公式进行运算；
- 能运用定积分求解简单的经济问题.

定积分和不定积分是积分学中密切相关的两个基本概念，定积分在经济领域中有着广泛的应用.本项目将从实例出发引出定积分的概念，并介绍定积分的性质及其计算方法，最后讨论定积分在经济学上的一些简单应用.

子项目 6.1　定积分的概念

定积分概念的形成与导数概念的形成一样，也是在解决实际问题的过程中引出的.这些问题的具体内容虽然各不相同，但是解决问题的思维方法和步骤是完全一样的.下面分析几个实际问题.

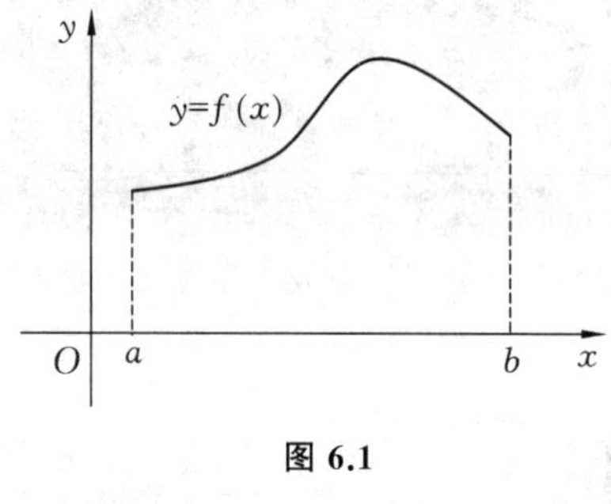

图 6.1

引例 1　曲边梯形的面积.

在直角坐标系中，由闭区间$[a,b]$上的连续曲线 $y=f(x)$ $(f(x)\geqslant 0)$，直线 $x=a$，$x=b$ 及 x 轴所围成的平面图形称为曲边梯形，如图 6.1 所示.

分析：由于曲边梯形底边上各点处的高 $f(x)$ 在区间$[a,b]$上是变动的，所以不能利用求直边梯形面积的公式求出曲边梯形的面积.

为了计算曲边梯形的面积，可以先将曲边梯形分割成若干个小曲边梯形，每个小曲边梯形的面积用一个与它同底，高为底上某点的函数值的小矩形的面积来近似代替；这样，所有这些小矩形面积之和可以近似代替曲边梯形的面积.分割得越细，近似的程度就越好，当无限细分时，所有小矩形面积之和的极限定义为曲边梯形的面积.曲边梯形的面积 A 具体求法如下：

(1) 分割.

用分点 $a=x_0<x_1<x_2<\cdots<x_{n-1}<x_n=b$，把区间$[a,b]$分成 n 个小区间：

$$[x_0,x_1],\ [x_1,x_2],\cdots,[x_{i-1},x_i],\cdots,\ [x_{n-1},x_n].$$

其中第 i 个小区间长度为 $\Delta x_i=x_i-x_{i-1}$，过每一分点 $x_i(i=1,2,\cdots,n-1)$ 作 x 轴的垂线，把原曲边梯形分成 n 个小曲边梯形，其中第 i 个小曲边梯形的面积记为 ΔA_i，原曲边梯形的面积 A 等于 n 个小曲边梯形的面积之和

$$A=\sum_{i=1}^{n}\Delta A_i.$$

(2) 取近似.

在每一小区间 $[x_{i-1},x_i]$ 内任取一点 $\xi_i(i=1,2,\cdots,n)$，以 Δx_i 为底边，$f(\xi_i)$ 为高作小矩形，其面积为 $f(\xi_i)\Delta x_i(i=1,2,\cdots,n)$，当 Δx_i 很小时，$\Delta A_i\approx f(\xi_i)\Delta x_i$.(见图 6.2)

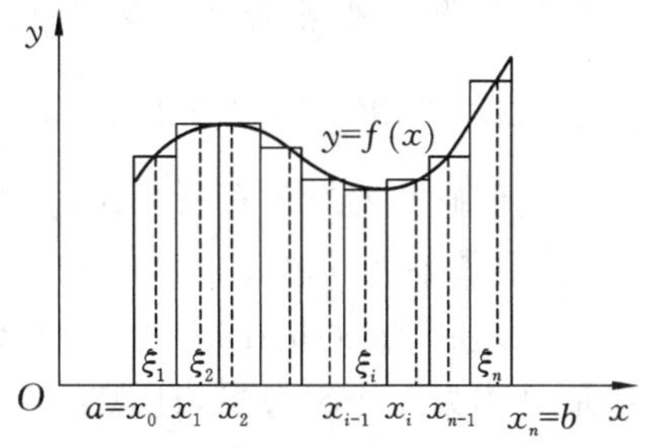

图 6.2

(3) 求和.

把这 n 个小曲边梯形的面积的近似值加起来，便得到原曲边梯形的面积近似值，即

$$A=\sum_{i=1}^{n}f(\xi_i)\ \Delta x_i.$$

(4) 取极限.

设 $\lambda=\max\limits_{1\leqslant i\leqslant n}\{\Delta x_i\}$，则当分点个数无限增多时，即 $n\to\infty$，且 $\lambda\to 0$ 时，所有小区间的长度 $\Delta x_i(i=1,2,\cdots,n)$ 就会无限减小，从而 $\sum\limits_{i=1}^{n}f(\xi_i)\Delta x_i$ 就无限接近于 A. 由极限的定义得 $\lim\limits_{\lambda\to 0}\sum\limits_{i=1}^{n}f(\xi_i)\Delta x_i$ 就是原曲边梯形的面积，即

$$A=\lim_{\lambda\to 0}\sum_{i=1}^{n}f(\xi_i)\Delta x_i.$$

引例 2 生产速度变化的总产量.

设某产品产量的变化率为 $q'=q(t)$，它是关于时间 t 的函数，求在连续生产的情况下，t 从 T_1 到 T_2 这段时间的总产量.

分析：(1) 分割.

在时间区间 $[T_1,T_2]$ 中插入 $n-1$ 个分点：

$$T_1=t_0<t_1<\cdots<t_{i-1}<t_i<\cdots<t_n=T_2.$$

把 $[T_1,T_2]$ 分成 n 个区间

$$[t_0,t_1],\ [t_1,t_2],\cdots,\ [t_{i-1},t_i],\cdots,\ [t_{n-1},t_n],$$

记为 $[t_{i-1},t_i]$，$i=1,2,\cdots,n$.

(2) 取近似.

假设在每个小时间段 $\Delta t_i=t_i-t_{i-1}$ 内，生产率是均匀的，在每个小区间 $[t_{i-1},t_i]$ 上任取一点 ξ_i，$q(\xi_i)$ 作为这段时间的均匀变化率，于是得到 Δt_i 时间段的生产量是 Δq_i 的近似值：

$$\Delta q_i\approx q(\xi_i)\Delta t_i.$$

(3) 求和.

把 n 个时间段的近似产量加起来，就得到总产量 q 的近似值：

$$q=\sum_{i=1}^{n}\Delta q_i\approx\sum_{i=1}^{n}q(\xi_i)\Delta t_i.$$

(4) 取极限.

设 $\lambda=\max\limits_{1\leqslant i\leqslant n}\{\Delta t_i\}$，则 $\lim\limits_{\lambda\to 0}\sum\limits_{i=1}^{n}q(\xi_i)\Delta t_i$ 就是总产量 q 的精确值，即

$$q=\lim_{\lambda\to 0}\sum_{i=1}^{n}q(\xi_i)\Delta t_i.$$

小结:上述两个引例一个是几何问题,一个是生产问题,但从数学的角度来考察,所要解决的数学问题相同:求与某个变化范围内的变量有关的总量问题.其数学结构也相同:求 n 个乘积 $f(\xi_i)\Delta x_i$ 之和 $\sum\limits_{i=1}^{n}f(\xi_i)\Delta x_i$,当 $\lambda=\max\{\Delta x_i\}\to 0$ 时的极限.

它们研究的对象有三个共同的特点:

(1) 都有一个在某一区间上连续的函数;

(2) 所研究的量在这一区间上具有可加性,即区间被分为 n 个小区间时,所研究的量也被相应地分割为 n 个部分量,且总量等于部分量之和;

(3) 在每一小区间上都可确定相应的部分量的近似值.

6.1.1 定积分的概念

定义 6-1 设函数 $f(x)$ 在区间 $[a,b]$ 上有定义,在区间 $[a,b]$ 上插入 $n-1$ 个分点 $a=x_0<x_1<x_2<\cdots<x_{i-1}<x_i<\cdots<x_n=b$,将区间 $[a,b]$ 任意分成 n 个子区间

$$[x_0,x_1],\ [x_1,x_2],\cdots,\ [x_{n-1},x_n],$$

这些子区间的长度记为 $\Delta x_i=x_i-x_{i-1}(i=1,2,\cdots,n)$.

在每个子区间 $[x_{i-1},x_i]$ 上任取一点 $\xi_i\,(x_{i-1}\leqslant\xi_i\leqslant x_i)$,得相应的函数值 $f(\xi_i)$,作 n 个乘积 $f(\xi_i)\Delta x_i(i=1,2,\cdots,n)$,把所有这些乘积加起来,得和式

$$\sum_{i=1}^{n}f(\xi_i)\Delta x_i.$$

如果当最大子区间长度 $\lambda=\max\{\Delta x_i\}\to 0$ 时,和式 $\sum\limits_{i=1}^{n}f(\xi_i)\Delta x_i$ 的极限存在,并且极限值与区间 $[a,b]$ 的分法以及 ξ_i 的取法无关,则该极限值称为函数 $f(x)$ 在区间 $[a,b]$ 上的定积分,记作 $\int_a^b f(x)\mathrm{d}x$,即

$$\int_a^b f(x)\mathrm{d}x=\lim_{\lambda\to 0}\sum_{i=1}^{n}f(\xi_i)\Delta x_i.$$

其中 $f(x)$ 称为被积函数, $f(x)\mathrm{d}x$ 称为被积表达式, x 称为积分变量, $[a,b]$ 称为积分区间, a 称为积分下限, b 称为积分上限.

有了定积分的概念,前面两个引例可以分别表述为:

曲边梯形的面积 A 是曲线 $y=f(x)(f(x)\geqslant 0)$ 在区间 $[a,b]$ 上的定积分,即

$$A=\int_a^b f(x)\mathrm{d}x.$$

生产速度变化的总产量,就是生产变化率 $q(t)$ 在时间区间 $[T_1,T_2]$ 上的定积分,即

$$q=\int_{T_1}^{T_2}q(t)\mathrm{d}t.$$

说明:

(1) 定积分为一个确定的常数,其值与被积函数、积分区间有关,而与积分常量所采用的符号无关,即

$$\int_a^b f(x)\mathrm{d}x=\int_a^b f(u)\mathrm{d}u=\int_a^b f(t)\mathrm{d}t.$$

(2) 在定积分的定义中，如果 $b<a$，规定

$$\int_a^b f(x)\mathrm{d}x=-\int_b^a f(x)\mathrm{d}x.$$

即互换定积分的上限、下限，定积分要变号.

特殊地，当 $a=b$ 时，规定

$$\int_a^b f(x)\mathrm{d}x=0.$$

6.1.2　定积分的几何意义

由前面的讨论可以得到以下的几何解释.

(1) 如图 6.3 所示，当 $f(x)\geqslant 0$ 时，定积分的几何意义是以曲线 $y=f(x)$，直线 $x=a$，$x=b$ 及 x 轴为边的曲边梯形的面积 $A=\int_a^b f(x)\mathrm{d}x$.

(2) 如图 6.4 所示，如果 $f(x)<0$，曲边梯形在 x 轴下方，$f(\xi_i)<0$，则和式 $\sum\limits_{i=1}^{n} f(\xi_i)\Delta x_i$ 的极限满足

$$\int_a^b f(x)\mathrm{d}x=\lim_{\Delta x\to 0}\sum_{i=1}^{n} f(\xi_i)\Delta x_i<0,$$

此时定积分的几何意义就是在 x 轴下方的曲边梯形面积的相反数，即

$$\int_a^b f(x)\mathrm{d}x=-A.$$

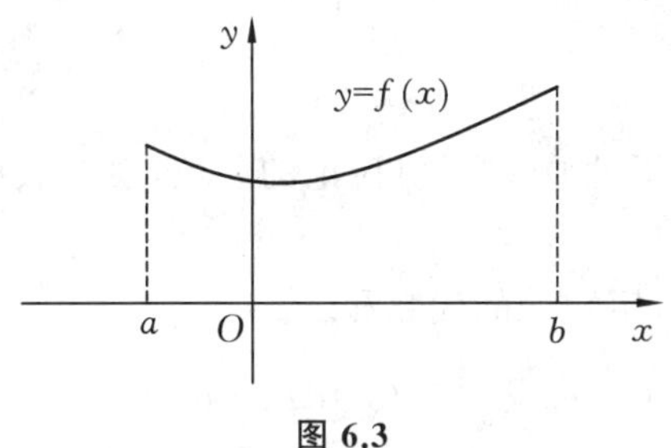

图 6.3

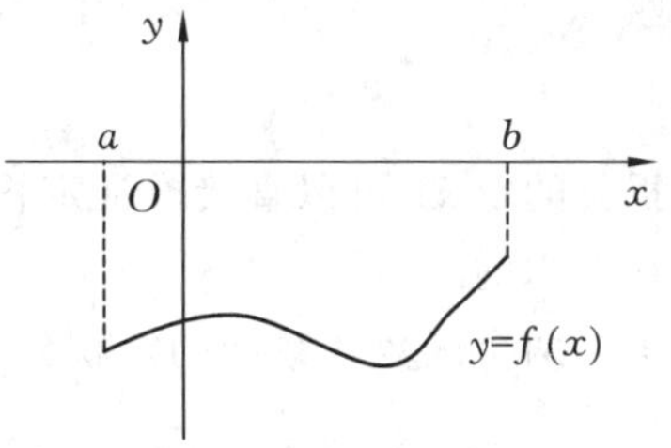

图 6.4

(3) 如图 6.5 所示，当 $f(x)$ 在区间 $[a,b]$ 上有正有负时，定积分 $\int_a^b f(x)\mathrm{d}x$ 表示在 x 轴上方部分面积的取值与 x 轴下方部分面积的相反数之和，即

$$\int_a^b f(x)\mathrm{d}x=A_1+A_2-A_3.$$

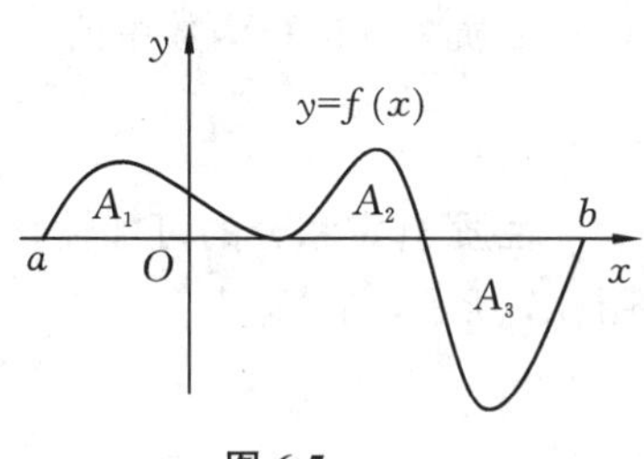

图 6.5

例 1　根据定积分的几何意义，求解 $\int_0^1 \sqrt{1-x^2}\,\mathrm{d}x$.

解：　根据图 6.6 所示，可知这是一个由 $x=0$，$x=1$，$y=\sqrt{1-x^2}$ 以及 x 轴围成的 $\frac{1}{4}$ 圆面积.所以

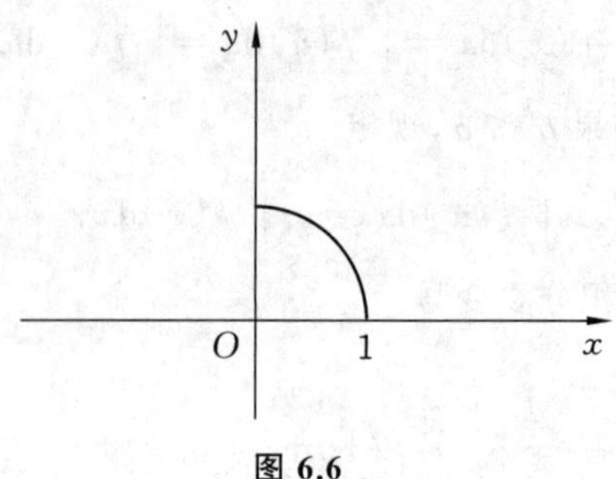

图 6.6

$$\int_0^1 \sqrt{1-x^2}\,dx = \frac{1}{4}\pi \cdot 1^2 = \frac{1}{4}\pi.$$

同步练习 6.1

1. 用定积分表示由曲线 $y=x^2$，直线 $x=1$，$x=2$ 和 x 轴围成的曲边梯形的面积.
2. 根据定积分的几何意义推出下列积分的值.

(1) $\int_{-1}^{1} x\,dx$；　　(2) $\int_{-R}^{R} \sqrt{R^2-x^2}\,dx$；

(3) $\int_{0}^{2\pi} \cos x\,dx$；　　(4) $\int_{-1}^{1} |x|\,dx$；

(5) $\int_{0}^{4} (2x-5)\,dx$；　　(6) $\int_{0}^{1} e^x\,dx$.

子项目 6.2　定积分的性质

由定积分的定义，可以直接推证定积分具有以下性质.以下所讨论的函数，总是假设在给定的区间上是可积的.

性质 1　两个函数代数和的定积分等于各函数定积分的代数和.

$$\int_a^b [f(x) \pm g(x)]\,dx = \int_a^b f(x)\,dx \pm \int_a^b g(x)\,dx.$$

性质 1 可以推广到任意有限多个函数代数和的情况.

性质 2　被积函数中的常数因子可以提到定积分号前，即

$$\int_a^b kf(x)\,dx = k\int_a^b f(x)\,dx.$$

性质 3(定积分的可加性)　如果定积分区间$[a,b]$被点 c 分成两个区间$[a,c]$和$[c,b]$，如图 6.7 所示，则

$$\int_a^b f(x)\,dx = \int_a^c f(x)\,dx + \int_c^b f(x)\,dx.$$

性质 3 被称为定积分关于积分区间的可加性.需注意的是，c 不介于$[a,b]$之间时，结论仍然成立.

性质 4　如果被积函数在区间$[a,b]$上 $f(x)=1$，如图 6.8 所示，则

$$\int_a^b 1\,dx = \int_a^b dx = b-a.$$

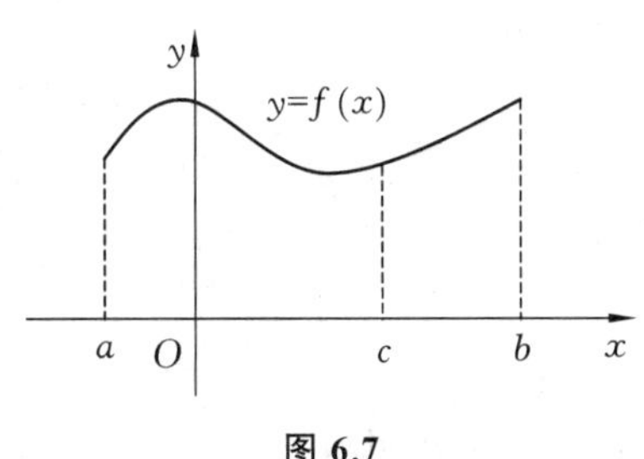

图 6.7

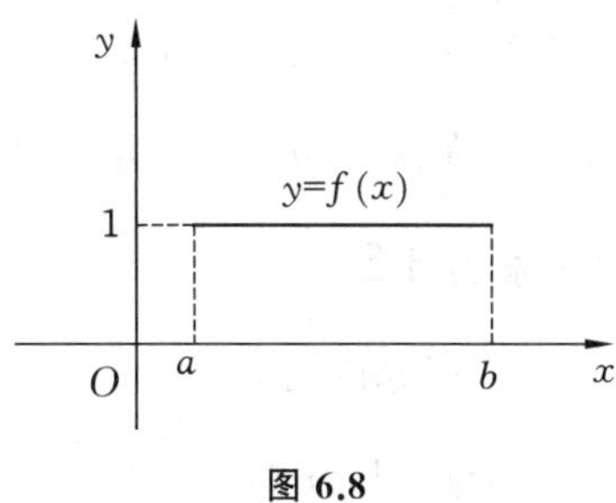

图 6.8

性质 5　如果被积函数在区间$[a,b]$上恒有 $f(x)\leqslant g(x)$，如图 6.9 所示，那么

$$\int_a^b f(x)\mathrm{d}x \leqslant \int_a^b g(x)\mathrm{d}x.$$

性质 6(估值定理)　如果被积函数 $f(x)$ 在区间$[a,b]$上有最大值 M 和最小值 m，如图 6.10 所示，那么

$$m(b-a)\leqslant \int_a^b f(x)\mathrm{d}x \leqslant M(b-a).$$

这一性质的几何意义是：由曲线 $y=f(x)$，x 轴和直线 $x=a$，$x=b$ 所围成的曲边梯形的面积介于以区间$[a,b]$的长度为底，分别以 m 和 M 为高的两个矩形面积之间.

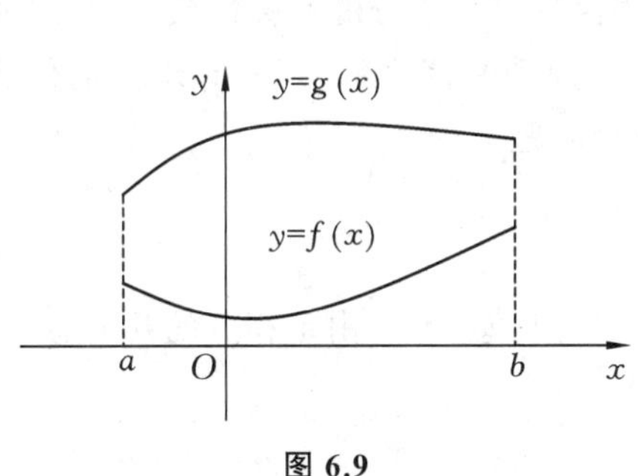

图 6.9

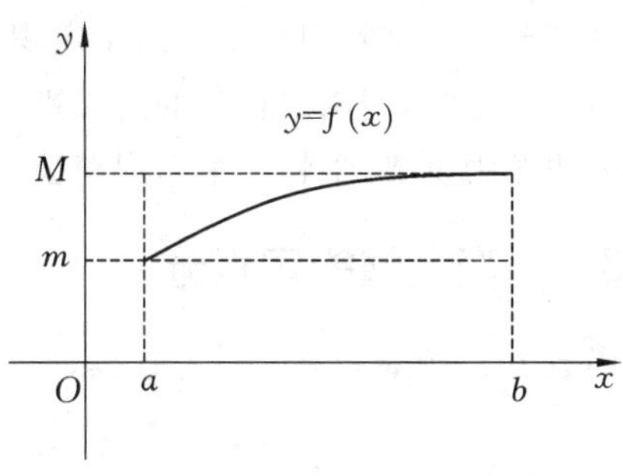

图 6.10

例 2　估计$\int_{-1}^{2}(x^2-1)\mathrm{d}x$ 的值.

解：　先求 $f(x)=x^2-1$ 在$[-1,2]$上的最大值和最小值.

$f'(x)=2x$，令 $f'(x)=0$，得驻点 $x=0$，比较 $f(x)$ 在驻点及区间端点处的函数值，$f(0)=-1$，$f(-1)=0$，$f(2)=3$，故最大值 $M=3$，最小值 $m=-1$.

由估值定理得 $-1\leqslant \int_{-1}^{2}(x^2-1)\mathrm{d}x \leqslant 3$.

性质 7(积分中值定理)　如果函数 $f(x)$ 在区间$[a,b]$上连续，则在$[a,b]$上至少存在一点，使得

$$\int_a^b f(x)\mathrm{d}x = f(\xi)(b-a), \xi \in [a,b].$$

该性质的几何意义是：由曲线 $y=f(x)$，x 轴和直线 $x=a$，$x=b$ 所围成的曲边梯形面积等于区间$[a,b]$上某个矩形的面积，这个矩形的底是区间$[a,b]$，其高为区间$[a,b]$内某一点 ξ 处的函数值 $f(\xi)$，如图 6.11 所示.

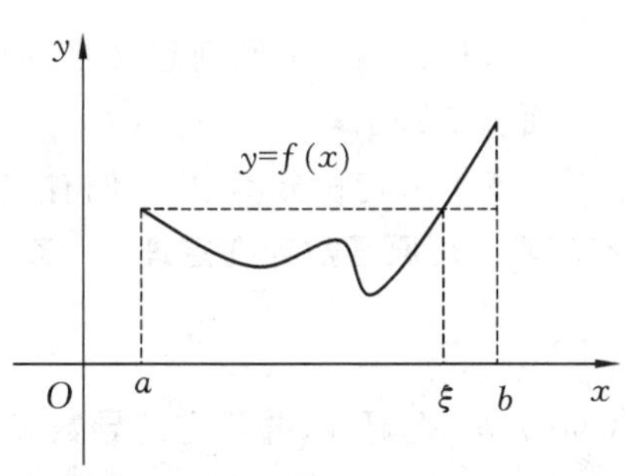

图 6.11

由性质 7 可得
$$f(\xi)=\frac{1}{(b-a)}\int_a^b f(x)\mathrm{d}x,$$
它称为函数 $f(x)$ 在区间$[a,b]$上的平均值.

同步练习 6.2

1. 比较下列定积分值的大小.

(1) $\int_1^2 \ln x\,\mathrm{d}x$ 与 $\int_1^2 \ln^3 x\,\mathrm{d}x$；　　(2) $\int_0^1 x\,\mathrm{d}x$ 与 $\int_0^1 x^4\,\mathrm{d}x$.

2. 已知 $\int_0^8 f(x)\mathrm{d}x=6$，$\int_0^4 f(x)\mathrm{d}x=2$，求 $\int_4^8 f(x)\mathrm{d}x$.

3. 利用定积分的有界性估计下列定积分的值.

(1) $\int_{-1}^1 (x^2+1)\,\mathrm{d}x$；　　(2) $\int_{-1}^1 \mathrm{e}^{-x^2}\,\mathrm{d}x$.

子项目 6.3　微积分基本定理

前两节分别从实际问题中引出了定积分的概念并讨论了定积分的有关性质，但在应用定积分解决实际问题时，利用定积分的定义进行计算是十分烦琐和困难的，因此寻求更简便的定积分计算方法尤为重要，牛顿 - 莱布尼茨公式解决了这个问题.

6.3.1　变上限的定积分

设函数 $f(t)$ 在区间$[a,b]$上连续，x 为区间$[a,b]$上任意一点，由定积分的几何意义可知，定积分
$$\int_a^x f(t)\mathrm{d}t$$
表示的是图 6.12 所示阴影部分的面积. 随着积分上限 x 在区间$[a,b]$内的变化，定积分 $\int_a^x f(t)\mathrm{d}t$ 都有唯一确定的值与 x 相对应，所以 $\int_a^x f(t)\mathrm{d}t$ 是 x 的函数，称它为变上限积分函数或变上限积分，记作
$$\Phi(x)=\int_a^x f(t)\mathrm{d}t \quad x\in[a,b].$$

变上限积分函数的几何意义是：如果 $f(x)>0$，对于$[a,b]$上任意 x，都对应唯一一个曲边梯形的面积 $\Phi(x)$.

对于变上限定积分函数，我们有如下定理.

定理 6-1(原函数存在定理)　若函数 $f(x)$ 在区间$[a,b]$上连续，则变上限定积分函数
$$\Phi(x)=\int_a^x f(t)\mathrm{d}t$$
在区间$[a,b]$上可导，并且它的导数等于被积函数在上限 x 处的值，即
$$\Phi'(x)=\left[\int_a^x f(t)\mathrm{d}t\right]'=f(x).$$

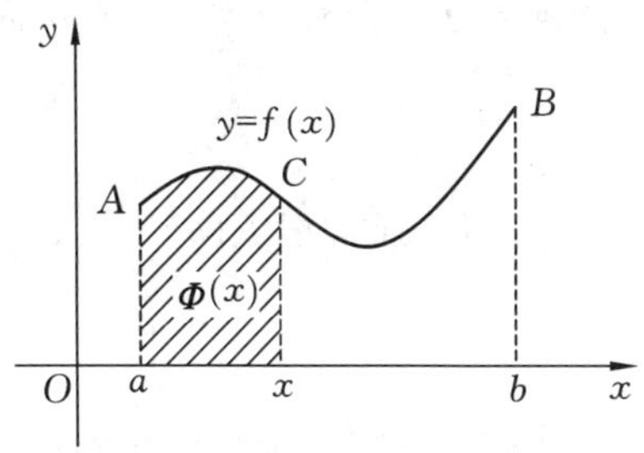

图 6.12

由定理 6-1 可知，如果函数 $f(x)$ 在区间$[a,b]$上连续，则变上限定积分函数 $\Phi(x)=\int_a^x f(t)\mathrm{d}t$ 就是函数在区间$[a,b]$上的一个原函数，所以此定理称为原函数存在定理.

例 3　计算$\frac{\mathrm{d}}{\mathrm{d}x}\int_0^x \mathrm{e}^{5t}\mathrm{d}t$.

解：　由定理 6-1 可得：

$$\frac{\mathrm{d}}{\mathrm{d}x}\int_0^x \mathrm{e}^{5t}\mathrm{d}t=\left[\int_0^x \mathrm{e}^{5t}\mathrm{d}t\right]'=\mathrm{e}^{5x}.$$

例 4　已知 $\Phi(x)=\int_0^x \mathrm{e}^{-t}\cos t\,\mathrm{d}t$，求 $\Phi'(x)$.

解：　由定理 6-1 可得：

$$\Phi'(x)=\left[\int_0^x \mathrm{e}^{-t}\cos t\,\mathrm{d}t\right]'=\mathrm{e}^{-x}\cos x.$$

例 5　计算$\frac{\mathrm{d}}{\mathrm{d}x}\int_0^{x^2}\sin t\,\mathrm{d}t$.

解：　这是变上限定积分，上限变量是 x^2.

设 $u=x^2$，则

$$\int_0^{x^2}\sin t\,\mathrm{d}t=\int_0^u \sin t\,\mathrm{d}t=P(u).$$

由此可知，$\int_0^{x^2}\sin t\,\mathrm{d}t=\int_0^u \sin t\,\mathrm{d}t=P(u)$ 是复合函数，利用复合函数求导公式得

$$\frac{\mathrm{d}y}{\mathrm{d}x}=\frac{\mathrm{d}}{\mathrm{d}x}[P(u)]=P'(u)\frac{\mathrm{d}u}{\mathrm{d}x}=\frac{\mathrm{d}}{\mathrm{d}u}\left[\int_0^u \sin t\,\mathrm{d}t\right]\cdot\frac{\mathrm{d}}{\mathrm{d}x}(x^2)=\sin u\cdot 2x=2x\sin x^2.$$

注：一般地，如果 $g(x)$ 可导，那么

$$\frac{\mathrm{d}}{\mathrm{d}x}\int_a^{g(x)}f(t)\mathrm{d}t=f[g(x)]\cdot g'(x).$$

在计算有关导数时，可把该结论作为公式使用.

例 6　已知 $\Phi(x)=\int_0^{x^3}\frac{1}{1+t^2}\mathrm{d}t$，求 $\Phi'(x)$.

解：　这是变上限定积分，上限变量是 x^3.

设 $u=x^3$，则

$$\begin{aligned}\Phi'(x)&=\frac{\mathrm{d}}{\mathrm{d}x}\int_0^{x^3}\frac{1}{1+t^2}\mathrm{d}t=\frac{\mathrm{d}}{\mathrm{d}u}\int_0^u\frac{1}{1+t^2}\mathrm{d}t\cdot\frac{\mathrm{d}u}{\mathrm{d}x}\\&=\frac{1}{1+u^2}\cdot(x^3)'=\frac{1}{1+(x^3)^2}\cdot 3x^2\\&=\frac{3x^2}{1+x^6}.\end{aligned}$$

6.3.2　微积分基本公式

接下来介绍微积分基本公式，它给出了用原函数计算定积分的方法.

定理 6-2 设函数 $f(x)$ 在区间 $[a,b]$ 上连续，$F(x)$ 是 $f(x)$ 的任一原函数，则

$$\int_a^b f(x)\mathrm{d}x = F(b) - F(a).$$

为了方便，通常把 $F(b)-F(a)$ 记作 $F(x)\Big|_a^b$，则

$$\int_a^b f(x)\mathrm{d}x = F(x)\Big|_a^b = F(b) - F(a).$$

上式称为牛顿 - 莱布尼茨公式，它也称为微积分基本公式.

这一公式揭示了定积分与被积函数的原函数或不定积分的关系，即可用此公式方便有效地计算定积分.要求函数 $f(x)$ 在区间 $[a,b]$ 上的定积分，只需求出 $f(x)$ 在区间 $[a,b]$ 上的一个原函数，并计算 $F(b)-F(a)$ 即可.

例 7 求定积分 $\int_0^2 x^3\mathrm{d}x$.

解： 因为 $\int x^3\mathrm{d}x = \frac{1}{4}x^4 + C$，所以 $\frac{1}{4}x^4$ 是 x^3 的一个原函数.根据牛顿 - 莱布尼茨公式可得

$$\int_0^2 x^3\mathrm{d}x = \frac{1}{4}x^4\Big|_0^2 = \frac{1}{4}(2^4 - 0^4) = 4.$$

例 8 求定积分 $\int_0^{\frac{\pi}{2}} \sin x\,\mathrm{d}x$.

解： 因为 $\int \sin x\,\mathrm{d}x = -\cos x + C$，所以 $-\cos x$ 是 $\sin x$ 的一个原函数.根据牛顿 - 莱布尼茨公式可得

$$\int_0^{\frac{\pi}{2}} \sin x\,\mathrm{d}x = -\cos x\Big|_0^{\frac{\pi}{2}} = -\left(\cos\frac{\pi}{2} - \cos 0\right) = 1.$$

例 9 求定积分 $\int_1^2 3^x\mathrm{e}^x\mathrm{d}x$.

解： 因为 $\int 3^x\mathrm{e}^x\mathrm{d}x = \int (3\mathrm{e})^x\mathrm{d}x = \frac{(3\mathrm{e})^x}{\ln 3\mathrm{e}} + C$，所以 $\frac{(3\mathrm{e})^x}{\ln 3\mathrm{e}}$ 是 $3^x\mathrm{e}^x$ 的一个原函数.根据牛顿 - 莱布尼茨公式可得

$$\int_1^2 3^x\mathrm{e}^x\mathrm{d}x = \frac{(3\mathrm{e})^x}{\ln 3\mathrm{e}}\Big|_1^2 = \frac{(3\mathrm{e})^2 - 3\mathrm{e}}{\ln 3 + 1}.$$

例 10 求定积分 $\int_{-1}^2 \sqrt{x^2}\,\mathrm{d}x$.

解： 因为 $\int \sqrt{x^2}\,\mathrm{d}x = \int |x|\,\mathrm{d}x$，当 $x \geqslant 0$ 时，$\sqrt{x^2} = x$，当 $x < 0$ 时，$\sqrt{x^2} = -x$，所以根据定积分的性质以及牛顿 - 莱布尼茨公式可得

$$\int_{-1}^2 \sqrt{x^2}\,\mathrm{d}x = \int_{-1}^0 (-x)\mathrm{d}x + \int_0^2 x\,\mathrm{d}x = -\frac{1}{2}x^2\Big|_{-1}^0 + \frac{1}{2}x^2\Big|_0^2 = \frac{1}{2} + \frac{4}{2} = \frac{5}{2}.$$

注：分段函数必须分段计算定积分.

例 11 求定积分 $\int_0^2 (x^2 + 2\mathrm{e}^x - 1)\,\mathrm{d}x$.

解： $\int_0^2 (x^2 + 2\mathrm{e}^x - 1)\,\mathrm{d}x = \int_0^2 x^2\mathrm{d}x + \int_0^2 2\mathrm{e}^x\mathrm{d}x - \int_0^2 1\mathrm{d}x$

$$=\frac{1}{3}x^3\Big|_0^2+2e^x\Big|_0^2-x\Big|_0^2=\frac{1}{3}(2^3-0)+2(e^2-e^0)-(2-0)$$
$$=\frac{8}{3}+2e^2-2-2=2e^2-\frac{4}{3}.$$

例 12 求定积分$\int_{-1}^{1}f(x)\mathrm{d}x$,其中 $f(x)=\begin{cases}1+x^2, & x<0,\\ e^x, & x\geqslant 0.\end{cases}$

解: $\int_{-1}^{1}f(x)\mathrm{d}x=\int_{-1}^{0}(1+x^2)\mathrm{d}x+\int_{0}^{1}e^x\mathrm{d}x$
$$=\left(x+\frac{1}{3}x^3\right)\Big|_{-1}^{0}+e^x\Big|_0^1=\left(1+\frac{1}{3}\right)+(e^1-e^0)$$
$$=1+\frac{1}{3}+e-1=\frac{1}{3}+e.$$

上面这种直接利用牛顿 - 莱布尼茨公式,或被积函数经过适当的化简或恒等变形后,再利用牛顿 - 莱布尼茨公式,求出被积函数定积分的方法称为直接积分法.

同步练习 6.3

1. 求下列函数的导数.

(1)$\varphi(x)=\int_a^x(-\sqrt{a^2-t^2}\sin t)\mathrm{d}t$;

(2)$\varphi(x)=\int_x^0\sin t\,\mathrm{d}t$;

(3)$\varphi(x)=\int_0^{x^2}e^{-t^2}\mathrm{d}t$.

2. 求下列函数的定积分.

(1) $\int_0^x\cos x\,\mathrm{d}x$;

(2) $\int_0^2(x^3+x)\mathrm{d}x$;

(3) $\int_0^1(2^x e^x)\mathrm{d}x$;

(4) $\int_0^1\frac{x^2+1}{\sqrt{x}}\mathrm{d}x$.

子项目 6.4 定积分的计算

牛顿 - 莱布尼茨公式的作用在于把求定积分的问题转化为求不定积分的问题,所以不定积分的计算方法,在定积分计算中均有对应的方法.

6.4.1 换元积分法

定理 6-3 设函数 $y=f(x)$ 在$[a,b]$上连续,令 $x=\varphi(t)$,如果

(1)$x=\varphi(t)$ 在区间$[\alpha,\beta]$上有连续导数 $\varphi'(t)$;

(2)$x=\varphi(t)$ 单调而且 $\varphi(\alpha)=a$, $\varphi(\beta)=b$,

则
$$\int_a^b f(x)\mathrm{d}x=\int_\alpha^\beta f[\varphi(t)]\varphi'(t)\mathrm{d}t.$$

证明 因为 $f(x)$ 在区间 $[a,b]$ 上连续，所以 $f(x)$ 在区间 $[a,b]$ 上可积，设 $F(x)$ 是 $f(x)$ 的一个原函数，由牛顿-莱布尼茨公式得 $\int_a^b f(x)\mathrm{d}x=F(x)\Big|_a^b=F(b)-F(a)$，由不定积分换元法可知 $\int f[\varphi(t)]\varphi'(t)\mathrm{d}t=F[\varphi(t)]+C$，则有

$$\int_\alpha^\beta f[\varphi(t)]\varphi'(t)\mathrm{d}t=F[\varphi(t)]\Big|_\alpha^\beta=F[\varphi(\beta)]-F[\varphi(\alpha)]=F(b)-F(a).$$

于是有
$$\int_a^b f(x)\mathrm{d}x=\int_\alpha^\beta f[\varphi(t)]\varphi'(t)\mathrm{d}t.$$

注意：

(1) 用上述公式时，应注意积分限要相应地换，即 a，b 与 α，β 的关系是 $a=\varphi(\alpha)$，$b=\varphi(\beta)$，而 α 不一定小于 β.

(2) 换元必换限，上限对上限，下限对下限.

例 13 求定积分 $\int_0^2 \frac{x}{x^2+4}\mathrm{d}x$.

解： 本题是求定积分，在用牛顿-莱布尼茨公式之前，需先求出被积函数的一个原函数.

$$\int\frac{x}{x^2+4}\mathrm{d}x=\frac{1}{2}\int\frac{1}{x^2+4}\cdot 2x\,\mathrm{d}x=\frac{1}{2}\int\frac{1}{x^2+4}\mathrm{d}(x^2+4)$$
$$=\frac{1}{2}\ln(x^2+4)+C.$$

于是

$$\int_0^2\frac{x}{x^2+4}\mathrm{d}x=\frac{1}{2}\ln(x^2+4)\Big|_0^2=\frac{1}{2}[\ln(2^2+4)-\ln(0^2+4)]$$
$$=\frac{1}{2}(\ln 8-\ln 4)=\frac{1}{2}(3\ln 2-2\ln 2)=\frac{1}{2}\ln 2.$$

例 14 求定积分 $\int_0^1\frac{\mathrm{e}^x}{1+\mathrm{e}^x}\mathrm{d}x$.

解： $\int_0^1\frac{\mathrm{e}^x}{1+\mathrm{e}^x}\mathrm{d}x=\int_0^1\frac{1}{1+\mathrm{e}^x}\mathrm{d}(1+\mathrm{e}^x)=\ln(1+\mathrm{e}^x)\Big|_0^1=\ln(1+\mathrm{e})-\ln 2.$

例 15 求定积分 $\int_0^{\frac{\pi}{2}}\sin^2 x\cos x\,\mathrm{d}x$.

解： $\int_0^{\frac{\pi}{2}}\sin^2 x\cos x\,\mathrm{d}x=\int_0^{\frac{\pi}{2}}\sin^2 x\,\mathrm{d}(\sin x)=\frac{1}{3}\sin^3 x\Big|_0^{\frac{\pi}{2}}$

$$=\frac{1}{3}\left(\sin^3\frac{\pi}{2}-\sin^3 0\right)=\frac{1}{3}.$$

注意： 对于第一类换元积分法，若采用凑微分法，不必改变积分上下限.

例 16 求定积分 $\int_0^4\frac{1}{1+\sqrt{x}}\mathrm{d}x$.

解： 令 $\sqrt{x}=t$，则 $x=t^2$，$\mathrm{d}x=2t\,\mathrm{d}t$，当 $x=0$ 时 $t=0$，当 $x=4$ 时 $t=2$.于是有

$$\int_0^4\frac{1}{1+\sqrt{x}}\mathrm{d}x=\int_0^2\frac{1}{1+t}\cdot 2t\,\mathrm{d}t=2\int_0^2\frac{t}{1+t}\mathrm{d}t=2\int_0^2\frac{1+t-1}{1+t}\mathrm{d}t$$

$$=2\int_0^2\left(1-\frac{1}{1+t}\right)\mathrm{d}t=2[t-\ln|1+t|]\Big|_0^2$$
$$=4-2\ln 3.$$

例 17 求定积分$\int_0^8\frac{x}{\sqrt{1+x}}\mathrm{d}x$.

解： 令$\sqrt{1+x}=t$，则$x=t^2-1$，$\mathrm{d}x=2t\mathrm{d}t$，当$x=0$时$t=1$，当$x=8$时$t=3$.于是有

$$\int_0^8\frac{x}{\sqrt{1+x}}\mathrm{d}x=\int_1^3\frac{1}{t}\cdot(t^2-1)\cdot 2t\mathrm{d}t=2\int_1^3(t^2-1)\mathrm{d}t$$
$$=2\left(\frac{1}{3}t^3-t\right)\Big|_1^3=\frac{40}{3}.$$

注意：对于第二类换元积分法，由于采用了变量代换(如令$\sqrt{x}=t$)，所以换元必须换积分上下限.

例 18 设$f(x)$是对称区间$[-a,a]$上的连续函数，证明

$$\int_{-a}^{a}f(x)\mathrm{d}x=\begin{cases}2\int_0^a f(x)\mathrm{d}x, & \text{当 } f(x) \text{ 为偶函数时},\\ 0, & \text{当 } f(x) \text{ 为奇函数时}.\end{cases}$$

证明： 因为

$$\int_{-a}^{a}f(x)\mathrm{d}x=\int_{-a}^{0}f(x)\mathrm{d}x+\int_0^a f(x)\mathrm{d}x,$$

令$x=-t$，则

$$\int_{-a}^{0}f(x)\mathrm{d}x=-\int_a^0 f(-t)\mathrm{d}t=\int_0^a f(-t)\mathrm{d}t=\int_0^a f(-x)\mathrm{d}x,$$
$$\int_{-a}^{a}f(x)\mathrm{d}x=\int_{-a}^{0}f(x)\mathrm{d}x+\int_0^a f(x)\mathrm{d}x=\int_0^a[f(-x)+f(x)]\mathrm{d}x$$
$$=\begin{cases}2\int_0^a f(x)\mathrm{d}x, & \text{当 } f(x) \text{ 为偶函数时},\\ 0, & \text{当 } f(x) \text{ 为奇函数时}.\end{cases}$$

例 19 求定积分$\int_{-1}^{1}(x^5-2x^2+3\sin x^3)\mathrm{d}x$.

解： 由于x^5和$3\sin x^3$均为奇函数，所以

$$\int_{-1}^{1}(x^5-2x^2+3\sin x^3)\mathrm{d}x=-2\int_{-1}^{1}x^2\mathrm{d}x=-\frac{4}{3}.$$

6.4.2 分部积分法

如果函数$u(x)$，$v(x)$在$[a,b]$上有连续的导数，则有

$$\int_a^b u\mathrm{d}v=uv\Big|_a^b-\int_a^b v\mathrm{d}u \text{ 或 } \int_a^b uv'\mathrm{d}x=uv\Big|_a^b-\int_a^b vu'\mathrm{d}x.$$

这就是定积分的分部积分公式.

例 20 求定积分$\int_0^1 x\mathrm{e}^x\mathrm{d}x$.

解： 令$u=x$，$\mathrm{d}v=\mathrm{e}^x\mathrm{d}x=\mathrm{d}(\mathrm{e}^x)$，则

$$\int_0^1 x\mathrm{e}^x\mathrm{d}x = x\mathrm{e}^x\Big|_0^1 - \int_0^1 \mathrm{e}^x\mathrm{d}x = \mathrm{e} - \mathrm{e}^x\Big|_0^1 = 1.$$

例 21 求定积分$\int_1^3 x\ln x\,\mathrm{d}x$.

解: 令 $u=\ln x$, $\mathrm{d}v = x\,\mathrm{d}x = \frac{1}{2}\mathrm{d}(x^2)$,则

$$\int_1^3 x\ln x\,\mathrm{d}x = \frac{1}{2}x^2\ln x\Big|_1^3 - \int_1^3 \frac{1}{x}\cdot\frac{1}{2}x^2\,\mathrm{d}x = \frac{9}{2}\ln 3 - \frac{1}{4}x^2\Big|_1^3 = \frac{9}{2}\ln 3 - 2.$$

例 22 求定积分$\int_0^{\frac{1}{2}} \arcsin x\,\mathrm{d}x$.

解: 令 $u=\arcsin x$, $\mathrm{d}v=\mathrm{d}x$,则

$$\int_0^{\frac{1}{2}} \arcsin x\,\mathrm{d}x = x\arcsin x\Big|_0^{\frac{1}{2}} - \int_0^{\frac{1}{2}} x\cdot\frac{1}{\sqrt{1-x^2}}\mathrm{d}x = \frac{\pi}{12} + \frac{1}{2}\int_0^{\frac{1}{2}}\frac{1}{\sqrt{1-x^2}}\mathrm{d}(1-x^2).$$

$$= \frac{\pi}{12} + \sqrt{1-x^2}\Big|_0^{\frac{1}{2}} = \frac{\pi}{12} + \frac{\sqrt{3}}{2} - 1.$$

例 23 求定积分$\int_0^{\pi^2} \sin\sqrt{x}\,\mathrm{d}x$.

解: 设 $t=\sqrt{x}$,则 $x=t^2$, $\mathrm{d}x = 2t\,\mathrm{d}t$.当 $x=0$ 时 $t=0$,当 $x=\pi^2$ 时 $t=\pi$,则

$$\int_0^{\pi^2} \sin\sqrt{x}\,\mathrm{d}x = \int_0^{\pi} \sin t\cdot 2t\,\mathrm{d}t = 2\int_0^{\pi} t\sin t\,\mathrm{d}t.$$

令 $u=t$, $\mathrm{d}v = \sin t\,\mathrm{d}t = -\mathrm{d}(\cos t)$,则

$$2\int_0^{\pi} t\sin t\,\mathrm{d}t = -2t\cos t\Big|_0^{\pi} + 2\int_0^{\pi}\cos t\,\mathrm{d}t = 2\pi + 2\sin t\Big|_0^{\pi} = 2\pi.$$

本项目讨论的定积分换元法与分部积分法与不定积分对应的方法相比,其涉及的函数类型、解题技巧等方面大致相同.因此,前面在计算不定积分时所积累的经验和技巧大多都适用于定积分的计算中.

同步练习 6.4

1. 求下列定积分.

(1) $\int_1^{\ln 3} \mathrm{e}^x\ (1+\mathrm{e}^x)^2\,\mathrm{d}x$; (2) $\int_1^3 \left(x+\frac{1}{x}\right)^2\mathrm{d}x$; (3) $\int_1^{\mathrm{e}} \frac{1+\ln x}{x}\mathrm{d}x$;

(4) $\int_1^{\mathrm{e}} \ln x\,\mathrm{d}x$; (5) $\int_0^3 \mathrm{e}^{\sqrt{x}}\,\mathrm{d}x$; (6) $\int_0^{\pi} x\sin x\,\mathrm{d}x$;

(7) $\int_0^{\pi^2} \cos\sqrt{x}\,\mathrm{d}x$; (8) $\int_1^{\mathrm{e}} x^2\ln x\,\mathrm{d}x$; (9) $\int_1^{\mathrm{e}^2} \frac{1}{x\sqrt{1+\ln x}}\mathrm{d}x$.

子项目 6.5 定积分在经济学中的应用

定积分是在研究实际问题中产生和发展的,因此它的应用非常广泛.本项目将介绍它在经济学中的简单应用.

前面已经介绍了经济学中常见的几种函数，如成本函数、收入函数和利润函数等.求一个经济函数的边际问题就是求导数运算，但在实际经济生活中也会遇到相反的问题，即已知边际函数或变化率，求总量函数（总成本、总收入、总利润等）或总量函数在某个范围内的总量，这就需要应用定积分进行计算.以下是三种常见情形：

(1) 已知边际成本 $C'(q)$，固定成本 C_0，则总成本函数为

$$C(q)=\int_0^q C'(t)\mathrm{d}t+C_0.$$

产量由 a 变到 b 时总成本的增量为

$$\Delta C=C(b)-C(a)=\int_a^b C'(t)\mathrm{d}t.$$

(2) 已知边际收益 $R'(q)$，则总收益函数为

$$R(q)=\int_0^q R'(t)\mathrm{d}t.$$

产量由 a 变到 b 时总收益的增量为

$$\Delta R=R(b)-R(a)=\int_a^b R'(t)\mathrm{d}t.$$

(3) 已知边际利润 $L'(q)$，则总利润函数为

$$L(q)=\int_0^q L'(t)\mathrm{d}t.$$

产量由 a 变到 b 时总利润的增量为

$$\Delta L=L(b)-L(a)=\int_a^b L'(t)\mathrm{d}t.$$

例 24　设 A 产品的生产是连续进行的，总产量 Q 是时间 t 的函数.如果总产量的变化率为 $Q'(t)=\dfrac{324}{t^2}\mathrm{e}^{-\frac{9}{t}}$（单位：吨 / 天），求投产后从 $t=3$ 到 $t=30$ 这些天的总产量.

解：　总产量 $Q(t)$ 是其变化率 $Q'(t)$ 的原函数，所以从 $t=3$ 到 $t=30$ 这些天的总产量为

$$\int_3^{30} Q'(t)\mathrm{d}t=\int_3^{30}\frac{324}{t^2}\mathrm{e}^{-\frac{9}{t}}\mathrm{d}t=36\int_3^{30}\mathrm{e}^{-\frac{9}{t}}\mathrm{d}\left(-\frac{9}{t}\right)$$

$$=36\mathrm{e}^{-\frac{9}{t}}\Big|_3^{30}=36\left(\mathrm{e}^{-\frac{9}{30}}-\mathrm{e}^{-3}\right)\text{吨}\approx 24.9\text{ 吨}.$$

例 25　已知生产某产品 q 单位时的边际收入为 $R'(q)=100-2q$（元 / 单位），求生产 30 单位时的总收入，并求再增加生产 10 单位时所增加的总收入.

解：　总收入函数为

$$R(q)=\int_0^q(100-2t)\mathrm{d}t=(100t-t^2)\Big|_0^q=100q-q^2.$$

当 $q=30$ 单位时的总收入为

$$R(30)=(100\times 30-30^2)\text{ 元}=2100\text{ 元}.$$

生产 30 单位后再增加生产 10 单位时所增加的总收入为

$$\Delta R=R(40)-R(30)=\int_{30}^{40}(100-2q)\mathrm{d}q=100q-q^2\Big|_{30}^{40}=300\text{ 元}.$$

例 26 已知生产某产品 q 单位时的边际成本为 $C'(q)=4+0.5q$.

(1) 设固定成本为 $C_0=5$,求其总成本函数.

(2) 请问产量由 5 单位增加到 10 单位时,总成本增加多少?

解: (1) 边际成本的某个原函数为可变成本 $C_1(q)$,它满足 $C_1(0)=0$,故

$$C_1(q)=\int_0^q(4+0.5t)\mathrm{d}t=4q+0.25q^2.$$

成本函数为可变成本 $C_1(q)$ 与固定成本 C_0 之和,于是

$$C(q)=C_1(q)+C_0=4q+0.25q^2+5.$$

(2) 产量由 5 单位增加到 10 单位时所增加的总成本为

$$\Delta C=C(10)-C(5)=\int_5^{10}(4+0.5q)\mathrm{d}q=(4q+0.25q^2)\Big|_5^{10}=38.75.$$

例 27 已知生产某产品 q 单位时,固定成本为 $C_0=2$,边际成本为 $C'(q)=2+\frac{1}{2}q$,边际收益为 $R'(q)=5-\frac{1}{4}q$,求:

(1) 总成本函数 $C(q)$、总收益函数 $R(q)$ 和总利润函数 $L(q)$;

(2) 每天生产多少单位产品时,能获得最大利润?

解: (1) 边际成本的某个原函数为可变成本 $C_1(q)$,它满足 $C_1(0)=0$,故

$$C_1(q)=\int_0^q\left(2+\frac{1}{2}t\right)\mathrm{d}t=2q+\frac{1}{4}q^2.$$

总成本函数为可变成本 $C_1(q)$ 与固定成本 C_0 之和,于是

$$C(q)=C_1(q)+C_0=2q+\frac{1}{4}q^2+2.$$

总收益函数为

$$R(q)=\int_0^q\left(5-\frac{1}{4}t\right)\mathrm{d}t=\left(5t-\frac{1}{8}t^2\right)\Big|_0^q=5q-\frac{1}{8}q^2.$$

总利润函数为

$$L(q)=R(q)-C(q)=5q-\frac{1}{8}q^2-\left(2q+\frac{1}{4}q^2+2\right)=3q-\frac{3}{8}q^2-2.$$

(2)
$$L'(q)=3-\frac{3}{4}q,$$

令 $L'(q)=0$,得 $q=4$,又 $L''(q)=-\frac{3}{4}<0$,故 $q=4$ 是唯一的极大值点,即每天生产 4 单位时,利润最大.最大利润为

$$L(4)=3\times4-\frac{3}{8}\times4^2-2=4.$$

例 28 已知生产某产品的总成本函数为 $C(q)=2+q^2$,边际收益函数为 $R'(q)=60-8q$.

(1) 在生产环节中,若已知产量与时间 t 的关系为 $q=\frac{1}{2}t^2$,试求从时刻 $t=1$ 到 $t=3$ 企业的

总收益；

(2) 若企业实行产品直销，则利润最大时的总销售量及最大利润是多少；

(3) 若直销市场只有 A、B 两个市场，现企业在 A、B 市场实行差别定价，已知市场的边际收益函数分别为 $R'_A=60-10q$ 和 $R'_B=51-6q$，并要求每个市场各完成企业原利润最大时的销售量的 $\frac{1}{3}$ 和 $\frac{2}{3}$，求实行差别价格后企业所获利润.

解： (1) 由于 $q=\frac{1}{2}t^2$，所以当 $t=1$ 时 $q=\frac{1}{2}$，当 $t=3$ 时 $q=\frac{9}{2}$.

从时刻 $t=1$ 到 $t=3$ 企业的总收益为

$$\Delta R=\int_{\frac{1}{2}}^{\frac{9}{2}}(60-8q)\mathrm{d}q=60q-4q^2\Big|_{\frac{1}{2}}^{\frac{9}{2}}=160.$$

(2) 由于 $C(q)=2+q^2$，得 $C'(q)=2q$，所以

$$L'(q)=R'(q)-C'(q)=60-8q-2q=60-10q.$$

令 $L'(q)=0$，得 $q=6$，又 $L''(q)=-10<0$，故 $q=6$ 是唯一的极大值点，即每天生产 6 单位时，利润最大.最大利润为

$$L(6)=\int_0^6(60-8q)\mathrm{d}q-C(6)=(60q-4q^2)\Big|_0^6-C(6)=216-38=178.$$

(3) 由于 A 市场的边际收益函数为

$$R'_A=60-10q,$$

B 市场的边际收益函数为

$$R'_B=51-6q,$$

则 A、B 两个市场实行差别定价后的利润之和为

$$\begin{aligned}L&=\int_0^2(60-10q)\mathrm{d}q+\int_0^4(51-6q)\mathrm{d}q-C(6)\\&=(60q-5q^2)\Big|_0^2+(51q-3q^2)\Big|_0^4-38\\&=100+156-38=218.\end{aligned}$$

同步练习 6.5

1.某企业制造了一种产品，生产该产品的日边际成本(单位：元／台)为 $C'(x)=3x^2-6x+20$.x 表示这种产品每天的生产量，生产这种产品的固定成本为 800 元／天.

(1) 求总成本函数；

(2) 日产量由 200 台变化到 300 台时，该企业的生产成本变化了多少？

2. 已知生产某产品的固定成本为 $C_0=5$，边际成本为 $C'(q)=6+\frac{1}{2}q$，边际收益为 $R'(q)=12-q$.

(1) 求总成本函数 $C(q)$、总收益函数 $R(q)$ 和总利润函数 $L(q)$；

(2) 当生产量由 2 单位增加到 4 单位时，总成本增加了多少？

(3) 每天生产多少单位产品时,才能获得最大利润,最大利润是多少?

(4) 在最大利润的基础上,再增加 3 单位,利润变化如何?

复习题 6

一、填空题.

1. 已知$\int_0^1(2x+k)\mathrm{d}x=2$,则 $k=$__________.

2. 如果在区间$[a,b]$上,$f(x)\equiv 1$,则$\int_a^b f(x)\mathrm{d}x=$__________.

3. 由曲线 $y=\sin x$ 与 x 轴,在区间$[0,\pi]$上所围成的曲边梯形的面积为__________.

4. 比较大小:$\int_1^3 x^2\mathrm{d}x$ __________ $\int_1^3 x^3\mathrm{d}x$.

5. 已知$\int_b^x f(t)\mathrm{d}t=\ln(1+x^3)$,则 $f(t)=$__________.

6. $\int_0^4\mathrm{d}x=$__________.

7. 已知销售某商品 q 个单位时,纯收入的变化率为 $R'(q)=100-\dfrac{q}{25}$,则销售 500 单位时的纯收入为__________.

8. 已知某产品生产的固定成本为 $C_0=2$,边际成本为 $C'(q)=1+2q$,则总成本函数 $C(q)=$__________.

二、选择题.

1. 下列等于 1 的积分是(　　).

A.$\int_0^1 x\,\mathrm{d}x$　　B.$\int_0^1(x+1)\mathrm{d}x$　　C.$\int_0^1 1\mathrm{d}x$　　D.$\int_0^1\dfrac{1}{2}\mathrm{d}x$

2. 已知产品的边际成本为 $C'(q)$,固定成本为 C_0,则总成本函数可表示为(　　).

A.$C(q)=\int_0^q C'(q)\mathrm{d}q$　　B.$C(q)=\int_0^q C'(q)\mathrm{d}q+C_0$

C.$C(q)=\int_0^q C'(q)\mathrm{d}q-C_0$　　D.均不对

3. $\int_0^1(\mathrm{e}^x+\mathrm{e}^{-x})\mathrm{d}x=$(　　).

A.$\mathrm{e}+\dfrac{1}{\mathrm{e}}$　　B.$2\mathrm{e}$　　C.$\dfrac{2}{\mathrm{e}}$　　D.$\mathrm{e}-\dfrac{1}{\mathrm{e}}$

4. 若 $m=\int_0^1\mathrm{e}^x\mathrm{d}x$,$n=\int_1^{\mathrm{e}}\dfrac{1}{x}\mathrm{d}x$,则 m 与 n 的大小关系是(　　).

A.$m>n$　　B.$m<n$　　C.$m=n$　　D.无法确定

5. 设 $f(x)$ 是连续函数,则$\dfrac{\mathrm{d}}{\mathrm{d}x}\int_a^b f(x)\mathrm{d}x$ 等于(　　).

A.$f(b)-f(a)$　　B.$f(b)$　　C.$f(a)$　　D.0

6. 设 $f(x)$ 为连续函数，则变上限积分 $\int_a^x f(t)\mathrm{d}t$ 是(　　).

A. $f'(x)$ 的一个原函数　　B. $f'(x)$ 的所有原函数

C. $f(x)$ 的一个原函数　　D. $f(x)$ 的所有原函数

7. 根据定积分的几何意义，$\int_{-1}^{1}\sqrt{1-x^2}=$(　　).

A. π　　B. 0　　C. 1　　D. $\frac{\pi}{2}$

8. 如果边际收益为 $R'(q)=100-4q$，当销售量从 5 单位增加到 10 单位时的总收益为(　　).

A. -550　　B. 350　　C. -350　　D. 550

三、不计算定积分，比较下列各组积分值的大小.

1. $\int_0^1 x\,\mathrm{d}x$，$\int_0^1 x^2\mathrm{d}x$；　　2. $\int_1^2 x\,\mathrm{d}x$，$\int_1^2 \ln x\,\mathrm{d}x$；

3. $\int_0^{\frac{\pi}{2}}\sin x\,\mathrm{d}x$，$\int_0^{\frac{\pi}{2}} x\,\mathrm{d}x$；　　4. $\int_0^{\frac{\pi}{2}}\sin x\,\mathrm{d}x$，$\int_0^{\frac{\pi}{2}}\sin^2 x\,\mathrm{d}x$.

四、求下列函数的导数.

1. $F(x)=\int_1^x \frac{\mathrm{e}^{-t^2}}{t}\mathrm{d}t$；　　2. $F(x)=\int_0^x \frac{\sin^{t^2}}{\sqrt{1+t^2}}\mathrm{d}t$；

3. $F(x)=\int_0^x t\mathrm{e}^{-t^2}\mathrm{d}t$；　　4. $F(x)=\int_{x^2}^{-1}\frac{\mathrm{e}^{t^2}+1}{t}\mathrm{d}t$.

五、计算下列定积分.

1. $\int_1^3 (4x-x^2)\mathrm{d}x$；　　2. $\int_1^2 (x-1)^5\mathrm{d}x$；

3. $\int_0^{\frac{\pi}{2}}(x+\sin x)\mathrm{d}x$；　　4. $\int_0^1 \frac{x}{1+x^2}\mathrm{d}x$；

5. $\int_0^{\frac{\pi}{2}}\sin x\ \cos^2 x\,\mathrm{d}x$；　　6. $\int_1^{\mathrm{e}}\frac{1+\ln x}{x}\mathrm{d}x$；

7. $\int_1^{\mathrm{e}^2}\frac{1}{x\sqrt{1+\ln x}}\mathrm{d}x$；　　8. $\int_0^2 \frac{x+2}{1+x^2}\mathrm{d}x$；

9. $\int_1^2 \frac{\mathrm{e}^{\frac{1}{x}}}{x^2}\mathrm{d}x$；　　10. $\int_0^1 \mathrm{e}^{-\frac{x}{2}}\mathrm{d}x$；

11. $\int_0^{\frac{\pi}{4}}\sin 2x\,\mathrm{d}x$；　　12. $\int_0^1 \frac{1}{\mathrm{e}^x+\mathrm{e}^{-x}}\mathrm{d}x$.

六、计算下列定积分.

1. $\int_0^4 \frac{1}{1+\sqrt{x}}\mathrm{d}x$；　　2. $\int_1^4 \frac{\sqrt{t-1}}{t}\mathrm{d}t$；

3. $\int_1^2 x e^{-x} dx$；

4. $\int_1^e x^2 \ln x dx$；

5. $\int_0^{\frac{\pi}{2}} x \sin x dx$；

6. $\int_0^1 x \arctan x dx$；

7. $\int_1^e \frac{\sin \ln x}{x} dx$；

8. $\int_0^1 \cos \sqrt{x} dx$.

七、应用分析题.

1. 已知生产某产品的总收入的变化率(单位:元/件)是 $R'(q)=200-\frac{1}{10}q$,求:

(1) 生产 2000 件的总收入是多少.

(2) 从生产 2000 件到生产 3000 件收入的变化.

2. 生产某产品的边际成本函数为 $C'(x)=3x^2-14x+100$,固定成本 $C(0)=1000$,求生产 x 个产品的总成本函数.

3. 某产品的边际成本是产量 q 的函数 $C'(q)=4+0.25q$(万元/吨),边际收入也是产量的函数 $R'(q)=80-q$(万元/吨),求产量由 10 吨增加到 50 吨时,总成本与总收入各增加多少.

4. 某厂生产某产品 x 单位的边际成本 $C'(x)=16+0.002x$(元/单位),此种产品的价格 p 是产量 x 的函数 $p=20-0.001x$,若不变成本为 $C(0)=200$(元/单位),求:

(1) 生产 x 单位产品的总成本 $C(x)$；

(2) 生产 x 单位产品的总利润 $L(x)$；

(3) 生产多少单位产品才能获得最大利润；

(4) 最大利润是多少.

项目七

线性代数

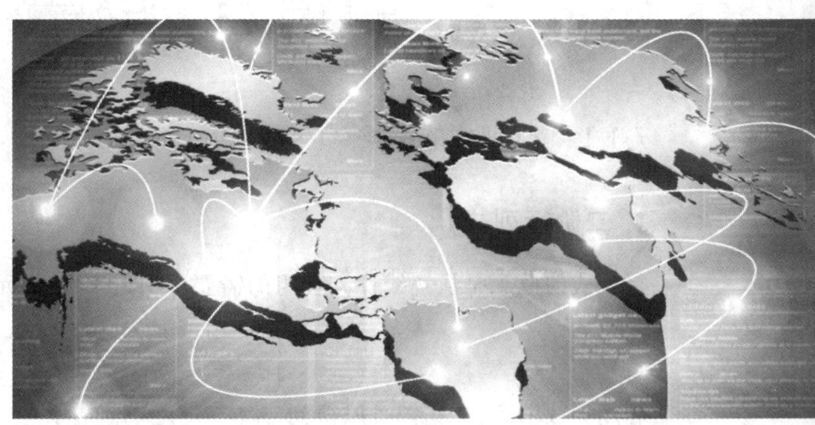

JINGJI
SHUXUE

学习目标

线性代数是代数学的一个分支,它是从许多实际问题中抽象出来的一个数学工具,在自然科学、工程技术、经济管理等领域有着十分重要的应用.学生通过本项目内容的学习,需要掌握:

1. 知识目标

- 了解行列式的概念与性质;
- 掌握矩阵的概念与性质;
- 了解矩阵的秩的概念.

2. 技能目标

- 掌握行列式的计算方法;
- 掌握矩阵的运算法则和矩阵的变换;
- 学会计算矩阵的秩;
- 学会运用矩阵的性质和运算来解出线性方程组.

子项目 7.1 行列式的概念

7.1.1 行列式的概念

1. 二阶行列式

行列式的概念是从解线性方程组的需要中引进来的.二元线性方程组的标准形式为

$$\begin{cases} a_{11}x_1 + a_{12}x_2 = b_1, \\ a_{21}x_1 + a_{22}x_2 = b_2. \end{cases} \tag{7.1}$$

利用加减消元法,我们可以得到

$$\begin{cases} (a_{11}a_{22} - a_{12}a_{21})x_1 = b_1a_{22} - b_2a_{12}, \\ (a_{11}a_{22} - a_{12}a_{21})x_2 = b_2a_{11} - b_1a_{21} \end{cases}$$

如果$a_{11}a_{22} - a_{12}a_{21} \neq 0$,则二元线性方程组(7.1)的解为

$$\begin{cases} x_1 = \dfrac{b_1a_{22} - b_2a_{12}}{a_{11}a_{22} - a_{12}a_{21}} \\ x_2 = \dfrac{b_2a_{11} - b_1a_{21}}{a_{11}a_{22} - a_{12}a_{21}} \end{cases}$$

为了研究和记忆的方便,引入二阶行列式的概念.

定义 7-1 由 2^2 个数组成的记号$\begin{vmatrix} a_{11} & a_{12} \\ a_{21} & a_{22} \end{vmatrix}$来表示数值$a_{11}a_{22} - a_{12}a_{21}$,称其为二阶行列式,用 D 来表示,即

$$D = \begin{vmatrix} a_{11} & a_{12} \\ a_{21} & a_{22} \end{vmatrix} = a_{11}a_{22} - a_{12}a_{21} \tag{7.2}$$

其中,a_{11}、a_{12}、a_{21} 和a_{22} 称为这个二阶行列式的元素,简称为元;横排称为行,竖排称为列;

元素a_{ij}的第一个下标i表示该元素所在的行数,第二个下标j表示该元素所在的列数;从左上角到右下角的对角线称为行列式的主对角线,从右上角到左下角的对角线称为行列式的次对角线.

利用二阶行列式的概念,如果记$D=\begin{vmatrix} a_{11} & a_{12} \\ a_{21} & a_{22} \end{vmatrix}$,$D_1=\begin{vmatrix} b_1 & a_{12} \\ b_2 & a_{22} \end{vmatrix}$,$D_2=\begin{vmatrix} a_{11} & b_1 \\ a_{21} & b_2 \end{vmatrix}$,当所有未知数的系数组成的行列式$D\neq 0$时,二元线性方程组(7.1)有唯一解,它的解可以表示为

$$x_1=\frac{D_1}{D},x_2=\frac{D_2}{D}.$$

用行列式求解线性方程组,必须要注意:

(1) 分母D是由方程组的未知量的系数按原来顺序排列而成的行列式,D称为系数行列式;

(2) 第一个未知量x_1的分子D_1是用常数项b_1、b_2分别代替系数行列式D中x_1的系数a_{11}、a_{21}后构成的行列式,第二个未知量x_2的分子D_2是用常数项b_1、b_2分别代替系数行列式D中x_2的系数a_{12}、a_{22}后构成的行列式;

(3) 如果系数行列式$D\neq 0$,那么二元线性方程组有唯一解

$$x_1=\frac{D_1}{D},x_2=\frac{D_2}{D}. \tag{7.3}$$

例 1 解二元一次方程组$\begin{cases} 3x_1+4x_2=24, \\ 2x_1-x_2=5. \end{cases}$

解: 因为系数行列式$D=\begin{vmatrix} 3 & 4 \\ 2 & -1 \end{vmatrix}=3\times(-1)-4\times 2=-11\neq 0$,且

$$D_1=\begin{vmatrix} 24 & 4 \\ 5 & -1 \end{vmatrix}=-44,D_2=\begin{vmatrix} 3 & 24 \\ 2 & 5 \end{vmatrix}=-33.$$

由式(7.3)可知,方程组的解为

$$x_1=\frac{D_1}{D}=\frac{-44}{-11}=4,x_2=\frac{D_2}{D}=\frac{-33}{-11}=3.$$

2. 三阶行列式

与二阶行列式类似,三阶行列式的定义如下:

定义 7-2 由 3^3 个数组成的记号$\begin{vmatrix} a_{11} & a_{12} & a_{13} \\ a_{21} & a_{22} & a_{23} \\ a_{31} & a_{32} & a_{33} \end{vmatrix}$来表示数值

$$a_{11}\begin{vmatrix} a_{22} & a_{23} \\ a_{32} & a_{33} \end{vmatrix}-a_{12}\begin{vmatrix} a_{21} & a_{23} \\ a_{31} & a_{33} \end{vmatrix}+a_{13}\begin{vmatrix} a_{21} & a_{22} \\ a_{31} & a_{32} \end{vmatrix},$$

称其为三阶行列式.

三阶行列式的一般形式是

$$D=\begin{vmatrix} a_{11} & a_{12} & a_{13} \\ a_{21} & a_{22} & a_{23} \\ a_{31} & a_{32} & a_{33} \end{vmatrix}=a_{11}\begin{vmatrix} a_{22} & a_{23} \\ a_{32} & a_{33} \end{vmatrix}-a_{12}\begin{vmatrix} a_{21} & a_{23} \\ a_{31} & a_{33} \end{vmatrix}+a_{13}\begin{vmatrix} a_{21} & a_{22} \\ a_{31} & a_{32} \end{vmatrix}$$

$$= a_{11}a_{22}a_{33} - a_{11}a_{23}a_{32} - a_{12}a_{21}a_{33} + a_{12}a_{23}a_{31} + a_{13}a_{21}a_{32} - a_{13}a_{22}a_{31} \quad (7.4)$$

三阶行列式含有三行三列共九个元素，它表示代数和，它由六项组成，其记忆法仍用对角线法，即实线上三个元素之和，减去虚线上三个元素之和：

$$\begin{vmatrix} a_{11} & a_{12} & a_{13} \\ a_{21} & a_{22} & a_{23} \\ a_{31} & a_{32} & a_{33} \end{vmatrix} \begin{matrix} a_{11} & a_{12} \\ a_{21} & a_{22} \\ a_{31} & a_{32} \end{matrix}$$

例 2　计算三阶行列式 $D=\begin{vmatrix} 2 & 3 & 5 \\ 1 & -2 & 4 \\ 1 & 3 & 2 \end{vmatrix}$ 的值.

解： $D=\begin{vmatrix} 2 & 3 & 5 \\ 1 & -2 & 4 \\ 1 & 3 & 2 \end{vmatrix}$

$=2\times(-2)\times2+3\times4\times1+5\times1\times3-5\times(-2)\times1-3\times1\times2-2\times4\times3$

$=-8+12+15-(-10)-6-24$

$=-1.$

3. n 阶行列式

定义 7-3　由 n^2 个数组成的记号 $\begin{vmatrix} a_{11} & a_{12} & \cdots & a_{1n} \\ a_{21} & a_{22} & \cdots & a_{2n} \\ \vdots & \vdots & & \vdots \\ a_{n1} & a_{n2} & \cdots & a_{nn} \end{vmatrix}$ 来表示数值

$$(-1)^{1+1}a_{11}\begin{vmatrix} a_{22} & a_{23} & \cdots & a_{2n} \\ a_{32} & a_{33} & \cdots & a_{3n} \\ \vdots & \vdots & & \vdots \\ a_{n2} & a_{n3} & \cdots & a_{nn} \end{vmatrix} + (-1)^{1+2}a_{12}\begin{vmatrix} a_{21} & a_{23} & \cdots & a_{2n} \\ a_{31} & a_{33} & \cdots & a_{3n} \\ \vdots & \vdots & & \vdots \\ a_{n1} & a_{n3} & \cdots & a_{nn} \end{vmatrix} + \cdots +$$

$$(-1)^{1+n}a_{1n}\begin{vmatrix} a_{21} & a_{22} & \cdots & a_{2,n-1} \\ a_{31} & a_{32} & \cdots & a_{3,n-1} \\ \vdots & \vdots & & \vdots \\ a_{n1} & a_{n2} & \cdots & a_{n,n-1} \end{vmatrix},$$

称它为 n 阶行列式，简称为行列式.行列式可以记作 $|a_{ij}|_n$，行列式 $|a_{ij}|_n$ 表示代数和 $a_{11}A_{11}+a_{12}A_{12}+\cdots+a_{1n}A_{1n}$，即

$$D=\begin{vmatrix} a_{11} & a_{12} & \cdots & a_{1n} \\ a_{21} & a_{22} & \cdots & a_{2n} \\ \vdots & \vdots & & \vdots \\ a_{n1} & a_{n2} & \cdots & a_{nn} \end{vmatrix} = a_{11}A_{11}+a_{12}A_{12}+\cdots+a_{1n}A_{1n}. \quad (7.5)$$

式(7.5)的右端称为 n 阶行列式 D 的展开式，其中 $A_{ij}\,(i,j=1,2,\cdots,n)$ 称为元素 a_{ij} 的代数余子式.一般地，划去元素 $a_{ij}\,(i,j=1,2,\cdots,n)$ 所在的行与列上的所有元素后得到的 $n-1$ 阶行列式，称为 a_{ij} 的余子式，记作 D_{ij}，而称 $(-1)^{i+j}D_{ij}$ 为元素 a_{ij} 的代数余子式，记作 A_{ij}.

例如，n 阶行列式元素a_{11} 的代数余子式为

$$A_{11}=(-1)^{1+1}D_{11}=(-1)^{1+1}\begin{vmatrix} a_{22} & a_{23} & \cdots & a_{2n} \\ a_{32} & a_{33} & \cdots & a_{3n} \\ \vdots & \vdots & & \vdots \\ a_{n2} & a_{n3} & \cdots & a_{nn} \end{vmatrix},$$

元素a_{23} 的代数余子式为

$$A_{23}=(-1)^{2+3}D_{23}=(-1)^{2+3}\begin{vmatrix} a_{11} & a_{12} & a_{14} & \cdots & a_{1n} \\ a_{31} & a_{32} & a_{34} & \cdots & a_{3n} \\ \vdots & \vdots & \vdots & & \vdots \\ a_{n1} & a_{n2} & a_{n4} & \cdots & a_{nn} \end{vmatrix}.$$

根据定义，n 阶行列式可降为 $n-1$ 阶行列式来计算，于是可以用二阶行列式来计算三阶行列式的值，用三阶行列式来计算四阶行列式的值，依此类推，便可计算出任意阶行列式的值.

当 $n=1$ 时，规定 $D=|a_{11}|=a_{11}$.

例 3 设三阶行列式 $D=\begin{vmatrix} 3 & 4 & 1 \\ 1 & 2 & 5 \\ 4 & 7 & -1 \end{vmatrix}$，请计算：

(1) 代数余子式A_{21} 的值；(2)D 的值.

解： (1) $A_{21}=(-1)^{2+1}\begin{vmatrix} 4 & 1 \\ 7 & -1 \end{vmatrix}=-[4\times(-1)-1\times 7]=11$；

$$\begin{aligned}(2)D&=a_{11}A_{11}+a_{12}A_{12}+a_{13}A_{13}\\ &=3\times(-1)^{1+1}\begin{vmatrix} 2 & 5 \\ 7 & -1 \end{vmatrix}+4\times(-1)^{1+2}\begin{vmatrix} 1 & 5 \\ 4 & -1 \end{vmatrix}+1\times(-1)^{1+3}\begin{vmatrix} 1 & 2 \\ 4 & 7 \end{vmatrix}\\ &=3\times(-2-35)-4\times(-1-20)+1\times(7-8)\\ &=-111+84-1=-28.\end{aligned}$$

7.1.2 行列式的性质

当行列式的阶数较高时，直接根据定义计算 n 阶行列式的值比较困难.接下来我们将学习一些行列式的性质，熟练运用这些性质，可以帮助我们简单有效地计算行列式的值.

定义 7-4 将行列式 $D=\begin{vmatrix} a_{11} & a_{12} & \cdots & a_{1n} \\ a_{21} & a_{22} & \cdots & a_{2n} \\ \vdots & \vdots & & \vdots \\ a_{n1} & a_{n2} & \cdots & a_{nn} \end{vmatrix}$ 按照行与列进行对角线交换，可得新的行列式

$$D'=\begin{vmatrix} a_{11} & a_{21} & \cdots & a_{n1} \\ a_{12} & a_{22} & \cdots & a_{n2} \\ \vdots & \vdots & & \vdots \\ a_{1n} & a_{2n} & \cdots & a_{nn} \end{vmatrix},$$

这个新得到的行列式D' 被称为 D 的转置行列式.

显然,D 也是D' 的转置行列式,即$(D')'=D$.

性质 1 行列式与它的转置行列式相等,即$D'=D$.

从这个性质可以看出,行列式的行与列的地位是相当的;行列式对行成立的性质,对列也成立.

性质 2 若行列式的某行(或某列)的元素有公因子,此公因子可以提取到行列式的外面,即

$$\begin{vmatrix} a_{11} & a_{12} & \cdots & a_{1n} \\ \vdots & \vdots & & \vdots \\ k\,a_{i1} & ka_{i2} & \cdots & k\,a_{in} \\ \vdots & \vdots & & \vdots \\ a_{n1} & a_{n2} & \cdots & a_{nn} \end{vmatrix}=k\begin{vmatrix} a_{11} & a_{12} & \cdots & a_{1n} \\ \vdots & \vdots & & \vdots \\ a_{i1} & a_{i2} & \cdots & a_{in} \\ \vdots & \vdots & & \vdots \\ a_{n1} & a_{n2} & \cdots & a_{nn} \end{vmatrix}.$$

推论 从性质 2 可以很容易地得出这样的结论:当行列式中的某行(或某列)的元素全部为零,则该行列式的值为零.

性质 3 如果行列式中的某一行(列)的所有元素都是两数之和,则这个行列式等于两个行列式的和,而这两个行列式除了这一行(列)以外,其余的元素与原来的行列式的对应元素相同,即

$$\begin{vmatrix} a_{11} & a_{12} & \cdots & a_{1n} \\ \vdots & \vdots & & \vdots \\ b_1+c_1 & b_2+c_2 & \cdots & b_n+c_n \\ \vdots & \vdots & & \vdots \\ a_{n1} & a_{n2} & \cdots & a_{nn} \end{vmatrix}=\begin{vmatrix} a_{11} & a_{12} & \cdots & a_{1n} \\ \vdots & \vdots & & \vdots \\ b_1 & b_2 & \cdots & b_n \\ \vdots & \vdots & & \vdots \\ a_{n1} & a_{n2} & \cdots & a_{nn} \end{vmatrix}+\begin{vmatrix} a_{11} & a_{12} & \cdots & a_{1n} \\ \vdots & \vdots & & \vdots \\ c_1 & c_2 & \cdots & c_n \\ \vdots & \vdots & & \vdots \\ a_{n1} & a_{n2} & \cdots & a_{nn} \end{vmatrix}.$$

性质 4 互换行列式的两行(列),行列式的符号将改变,即

$$\begin{vmatrix} a_{11} & a_{12} & \cdots & a_{1n} \\ \vdots & \vdots & & \vdots \\ a_{i1} & a_{i2} & \cdots & a_{in} \\ \vdots & \vdots & & \vdots \\ a_{j1} & a_{j2} & \cdots & a_{jn} \\ \vdots & \vdots & & \vdots \\ a_{n1} & a_{n2} & \cdots & a_{nn} \end{vmatrix}=-\begin{vmatrix} a_{11} & a_{12} & \cdots & a_{1n} \\ \vdots & \vdots & & \vdots \\ a_{j1} & a_{j2} & \cdots & a_{jn} \\ \vdots & \vdots & & \vdots \\ a_{i1} & a_{i2} & \cdots & a_{in} \\ \vdots & \vdots & & \vdots \\ a_{n1} & a_{n2} & \cdots & a_{nn} \end{vmatrix}.$$

例如,二阶行列式 $\begin{vmatrix} a & b \\ c & d \end{vmatrix}=ad-bc=-(bc-ad)=-\begin{vmatrix} c & d \\ a & b \end{vmatrix}$.

推论 如果行列式中有两行(列)对应元素全部相同,则行列式的值为零;如果行列式中有两行(列)对应元素成比例,则行列式的值为零.

性质5 如果行列式中任意一行(列)乘以一个常数加到另一行(列)对应的元素上,行列式的值不变,即

$$\begin{vmatrix} a_{11} & a_{12} & \cdots & a_{1n} \\ \vdots & \vdots & & \vdots \\ a_{i1} & a_{i2} & \cdots & a_{in} \\ \vdots & \vdots & & \vdots \\ a_{j1} & a_{j2} & \cdots & a_{jn} \\ \vdots & \vdots & & \vdots \\ a_{n1} & a_{n2} & \cdots & a_{nn} \end{vmatrix} = \begin{vmatrix} a_{11} & a_{12} & \cdots & a_{1n} \\ \vdots & \vdots & & \vdots \\ a_{i1}+ka_{j1} & a_{i2}+ka_{j2} & \cdots & a_{in}+ka_{jn} \\ \vdots & \vdots & & \vdots \\ a_{j1} & a_{j2} & \cdots & a_{jn} \\ \vdots & \vdots & & \vdots \\ a_{n1} & a_{n2} & \cdots & a_{nn} \end{vmatrix}.$$

性质 6 行列式可以按照任意一行(列)展开,即

$$D = \begin{vmatrix} a_{11} & a_{12} & \cdots & a_{1n} \\ \vdots & \vdots & & \vdots \\ a_{i1} & a_{i2} & \cdots & a_{in} \\ \vdots & \vdots & & \vdots \\ a_{j1} & a_{j2} & \cdots & a_{jn} \\ \vdots & \vdots & & \vdots \\ a_{n1} & a_{n2} & \cdots & a_{nn} \end{vmatrix} = a_{i1}A_{i1} + a_{i2}A_{i2} + \cdots + a_{in}A_{in}, \text{其中 } i=1,2,\cdots,n.$$

上式被称为行列式按第 i 行的展开式,也称为行列式展开定理.

同步练习 7.1

1. 计算下列行列式的值.

(1) $\begin{vmatrix} 4 & 3 \\ 7 & 9 \end{vmatrix}$;　　(2) $\begin{vmatrix} 4 & 3 & 2 \\ 7 & 9 & 5 \\ 6 & 8 & 1 \end{vmatrix}$;

(3) $\begin{vmatrix} 4 & 3 & 0 \\ 7 & 9 & 5 \\ 6 & 8 & 1 \end{vmatrix}$;　　(4) $\begin{vmatrix} 0 & 1 & 2 \\ 1 & 0 & 2 \\ 1 & 2 & 0 \end{vmatrix}$;

(5) $\begin{vmatrix} 1 & 0 & 0 & 0 \\ 1 & 2 & 0 & 0 \\ 1 & 2 & 3 & 0 \\ 1 & 2 & 3 & 4 \end{vmatrix}$;　　(6) $\begin{vmatrix} 1 & 1 & 1 & 1 \\ 0 & 2 & 2 & 2 \\ 0 & 0 & 3 & 3 \\ 0 & 0 & 0 & 4 \end{vmatrix}$;

(7) $\begin{vmatrix} -2 & 5 & -1 & -3 \\ 1 & -9 & 13 & 7 \\ 3 & -1 & 5 & -5 \\ 2 & 8 & -7 & -10 \end{vmatrix}$;　　(8) $\begin{vmatrix} 1 & 2 & 0 & 1 \\ 2 & 4 & -1 & 1 \\ -1 & 3 & 4 & 2 \\ 1 & 3 & 6 & 5 \end{vmatrix}$.

2. 计算下列行列式的结果.

(1) $\begin{vmatrix} a & b \\ c & d \end{vmatrix}$;　　(2) $\begin{vmatrix} a & b \\ a^2 & b^2 \end{vmatrix}$;

(3) $\begin{vmatrix} a+b & ab \\ 2 & a+b \end{vmatrix}$;　　(4) $\begin{vmatrix} \sin\alpha & \cos\alpha \\ \cos\alpha & \sin\alpha \end{vmatrix}$;

(5) $\begin{vmatrix} a & a & a \\ b & b & b \\ c & c & c \end{vmatrix}$；　　(6) $\begin{vmatrix} a & b & c \\ a & b & c \\ a & b & c \end{vmatrix}$.

3. 设行列式 $D=\begin{vmatrix} 1 & 2 & 3 \\ a & b & c \\ a^2 & b^2 & c^2 \end{vmatrix}$，求：

(1) 行列式 D 的转置行列式D'；

(2) 元素 b 的余子式和代数余子式；

(3) 元素 c 的余子式和代数余子式；

(4) 行列式 D 的值.

4. 回答下列问题.

(1) 已知 $\begin{vmatrix} x-6 & 5 \\ -3 & x+2 \end{vmatrix}=0$，求 x 的取值.

(2) 已知 $\begin{vmatrix} x-6 & 5 & 3 \\ -3 & x+2 & 2 \\ -2 & 2 & x \end{vmatrix}=0$，求 x 的取值.

(3) 已知 $\begin{vmatrix} 1 & 1 & 2 & 3 \\ 1 & 2-x^2 & 2 & 3 \\ 2 & 3 & 1 & 5 \\ 2 & 3 & 1 & 9-x^2 \end{vmatrix}=0$，求 x 的取值.

子项目 7.2　矩阵的概念及运算

矩阵是线性代数的一个基本内容，是线性代数的主要研究对象之一，在应用数学和社会经济管理中有着广泛的应用，是解决许多实际问题的有力工具.

7.2.1　矩阵的概念

1. 矩阵

我们从研究一般的线性方程组的问题来引出矩阵.例如，考察线性方程组

$$\begin{cases} 3x_1+2x_2+4x_3+x_4=41, \\ x_1-x_2+2x_4=12, \\ x_1+3x_2-x_3+2x_4=23, \end{cases}$$

这是一个未知数个数大于方程个数的线性方程组.从求解角度来看，这个方程组的特性要通过未知数的 12 个系数和 3 个常数来加以确定.如果我们把这些系数和常数按原来的行列次序排出一张矩形数表，可得

$$\begin{bmatrix} 3 & 2 & 4 & 1 & 41 \\ 1 & -1 & 0 & 2 & 12 \\ 1 & 3 & -1 & 2 & 23 \end{bmatrix},$$

那么,线性方程组就完全由这张矩形数表所确定.

在经济工作中,也常需要把问题的数据汇总成矩形数表.举例说明,假设某企业生产并销售A、B、C三种机器设备,且其机器设备的销售地点可以分为华北、华中、华东、华南这四个区域.经财务人员统计,该企业在某段时间内不同销售区域三种机器设备的销售状况如表7.1所示.

表7.1　某企业生产的三种机器设备在不同区域的销售数量表

销售区域 / 设备种类	华北	华中	华东	华南
A设备	14	8	15	13
B设备	10	6	13	9
C设备	2	1	4	2

将表7.1中的数字取出,用矩形数表$\begin{bmatrix} 14 & 8 & 15 & 13 \\ 10 & 6 & 13 & 9 \\ 2 & 1 & 4 & 2 \end{bmatrix}$表示.

总之,矩形数表是从实际中抽象出来的一个新的数学对象,为进一步研究,给出下面的定义.

定义7-5　有$m \times n$个数$a_{ij}(i=1,2,\cdots,m;j=1,2,\cdots,n)$排成一个$m$行$n$列的数表

$$\begin{bmatrix} a_{11} & a_{12} & \cdots & a_{1n} \\ a_{21} & a_{22} & \cdots & a_{2n} \\ \vdots & \vdots & & \vdots \\ a_{m1} & a_{m2} & \cdots & a_{mn} \end{bmatrix},$$

称为m行n列矩阵,简称$m \times n$矩阵.矩阵通常用大写字母$\boldsymbol{A},\boldsymbol{B},\boldsymbol{C},\cdots$表示.例如,上述矩阵可以记作$\boldsymbol{A}$或$\boldsymbol{A}_{m\times n}$,有时也记作$\boldsymbol{A}=(a_{ij})_{m\times n}$,其中$a_{ij}$称为矩阵$\boldsymbol{A}$的第$i$行第$j$列元素.

特别地,当$m=n$时,称$\boldsymbol{A}$为n阶矩阵或n阶方阵.

当$m=1$时,矩阵只有一行,称为行矩阵,即

$$\boldsymbol{A}=[a_{11} \quad a_{12} \quad \cdots \quad a_{1n}].$$

当$n=1$时,矩阵只有一列,称为列矩阵,即

$$\boldsymbol{A}=\begin{bmatrix} a_{11} \\ a_{21} \\ \vdots \\ a_{m1} \end{bmatrix}.$$

元素都是0的矩阵称为零矩阵,记作$\mathbf{0}$或$\mathbf{0}_{m\times n}$.

在矩阵$\boldsymbol{A}=(a_{ij})_{m\times n}$中各个元素的前面都添加上负号(即取相反数)得到的矩阵称为$\boldsymbol{A}$的负矩阵,记作$-\boldsymbol{A}$,即$-\boldsymbol{A}=(-a_{ij})_{m\times n}$.

定义7-6　方阵$\boldsymbol{A}$的元素按其在矩阵中的位置所构成的行列式,称为方阵$\boldsymbol{A}$的行列式,记

作$|\boldsymbol{A}|$,即若

$$\boldsymbol{A}=\begin{bmatrix} a_{11} & a_{12} & \cdots & a_{1n} \\ a_{21} & a_{22} & \cdots & a_{2n} \\ \vdots & \vdots & & \vdots \\ a_{m1} & a_{m2} & \cdots & a_{mn} \end{bmatrix},$$

则

$$|\boldsymbol{A}|=\begin{vmatrix} a_{11} & a_{12} & \cdots & a_{1n} \\ a_{21} & a_{22} & \cdots & a_{2n} \\ \vdots & \vdots & & \vdots \\ a_{m1} & a_{m2} & \cdots & a_{mn} \end{vmatrix}.$$

注意:矩阵与行列式是有本质区别的,行列式是一个算式,一个数字行列式通过计算可求得其值,而矩阵仅仅是一个数表,它的行数和列数可以不同.

2. 转置矩阵

上一部分内容讲到了转置行列式的定义.其实,与转置行列式相类似,矩阵也有相对应的转置矩阵,其定义如下:

定义 7-7 将一个矩阵

$$\boldsymbol{A}=\begin{bmatrix} a_{11} & a_{12} & \cdots & a_{1n} \\ a_{21} & a_{22} & \cdots & a_{2n} \\ \vdots & \vdots & & \vdots \\ a_{m1} & a_{m2} & \cdots & a_{mn} \end{bmatrix}$$

的行和列按顺序互换得到 $n\times m$ 矩阵,称为 $\boldsymbol{A}$ 的转置矩阵,记作$\boldsymbol{A}^{\mathrm{T}}$,即

$$\boldsymbol{A}^{\mathrm{T}}=\begin{bmatrix} a_{11} & a_{21} & \cdots & a_{m1} \\ a_{12} & a_{22} & \cdots & a_{m2} \\ \vdots & \vdots & & \vdots \\ a_{1n} & a_{2n} & \cdots & a_{nm} \end{bmatrix}.$$

由上述定义可知,转置矩阵$\boldsymbol{A}^{\mathrm{T}}$ 的第 i 行第 j 列的元素等于矩阵$\boldsymbol{A}$ 的第 j 行第 i 列的元素,简记作$\boldsymbol{A}^{\mathrm{T}}$ 的(i,j)元素$=\boldsymbol{A}$ 的(j,i)元素.

对于转置矩阵,有以下结论成立:

(1) 若 $\boldsymbol{A}$ 是 m 行 n 列的矩阵,则$\boldsymbol{A}^{\mathrm{T}}$ 就是一个 n 行 m 列的矩阵;

(2) $(\boldsymbol{A}^{\mathrm{T}})^{\mathrm{T}}=\boldsymbol{A}$;

(3) 任何一个对称矩阵的转置矩阵就是该矩阵本身.

7.2.2 矩阵的运算

1. 矩阵的加法和减法

定义 7-8 设由矩阵 $\boldsymbol{A}=(a_{ij})_{m\times n}$ 与 $\boldsymbol{B}=(b_{ij})_{m\times n}$ 的对应元素相加(或减)而得到的 $m\times n$ 矩阵,称为矩阵 $\boldsymbol{A}$ 与 $\boldsymbol{B}$ 的和(或差),记作 $\boldsymbol{A}+\boldsymbol{B}$(或 $\boldsymbol{A}-\boldsymbol{B}$),即

$$A \pm B = (a_{ij} \pm b_{ij}). \tag{7.6}$$

由上面的定义可知，矩阵的加(减)法其实就是矩阵对应元素的相加(减)，而且只有行数、列数分别相同的两个矩阵，才能作加(减)运算.

例 4 设矩阵 $A=\begin{bmatrix}2 & 1 & 3\\ -7 & 10 & -1\end{bmatrix}$，$B=\begin{bmatrix}-2 & 0 & 5\\ 4 & 3 & -1\end{bmatrix}$，求：

(1)$A+B$；(2)$A-B$.

解： (1)$A+B=\begin{bmatrix}2-2 & 1+0 & 3+5\\ -7+4 & 10+3 & -1-1\end{bmatrix}=\begin{bmatrix}0 & 1 & 8\\ -3 & 13 & -2\end{bmatrix}$；

(2)$A-B=\begin{bmatrix}2+2 & 1-0 & 3-5\\ -7-4 & 10-3 & -1+1\end{bmatrix}=\begin{bmatrix}4 & 1 & -2\\ -11 & 7 & 0\end{bmatrix}$.

设矩阵 A,B,C 都是 $m\times n$ 矩阵，不难验证矩阵的加减法满足以下运算规则：

(1) 加减交换律：$A+B=B+A$；

(2) 加减结合律：$(A+B)+C=A+(B+C)$；

(3)$A-B=A+(-B)$.

2. 数与矩阵相乘

定义 7-9 数 k 乘以矩阵 $A=(a_{ij})_{m\times n}$ 的每个元素所得的矩阵 $(k\,a_{ij})_{m\times n}$ 称为 k 与矩阵 A 的数乘矩阵，记作 kA，即

$$kA=(k\,a_{ij})_{m\times n}.$$

我们可以很容易地验证，对于数 k,l 和矩阵 A，满足以下运算规则：

(1) 数对矩阵的分配律：$k(A+B)=kA+kB$；

(2) 矩阵对数的分配律：$(k+l)A=kA+lA$；

(3) 数与矩阵的结合律：$(kl)A=k(lA)=l(kA)$.

例 5 设矩阵 $A=\begin{bmatrix}2 & 1 & 3\\ -3 & 2 & -1\end{bmatrix}$，矩阵 $B=\begin{bmatrix}6 & 0 & 4\\ 4 & 2 & -1\end{bmatrix}$，求 $2\left(A+\frac{1}{2}B\right)$.

解： $2\left(A+\frac{1}{2}B\right)=2A+B=\begin{bmatrix}4 & 2 & 6\\ -6 & 4 & -2\end{bmatrix}+\begin{bmatrix}6 & 0 & 4\\ 4 & 2 & -1\end{bmatrix}=\begin{bmatrix}10 & 2 & 10\\ -2 & 6 & -3\end{bmatrix}$.

例 6 设矩阵 $A=\begin{bmatrix}3 & -1 & 2\\ 1 & 5 & 7\\ 5 & 4 & -3\end{bmatrix}$，矩阵 $B=\begin{bmatrix}7 & 5 & -4\\ 5 & 1 & 9\\ 3 & -2 & 1\end{bmatrix}$，且 $A+2X=B$，求矩阵 X.

解： 由 $A+2X=B$，可得 $X=\frac{1}{2}(B-A)$.因为

$$B-A=\begin{bmatrix}7 & 5 & -4\\ 5 & 1 & 9\\ 3 & -2 & 1\end{bmatrix}-\begin{bmatrix}3 & -1 & 2\\ 1 & 5 & 7\\ 5 & 4 & -3\end{bmatrix}=\begin{bmatrix}4 & 6 & -6\\ 4 & -4 & 2\\ -2 & -6 & 4\end{bmatrix},$$

所以
$$\frac{1}{2}(B-A)=\frac{1}{2}\begin{bmatrix}4 & 6 & -6\\ 4 & -4 & 2\\ -2 & -6 & 4\end{bmatrix}=\begin{bmatrix}2 & 3 & -3\\ 2 & -2 & 1\\ -1 & -3 & 2\end{bmatrix}.$$

3. 矩阵与矩阵的乘法

某家工厂生产的产品是各类文具,该工厂一号车间的三个班组在一天内生产铅笔与中性笔的产量和这两种笔的单位售价与单位利润如表 7.2 和表 7.3 所示.

表 7.2　某工厂一号车间三个班组生产铅笔和中性笔的数量表

种类 班组	铅笔	中性笔
一班	2000	600
二班	2200	500
三班	1900	800

表 7.3　铅笔和中性笔的单位售价与单位利润表

项目 种类	单位售价	单位利润
铅笔	0.5	0.2
中性笔	5	1

现在需要计算三个班组在一天内生产的这两种产品的总销售额和总利润额.我们可以采取矩阵的方法来解决.用矩阵 $\boldsymbol{A}$ 表示三个班组一天的产量,用矩阵 $\boldsymbol{B}$ 表示铅笔和中性笔的单位售价和单位利润,即

$$\boldsymbol{A}=\begin{bmatrix}2000 & 600\\2200 & 500\\1900 & 800\end{bmatrix},\boldsymbol{B}=\begin{bmatrix}0.5 & 0.2\\5 & 1\end{bmatrix}.$$

如果用矩阵 $\boldsymbol{C}$ 表示三个班组在一天内生产的这两种产品所创造的总销售额和总利润额,则有

$$\boldsymbol{C}=\begin{bmatrix}c_{11} & c_{12}\\c_{21} & c_{22}\\c_{31} & c_{32}\end{bmatrix}=\begin{bmatrix}2000\times0.5+600\times5 & 2000\times0.2+600\times1\\2200\times0.5+500\times5 & 2200\times0.2+500\times1\\1900\times0.5+800\times5 & 1900\times0.2+800\times1\end{bmatrix}$$

$$=\begin{bmatrix}4000 & 1000\\3600 & 940\\4950 & 1180\end{bmatrix}.$$

可见,$\boldsymbol{C}$ 的元素c_{11} 正是矩阵 $\boldsymbol{A}$ 的第 1 行与矩阵 $\boldsymbol{B}$ 的第 1 列所有对应元素的乘积之和,元素 c_{12} 是矩阵 $\boldsymbol{A}$ 的第 1 行与矩阵 $\boldsymbol{B}$ 的第 2 列所有对应元素的乘积之和,以此类推.我们称矩阵 $\boldsymbol{C}$ 为矩阵 $\boldsymbol{A}$ 与 $\boldsymbol{B}$ 的乘积.

定义 7-10　设矩阵 $\boldsymbol{A}=(a_{ij})_{m\times s}$,矩阵 $\boldsymbol{B}=(b_{ij})_{s\times n}$,则称 $m\times n$ 矩阵 $\boldsymbol{C}=(c_{ij})_{m\times n}$ 为矩阵 $\boldsymbol{A}$ 与 $\boldsymbol{B}$ 的乘积,其中

$$c_{ij}=a_{i1}b_{1j}+a_{i2}b_{2j}+\cdots+a_{is}b_{sj}=\sum_{k=1}^{s}a_{ik}b_{kj}\,(i=1,2,\cdots,m;j=1,2,\cdots,n),$$

记作 $\boldsymbol{C}=\boldsymbol{AB}$.

由上述定义可知:

(1) 只有当左矩阵 $\boldsymbol{A}$ 的列数等于右矩阵 $\boldsymbol{B}$ 的行数时，$\boldsymbol{A}$ 和 $\boldsymbol{B}$ 才能作矩阵的乘法运算；

(2) 两个矩阵的乘积 $\boldsymbol{C}=\boldsymbol{AB}$ 亦是矩阵，它的行数等于左矩阵 $\boldsymbol{A}$ 的行数，它的列数等于右矩阵 $\boldsymbol{B}$ 的列数；

(3) 乘积矩阵 $\boldsymbol{C}=\boldsymbol{AB}$ 中的第 i 行第 j 列的元素等于 $\boldsymbol{A}$ 的第 i 行元素与 $\boldsymbol{B}$ 的第 j 列对应元素的乘积之和，故简称行乘列法则.

例 7 设矩阵 $\boldsymbol{A}=\begin{bmatrix}3 & -1\\4 & 5\\0 & 2\end{bmatrix}$，矩阵 $\boldsymbol{B}=\begin{bmatrix}7 & -3\\5 & 8\end{bmatrix}$，计算 $\boldsymbol{AB}$.

解：
$$\boldsymbol{AB}=\begin{bmatrix}3\times7+(-1)\times5 & 3\times(-3)+(-1)\times8\\4\times7+5\times5 & 4\times(-3)+5\times8\\0\times7+2\times5 & 0\times(-3)+2\times8\end{bmatrix}=\begin{bmatrix}16 & -17\\53 & 28\\10 & 16\end{bmatrix}.$$

注意：在此例中计算 $\boldsymbol{BA}$ 是无效的，因为矩阵 $\boldsymbol{B}$ 的列数与矩阵 $\boldsymbol{A}$ 的行数不相等，无法做矩阵的乘法运算.

例 8 设矩阵 $\boldsymbol{A}=\begin{bmatrix}1 & -1\\-1 & 1\end{bmatrix}$，矩阵 $\boldsymbol{B}=\begin{bmatrix}1 & 1\\-1 & -1\end{bmatrix}$，计算 $\boldsymbol{AB}$ 和 $\boldsymbol{BA}$.

解：
$$\boldsymbol{AB}=\begin{bmatrix}1 & -1\\-1 & 1\end{bmatrix}\begin{bmatrix}1 & 1\\-1 & -1\end{bmatrix}=\begin{bmatrix}2 & 2\\-2 & -2\end{bmatrix},$$
$$\boldsymbol{BA}=\begin{bmatrix}1 & 1\\-1 & -1\end{bmatrix}\begin{bmatrix}1 & -1\\-1 & 1\end{bmatrix}=\begin{bmatrix}0 & 0\\0 & 0\end{bmatrix}.$$

由以上两个例子我们可以看到：

(1) 两个矩阵相乘，$\boldsymbol{AB}$ 有意义，但 $\boldsymbol{BA}$ 可能无意义，即使 $\boldsymbol{BA}$ 有意义，但也不一定 $\boldsymbol{AB}=\boldsymbol{BA}$，所以矩阵的乘法一般不满足交换律；

(2) 矩阵 $\boldsymbol{A}\neq\boldsymbol{0}$，$\boldsymbol{B}\neq\boldsymbol{0}$，然而 $\boldsymbol{AB}=\boldsymbol{0}$，即两个非零矩阵的乘积为零矩阵，这也是与数的乘法不同的地方.由此说明，若 $\boldsymbol{AB}=\boldsymbol{0}$，一般不能推导出 $\boldsymbol{A}=\boldsymbol{0}$ 或 $\boldsymbol{B}=\boldsymbol{0}$，亦即一般地，不能在矩阵乘积等式两边消去相同的矩阵.

矩阵乘法有如下运算规律：

(1) 结合律：$(\boldsymbol{AB})\boldsymbol{C}=\boldsymbol{A}(\boldsymbol{BC})$.

(2) 数乘结合律：$k(\boldsymbol{AB})=(k\boldsymbol{A})\boldsymbol{B}=\boldsymbol{A}(k\boldsymbol{B})$（其中 k 为常数）.

(3) 分配律：$\boldsymbol{A}(\boldsymbol{B}+\boldsymbol{C})=\boldsymbol{AB}+\boldsymbol{AC}$（左分配率），$(\boldsymbol{B}+\boldsymbol{C})\boldsymbol{A}=\boldsymbol{BA}+\boldsymbol{CA}$（右分配率）.

为了方便，常把 k 个方阵 $\boldsymbol{A}$ 相乘，记作 $\boldsymbol{A}^k$，称为 $\boldsymbol{A}$ 的 k 次幂.

同步练习 7.2

1. 设矩阵 $\boldsymbol{A}=\begin{bmatrix}6 & 0 & -4\\-2 & 4 & -2\end{bmatrix}$，矩阵 $\boldsymbol{B}=\begin{bmatrix}-2 & 3 & 4\\0 & -3 & 1\end{bmatrix}$，$k=2$.

(1) $\boldsymbol{A}+\boldsymbol{B}$；　　(2) $\boldsymbol{A}-\boldsymbol{B}$；

(3) $k\boldsymbol{A}$；　　(4) $\frac{1}{2}(\boldsymbol{A}-k\boldsymbol{B})$.

2. 设矩阵 $\boldsymbol{A}=\begin{bmatrix}2 & 1\\4 & 0\\3 & 1\end{bmatrix}$，矩阵 $\boldsymbol{B}=\begin{bmatrix}6 & -1\\-2 & 9\end{bmatrix}$，矩阵 $\boldsymbol{C}=\begin{bmatrix}2 & 3\\-1 & 6\\4 & -2\end{bmatrix}$，请判断以下矩阵的乘

法哪些有效,哪些无效,并计算出有效的结果:

(1)$\boldsymbol{AB}$ 和 $\boldsymbol{BA}$;

(2)$\boldsymbol{AC}$ 和 $\boldsymbol{CA}$;

(3)$\boldsymbol{BC}$ 和 $\boldsymbol{CB}$.

3. 计算下列矩阵.

(1) $\begin{bmatrix}-1 & 2 & 3\end{bmatrix}\begin{bmatrix}3\\2\\1\end{bmatrix}$;　　(2) $\begin{bmatrix}3\\2\\1\end{bmatrix}\begin{bmatrix}-1 & 2 & 3\end{bmatrix}$;

(3) $\begin{bmatrix}2 & 3 & 1\\4 & 2 & 1\end{bmatrix}\begin{bmatrix}3 & 2\\1 & 2\\1 & 5\end{bmatrix}$;　　(4) $\begin{bmatrix}3 & 2\\1 & 2\\1 & 5\end{bmatrix}\begin{bmatrix}2 & 3 & 1\\4 & 2 & 1\end{bmatrix}$.

4. 设 $\boldsymbol{A}=\begin{bmatrix}3 & -1 & 0\\2 & 4 & 1\\-5 & 1 & 3\end{bmatrix}$,$\boldsymbol{B}=\begin{bmatrix}5 & -1 & 2\\4 & 6 & 1\\-3 & 1 & 3\end{bmatrix}$,求满足方程 $3\boldsymbol{A}-2\boldsymbol{X}=\boldsymbol{B}$ 的矩阵 $\boldsymbol{X}$.

子项目 7.3　矩阵的初等行变换与矩阵的秩

7.3.1　矩阵的初等变换

线性方程组的主要求解方法是消元法,在使用消元法求解过程中,运用了三种变换方法:

(1) 交换两个方程的位置;

(2) 用一个非零数乘方程;

(3) 用一个非零的数乘某个方程后加到另一个方程上去.

将方程组进行上述三种变换后所得到的新方程组与原方程组是同解的,这三种变换称为线性方程组的初等变换,所以初等变换不改变线性方程组的解.

由于对方程组做初等变换时,只是对方程组的系数和常数项进行运算,而未知量并未参与运算,因此对方程组进行初等变换,实质上就是对方程组的系数与常数项构成的矩阵进行相应的变换.于是有下面的矩阵初等变换的定义.

定义 7-11　对矩阵的行(列)做以下三种变换,称为矩阵的行(或列)初等变换.

(1) 位置交换:交换矩阵的任意两行(或两列);

(2) 倍乘变换:用一个非零常数乘以矩阵的某一行(或一列);

(3) 倍加变换:用一个常数乘以矩阵的某一行(或某一列),加到另一行(或另一列)上去.

定义 7-12　矩阵 $\boldsymbol{A}$ 经过有限次初等变换化为矩阵 $\boldsymbol{B}$,则称矩阵 $\boldsymbol{A}$ 与矩阵 $\boldsymbol{B}$ 等价,记作 $\boldsymbol{A}\backsim\boldsymbol{B}$.

定义 7-13　满足以下条件的矩阵称为阶梯形矩阵.

(1) 若矩阵有零行,则矩阵的零行在矩阵的最下方;

(2) 各个非零行的第一个非零元素的列标随着行标的增大而严格递增.

例如，$\boldsymbol{A}=\begin{bmatrix}1 & 2 & -1\\0 & 1 & 1\\0 & 0 & 0\end{bmatrix}$，$\boldsymbol{B}=\begin{bmatrix}4 & 1 & 2 & 3\\0 & 0 & 3 & 0\\0 & 0 & 0 & 2\end{bmatrix}$都是阶梯形矩阵.

例 9 用矩阵的行初等变换将矩阵 $\boldsymbol{A}=\begin{bmatrix}2 & 4 & 0\\3 & 5 & 2\\1 & 0 & 3\end{bmatrix}$化为阶梯形矩阵.

解： $$\boldsymbol{A}=\begin{bmatrix}2 & 4 & 0\\3 & 5 & 2\\1 & 0 & 3\end{bmatrix}\xrightarrow{\frac{1}{2}\times①\text{行}}\begin{bmatrix}1 & 2 & 0\\3 & 5 & 2\\1 & 0 & 3\end{bmatrix}\xrightarrow[③\text{行}+(-1)\times①\text{行}]{②\text{行}+(-3)\times①\text{行}}$$

$$\begin{bmatrix}1 & 2 & 0\\0 & -1 & 2\\0 & -2 & 3\end{bmatrix}\xrightarrow{③\text{行}+(-2)\times②\text{行}}\begin{bmatrix}1 & 2 & 0\\0 & -1 & 2\\0 & 0 & -1\end{bmatrix}.$$

如果阶梯形矩阵还满足以下条件：

(1) 各非零行的第一个非零元素都是 1；

(2) 所有第一个非零元素所在列的其余元素都是零，

那么该矩阵称为行简化阶梯形矩阵或简化阶梯形矩阵.例如

$$\boldsymbol{C}=\begin{bmatrix}1 & 0 & -1\\0 & 1 & 1\\0 & 0 & 0\end{bmatrix},\boldsymbol{D}=\begin{bmatrix}1 & 1 & 0 & 0\\0 & 0 & 1 & 0\\0 & 0 & 0 & 1\end{bmatrix}.$$

我们对例 9 所得到的阶梯形矩阵再进行行初等变换，就可将其化为简化阶梯形矩阵：

$$\begin{bmatrix}1 & 2 & 0\\0 & -1 & 2\\0 & 0 & -1\end{bmatrix}\xrightarrow{②\text{行}+2\times③\text{行}}\begin{bmatrix}1 & 2 & 0\\0 & -1 & 0\\0 & 0 & -1\end{bmatrix}\xrightarrow{①\text{行}+2\times②\text{行}}\begin{bmatrix}1 & 0 & 0\\0 & -1 & 0\\0 & 0 & -1\end{bmatrix}$$

$$\xrightarrow[(-1)\times③\text{行}]{(-1)\times②\text{行}}\begin{bmatrix}1 & 0 & 0\\0 & 1 & 0\\0 & 0 & 1\end{bmatrix}=\boldsymbol{e}.$$

关于矩阵的初等变换，有如下定理：

定理 任意一个矩阵都可以通过一系列行初等变换化为与其等价的阶梯形矩阵和简化阶梯形矩阵.

7.3.2 矩阵的秩

定义 7-14 在 m 行 n 列的矩阵中，任取 k 行 k 列，位于这些行、列相交处的元素所构成的 k 阶行列式，叫作矩阵 $\mathbf{A}$ 的 k 阶子式.例如，矩阵

$$\boldsymbol{A}=\begin{bmatrix}2 & 1 & -1 & 15\\1 & 5 & 6 & -9\\3 & 1 & 7 & -2\end{bmatrix},$$

我们从矩阵 $\mathbf{A}$ 中选取第 1、2 两行和第 2、3 两列相交的元素，可以构成一个二阶子式 $\begin{vmatrix}1 & -1\\5 & 6\end{vmatrix}$；

选取第 1、2、3 三行和第 2、3、4 三列相交的元素构成一个三阶子式 $\begin{vmatrix} 1 & -1 & 15 \\ 5 & 6 & -9 \\ 1 & 7 & -2 \end{vmatrix}$.

显然,一个 n 阶方阵 $\mathbf{A}$ 的 n 阶子式,就是方阵 $\mathbf{A}$ 的行列式 $|\mathbf{A}|$.

定义 7-15 若矩阵 $\mathbf{A}$ 中至少有一个 r 阶子式不为零,而所有高于 r 阶的子式都为零,则数 r 叫作矩阵 $\mathbf{A}$ 的秩,记作 $r(\mathbf{A})$,即 $r(\mathbf{A})=r$.

例 10 矩阵 $\mathbf{A}=\begin{bmatrix} 3 & 1 & -2 & 3 \\ 1 & 0 & -2 & 7 \\ 2 & 1 & 0 & 6 \end{bmatrix}$,求该矩阵的秩.

解: $$\mathbf{A}=\begin{bmatrix} 3 & 1 & -2 & 3 \\ 1 & 0 & -2 & 7 \\ 2 & 1 & 0 & 6 \end{bmatrix} \xrightarrow{\text{② 行与① 行交换}} \begin{bmatrix} 1 & 0 & -2 & 7 \\ 3 & 1 & -2 & 3 \\ 2 & 1 & 0 & 6 \end{bmatrix}$$

$$\xrightarrow[\text{③ 行}+(-2)\times\text{① 行}]{\text{② 行}+(-3)\times\text{① 行}} \begin{bmatrix} 1 & 0 & -2 & 7 \\ 0 & 1 & 4 & -18 \\ 0 & 1 & 4 & -8 \end{bmatrix} \xrightarrow{\text{③ 行}-\text{② 行}} \begin{bmatrix} 1 & 0 & -2 & 7 \\ 0 & 1 & 4 & -18 \\ 0 & 0 & 0 & 10 \end{bmatrix},$$

所以 $r(\mathbf{A})=3$,即矩阵 $\mathbf{A}$ 的秩为 3.

同步练习 7.3

1. 将下列矩阵转化为阶梯形矩阵.

(1) $\begin{bmatrix} 3 & 2 & 4 \\ 1 & 0 & -2 \end{bmatrix}$;　　(2) $\begin{bmatrix} 1 & 3 & 2 \\ 3 & 5 & -1 \\ 1 & 0 & 1 \end{bmatrix}$;

(3) $\begin{bmatrix} 3 & 1 & 2 & 4 \\ 2 & 0 & -8 & 2 \\ 1 & -1 & 1 & 1 \end{bmatrix}$;　　(4) $\begin{bmatrix} 1 & -1 & 2 & 1 & 0 \\ 3 & 3 & -6 & -3 & 0 \\ 3 & 0 & 6 & -1 & 1 \\ 2 & -2 & 4 & 2 & 0 \end{bmatrix}$.

2. 将下列矩阵转化为简化阶梯形矩阵.

(1) $\begin{bmatrix} 2 & 1 & -2 \\ 1 & -2 & 4 \\ 3 & 1 & 2 \end{bmatrix}$;　　(2) $\begin{bmatrix} 1 & 2 & 3 & 4 \\ 2 & -1 & 1 & 0 \\ 1 & 1 & 2 & 2 \end{bmatrix}$;

(3) $\begin{bmatrix} 1 & 2 & -1 & 1 \\ 1 & -2 & 1 & 0 \\ 4 & 2 & -1 & 1 \end{bmatrix}$;　　(4) $\begin{bmatrix} 0 & 1 & 1 & -1 & 2 \\ 0 & 2 & 2 & 2 & 0 \\ 0 & -1 & -1 & 1 & 1 \\ 1 & 1 & 0 & 0 & -1 \end{bmatrix}$.

3. 求下列矩阵的秩.

(1) $\mathbf{A}=\begin{bmatrix} 1 & 2 & 4 \\ -1 & -2 & 8 \end{bmatrix}$;　　(2) $\mathbf{A}=\begin{bmatrix} 1 & 2 & 4 \\ -1 & -2 & 8 \\ 1 & 2 & 16 \end{bmatrix}$;

(3)$\boldsymbol{A}=\begin{bmatrix}1 & 2 & 4\\-1 & -2 & 8\\1 & 3 & 13\end{bmatrix}$；　　(4)$\boldsymbol{A}=\begin{bmatrix}1 & 2 & 3 & 4\\2 & 8 & 3 & 5\\-1 & -3 & 5 & -2\end{bmatrix}$；

(5)$\boldsymbol{A}=\begin{bmatrix}3 & 1 & 0 & 2\\1 & -1 & 2 & -1\\1 & 3 & -4 & 4\end{bmatrix}$；　　(6)$\boldsymbol{A}=\begin{bmatrix}1 & 3 & 4 & 3\\0 & 8 & -4 & -1\\2 & -3 & 3 & 1\\4 & 2 & 1 & 5\end{bmatrix}$.

子项目 7.4　线性方程组的解的一般理论

7.4.1　线性方程组的矩阵形式

定义 7-16　设线性方程组的一般形式为

$$\begin{cases}a_{11}x_1+a_{12}x_2+\cdots+a_{1n}x_n=b_1,\\a_{21}x_1+a_{22}x_2+\cdots+a_{2n}x_n=b_2,\\\qquad\vdots\\a_{m1}x_1+a_{m2}x_2+\cdots+a_{mn}x_n=b_m,\end{cases}\tag{7.7}$$

其中，$x_1,x_2,\cdots,x_n$ 表示未知量，$a_{ij}(i=1,2,\cdots,m;j=1,2,\cdots,n)$ 表示未知量的系数，b_1，$b_2,\cdots,b_n$ 表示常数项.

当$b_i(i=1,2,\cdots,m)$ 不全为零时，方程组(7.7) 称为非齐次线性方程组或一般线性方程组；当$b_i(i=1,2,\cdots,m)$ 全为零时，方程组(7.7) 称为齐次线性方程组.

若令

$$\boldsymbol{A}=\begin{bmatrix}a_{11} & a_{12} & \cdots & a_{1n}\\a_{21} & a_{22} & \cdots & a_{2n}\\\vdots & \vdots & & \vdots\\a_{m1} & a_{m2} & \cdots & a_{mn}\end{bmatrix},\boldsymbol{X}=\begin{bmatrix}x_1\\x_2\\\vdots\\x_n\end{bmatrix},\boldsymbol{B}=\begin{bmatrix}b_1\\b_2\\\vdots\\b_n\end{bmatrix},$$

根据矩阵的乘法法则，方程组(7.7) 可以表示为矩阵方程

$$\boldsymbol{AX}=\boldsymbol{B}.\tag{7.8}$$

其中，$\boldsymbol{A}$ 称为方程组(7.7) 的系数矩阵，$\boldsymbol{X}$ 称为未知量矩阵，$\boldsymbol{B}$ 称为常数项矩阵.

方程组(7.7) 的系数与常数项组成的矩阵

$$\widetilde{\boldsymbol{A}}=\begin{bmatrix}a_{11} & a_{12} & \cdots & a_{1n} & b_1\\a_{21} & a_{22} & \cdots & a_{2n} & b_2\\\vdots & \vdots & & \vdots & \vdots\\a_{m1} & a_{m2} & \cdots & a_{mn} & b_n\end{bmatrix}$$

称为方程组(7.7) 或方程组(7.8) 的增广矩阵.

7.4.2 一般线性方程组解的讨论

1. 一般线性方程组解的判定

定理 7-1 设 $\boldsymbol{A}$ 和 $\widetilde{\boldsymbol{A}}$ 分别是方程组的系数矩阵和增广矩阵，那么

(1) 线性方程组(7.7) 有唯一解的充分必要条件是：$r(\boldsymbol{A})=r(\widetilde{\boldsymbol{A}})=n$；

(2) 线性方程组(7.7) 有无穷多解的充分必要条件是：$r(\boldsymbol{A})=r(\widetilde{\boldsymbol{A}})<n$.

显然，线性方程组(7.7) 无解的充分必要条件是：$r(\boldsymbol{A})\neq r(\widetilde{\boldsymbol{A}})$（或 $r(\boldsymbol{A})<r(\widetilde{\boldsymbol{A}})$）.

例 11 判断线性方程组 $\begin{cases}2x_1-x_2+4x_3=0,\\4x_1-2x_2+5x_3=4,\\2x_1-x_2+3x_3=1\end{cases}$ 是否有解，如果方程组有解，有几个解？

解： 设方程组系数矩阵为 $\boldsymbol{A}$，增广矩阵为 $\widetilde{\boldsymbol{A}}$.因为

$$\widetilde{\boldsymbol{A}}=\begin{bmatrix}2&-1&4&0\\4&-2&5&4\\2&-1&3&1\end{bmatrix}\xrightarrow[\text{③行}+(-1)\times\text{①行}]{\text{②行}+(-2)\times\text{①行}}\begin{bmatrix}2&-1&4&0\\0&0&-3&4\\0&0&-1&1\end{bmatrix}\xrightarrow{\text{②行与③行互换}}$$

$$\begin{bmatrix}2&-1&4&0\\0&0&-1&1\\0&0&-3&4\end{bmatrix}\xrightarrow{\text{③行}+(-3)\times\text{②行}}\begin{bmatrix}2&-1&4&0\\0&0&-1&1\\0&0&0&1\end{bmatrix},$$

显然 $r(\boldsymbol{A})=2$，$r(\widetilde{\boldsymbol{A}})=3$，两者不相等，所以方程组无解.

例 12 判断线性方程组 $\begin{cases}2x_1-x_2+3x_3=1,\\x_1+x_3=3,\\2x_1+x_2+x_3=11\end{cases}$ 是否有解，如果方程组有解，有几个解？

解： 设方程组系数矩阵为 $\boldsymbol{A}$，增广矩阵为 $\widetilde{\boldsymbol{A}}$.因为

$$\widetilde{\boldsymbol{A}}=\begin{bmatrix}2&-1&3&1\\1&0&1&3\\2&1&1&11\end{bmatrix}\xrightarrow{\text{①行与②行互换}}\begin{bmatrix}1&0&1&3\\2&-1&3&1\\2&1&1&11\end{bmatrix}\xrightarrow[\text{③行}+(-2)\times\text{①行}]{\text{②行}+(-2)\times\text{①行}}$$

$$\begin{bmatrix}1&0&1&3\\0&-1&1&-5\\0&1&-1&5\end{bmatrix}\xrightarrow{\text{③行}+\text{②行}}\begin{bmatrix}1&0&1&3\\0&-1&1&-5\\0&0&0&0\end{bmatrix},$$

显然 $r(\boldsymbol{A})=r(\widetilde{\boldsymbol{A}})=2<3$（未知量个数），所以该方程组有解，且有无穷多个解.

2. 线性方程组解的求法

定理 7-2 如果用初等变换将方程组 $\boldsymbol{AX}=\boldsymbol{B}$ 的增广矩阵 $[\boldsymbol{A}\mid\boldsymbol{B}]$ 化成 $[\boldsymbol{C}\mid\boldsymbol{D}]$，那么方程组 $\boldsymbol{AX}=\boldsymbol{B}$ 与 $\boldsymbol{CX}=\boldsymbol{D}$ 是同解方程组.

为了求线性方程组(7.7) 的解，可用矩阵的行初等变换将增广矩阵 $\widetilde{\boldsymbol{A}}=[\boldsymbol{A}\mid\boldsymbol{B}]$ 化为简化阶梯形矩阵，再求由简化阶梯形矩阵所确定的方程组的解，也就得到了线性方程组(7.7) 的解.这种利用方程组的增广矩阵求解线性方程组的方法称为“高斯 - 约当(Gauss-Jordan) 消元法”，它

的优点在于既可讨论方程组的存在性，又能把解求出来.

例 13 用初等变换求解方程组

$$\begin{cases} 2x_1-3x_2+x_3-x_4=3, \\ 3x_1+x_2+x_3+x_4=0, \\ 4x_1-x_2-x_3-x_4=7, \\ -2x_1-x_2+x_3+x_4=-5. \end{cases}$$

解： 设方程组系数矩阵为 $\mathbf{A}$，增广矩阵为$\widetilde{\mathbf{A}}$.对$\widetilde{\mathbf{A}}$ 进行行初等变换，可得

$$\widetilde{\mathbf{A}}=\begin{bmatrix} 2 & -3 & 1 & -1 & 3 \\ 3 & 1 & 1 & 1 & 0 \\ 4 & -1 & -1 & -1 & 7 \\ -2 & -1 & 1 & 1 & -5 \end{bmatrix} \xrightarrow{\text{① 行与 ② 行互换}} \begin{bmatrix} 3 & 1 & 1 & 1 & 0 \\ 2 & -3 & 1 & -1 & 3 \\ 4 & -1 & -1 & -1 & 7 \\ -2 & -1 & 1 & 1 & -5 \end{bmatrix} \xrightarrow{\text{① 行}+\text{③ 行}}$$

$$\begin{bmatrix} 7 & 0 & 0 & 0 & 7 \\ 2 & -3 & 1 & -1 & 3 \\ 4 & -1 & -1 & -1 & 7 \\ -2 & -1 & 1 & 1 & -5 \end{bmatrix} \xrightarrow{\frac{1}{7}\times\text{① 行}} \begin{bmatrix} 1 & 0 & 0 & 0 & 1 \\ 2 & -3 & 1 & -1 & 3 \\ 4 & -1 & -1 & -1 & 7 \\ -2 & -1 & 1 & 1 & -5 \end{bmatrix} \xrightarrow[-1\times\text{④ 行}]{\substack{\text{② 行}-2\times\text{① 行} \\ \text{③ 行}-4\times\text{① 行} \\ \text{④ 行}+2\times\text{① 行}}}$$

$$\begin{bmatrix} 1 & 0 & 0 & 0 & 1 \\ 0 & -3 & 1 & -1 & 1 \\ 0 & -1 & -1 & -1 & 3 \\ 0 & 1 & -1 & -1 & 3 \end{bmatrix} \xrightarrow{\text{② 行与 ④ 行互换}} \begin{bmatrix} 1 & 0 & 0 & 0 & 1 \\ 0 & 1 & -1 & -1 & 3 \\ 0 & -1 & -1 & -1 & 3 \\ 0 & -3 & 1 & -1 & 1 \end{bmatrix} \rightarrow \cdots \rightarrow$$

$$\begin{bmatrix} 1 & 0 & 0 & 0 & 1 \\ 0 & 1 & 0 & 0 & 0 \\ 0 & 0 & 1 & 0 & -1 \\ 0 & 0 & 0 & 1 & -2 \end{bmatrix},$$

因此，上述方程组的解为$x_1=1,x_2=0,x_3=-1,x_4=-2$.

例 14 计算方程组$\begin{cases} x_1+x_2+x_3+x_4=0, \\ x_1+3x_2+2x_3+4x_4=-6, \\ 2x_1+x_3-x_4=6 \end{cases}$的解.

解： 上述方程组的增广矩阵为$\widetilde{\mathbf{A}}=\begin{bmatrix} 1 & 1 & 1 & 1 & 0 \\ 1 & 3 & 2 & 4 & -6 \\ 2 & 0 & 1 & -1 & 6 \end{bmatrix}$，该矩阵经过一系列的行初等变换后，可以得到简化阶梯形矩阵（过程略）：

$$\begin{bmatrix} 1 & 0 & \frac{1}{2} & -\frac{1}{2} & 3 \\ 0 & 1 & \frac{1}{2} & \frac{3}{2} & -3 \\ 0 & 0 & 0 & 0 & 0 \end{bmatrix},$$

于是我们可以得到与原方程组同解的方程组

$$\begin{cases} x_1+\dfrac{1}{2}x_3-\dfrac{1}{2}x_4=3, \\ x_2+\dfrac{1}{2}x_3+\dfrac{3}{2}x_4=-3, \end{cases}$$

令 $x_3=c_1, x_4=c_2$，可得原方程组的解为

$$\begin{cases} x_1=-\dfrac{1}{2}c_1+\dfrac{1}{2}c_2+3, \\ x_2=-\dfrac{1}{2}c_1-\dfrac{3}{2}c_2-3, \\ x_3=c_1, \\ x_4=c_2. \end{cases}$$

其中，c_1, c_2 为任意选取的常数.所以它给出了方程组的无穷多组解，这种解的形式为方程组的通解或一般解.

7.4.3 齐次线性方程组解的讨论

设有齐次线性方程组

$$\begin{cases} a_{11}x_1+a_{12}x_2+\cdots+a_{1n}x_n=0, \\ a_{21}x_1+a_{22}x_2+\cdots+a_{2n}x_n=0, \\ \qquad\qquad\vdots \\ a_{m1}x_1+a_{m2}x_2+\cdots+a_{mn}x_n=0. \end{cases} \tag{7.9}$$

可以知道，上述方程组的系数矩阵 $\mathbf{A}$ 和它的增广矩阵 $\widetilde{\mathbf{A}}$ 的秩总是相等的，所以该方程组总是有解，而且零解一定是它的解.于是，我们有了下面的定理.

定理 7-3 齐次线性方程组(7.9)有非零解的充分必要条件是它的系数矩阵 $\mathbf{A}$ 的秩 k 小于它的未知量的个数 n.

事实上，当 $k=n$ 时，方程组(7.9)只有零解；当 $k<n$ 时，方程组(7.9)有无穷多的解.由此可见，上述方程组除零解外，还有非零解.

推论

(1) 如果 $m=n$ 时，齐次线性方程组(7.9)有非零解的充分必要条件是它的系数行列式 $|\mathbf{A}|=0$；

(2) 如果 $m=n$ 时，齐次线性方程组(7.9)只有零解的充分必要条件是它的系数行列式 $|\mathbf{A}|\neq 0$；

(3) 如果 $m<n$ 时，齐次线性方程组(7.9)必有非零解.

例 15 求解齐次线性方程组

$$\begin{cases} x_1-x_2+5x_3-x_4=0, \\ x_1+x_2-2x_3+3x_4=0, \\ 3x_1-x_2+8x_3+x_4=0, \\ x_1+3x_2-9x_3+7x_4=0. \end{cases}$$

解： 由于齐次线性方程组是一般线性方程组的特例，所以“高斯 - 约当消元法”对它仍然适用.

$$A=\begin{bmatrix}1&-1&5&-1\\1&1&-2&3\\3&-1&8&1\\1&3&-9&7\end{bmatrix}\xrightarrow[\text{④行}+(-1)\times\text{①行}]{\substack{\text{②行}+(-1)\times\text{①行}\\\text{③行}+(-3)\times\text{①行}}}\begin{bmatrix}1&-1&5&-1\\0&2&-7&4\\0&2&-7&4\\0&4&-14&8\end{bmatrix}\xrightarrow{\substack{\text{③行}+(-1)\times\text{②行}\\\text{④行}+(-2)\times\text{②行}}}$$

$$\begin{bmatrix}1&-1&5&-1\\0&2&-7&4\\0&0&0&0\\0&0&0&0\end{bmatrix}\xrightarrow{\frac{1}{2}\times\text{②行}}\begin{bmatrix}1&-1&5&-1\\0&1&-\frac{7}{2}&2\\0&0&0&0\\0&0&0&0\end{bmatrix}\xrightarrow{\text{①行}+\text{②行}}\begin{bmatrix}1&0&\frac{3}{2}&1\\0&1&-\frac{7}{2}&2\\0&0&0&0\\0&0&0&0\end{bmatrix}=\boldsymbol{B}.$$

由矩阵 $\boldsymbol{B}$ 可知，$r(\boldsymbol{A})=2<4$(未知量个数)，所以该齐次线性方程组有无穷多解，其中x_3，x_4 为自由未知量，设其分别取任意常数c_1，c_2，于是得到方程组的解为

$$x_1=-\frac{3}{2}c_1-c_2,x_2=\frac{7}{2}c_1-2c_2,x_3=c_1,x_4=c_2.$$

同步练习 7.4

1. 求解下列方程组.

(1) $\begin{cases}x_1+2x_2+3x_3=-7,\\2x_1-x_2+2x_3=-8,\\x_1+3x_2=7;\end{cases}$

(2) $\begin{cases}x_1+2x_3-x_4=6,\\3x_1-2x_2+x_4=7,\\3x_1+x_3+2x_4=12,\\3x_1+2x_2+2x_3+3x_4=20;\end{cases}$

(3) $\begin{cases}2x_1+x_2-x_3+x_4=1,\\3x_1-2x_2+x_3-3x_4=4,\\x_1+4x_2-3x_3+5x_4=-2;\end{cases}$

(4) $\begin{cases}x_1+2x_2-3x_3-x_4=-2,\\-3x_1+x_2+2x_3-4x_4=5,\\2x_1-3x_2+x_3+5x_4=6.\end{cases}$

2. 请计算，当 λ 为何值时，线性方程组

$$\begin{cases}2x_1-x_2+x_3+x_4=1,\\x_1+2x_2-x_3+4x_4=2,\\x_1+7x_2-4x_3+11x_4=\lambda\end{cases}$$

(1) 无解；(2) 有解，并求出其解.

复习题 7

1. 判断题.

(1) 三阶行列式 $\begin{vmatrix}a_{11}&a_{12}&a_{13}\\a_{21}&a_{22}&a_{23}\\a_{31}&a_{32}&a_{33}\end{vmatrix}$ 可以化简成如下形式：

$$a_{11}\begin{vmatrix}a_{22}&a_{23}\\a_{32}&a_{33}\end{vmatrix}+a_{12}\begin{vmatrix}a_{21}&a_{23}\\a_{31}&a_{33}\end{vmatrix}+a_{13}\begin{vmatrix}a_{21}&a_{22}\\a_{31}&a_{32}\end{vmatrix}.$$ (　　)

(2) 行列式与它的转置行列式相等，即$D'=D$. (　　)

(3) 矩阵与行列式是有本质区别的，行列式是一个算式，一个数字行列式通过计算可求得

其值，而矩阵仅仅是一个数表，它的行数和列数可以不同. （　　）

(4) 任何一个矩阵的转置矩阵就是该矩阵本身. （　　）

(5) 矩阵 $\boldsymbol{A}$ 经过有限次的初等变换化为矩阵 $\boldsymbol{B}$，则称矩阵 $\boldsymbol{A}$ 与矩阵 $\boldsymbol{B}$ 等价，记作 $\boldsymbol{A} \backsim \boldsymbol{B}$. （　　）

(6) 两个矩阵相乘，如果 $\boldsymbol{AB}$ 有意义，那么 $\boldsymbol{BA}$ 肯定也有意义. （　　）

(7) 两个矩阵相乘，如果 $\boldsymbol{AB}$ 相乘有意义，且 $\boldsymbol{BA}$ 相乘也有意义，那么 $\boldsymbol{AB}$ 必然等于 $\boldsymbol{BA}$. （　　）

(8) 矩阵 $\begin{bmatrix} 4 & 1 & 2 & 3 \\ 0 & 0 & 3 & 0 \\ 0 & 0 & 0 & 2 \end{bmatrix}$ 是阶梯形矩阵，但不是简化阶梯形矩阵. （　　）

(9) 设某线性方程组的系数矩阵为 $\boldsymbol{A}$，增广矩阵为 $\widetilde{\boldsymbol{A}}$，那么该方程组有唯一解的充分必要条件是：$r(\boldsymbol{A})=r(\widetilde{\boldsymbol{A}})=n$. （　　）

(10) 设某线性方程组的系数矩阵为 $\boldsymbol{A}$，增广矩阵为 $\widetilde{\boldsymbol{A}}$，那么该方程组无解的充分必要条件是：$r(\boldsymbol{A}) \neq r(\widetilde{\boldsymbol{A}})$（或 $r(\boldsymbol{A}) < r(\widetilde{\boldsymbol{A}})$）. （　　）

2. 计算下列行列式的值.

(1) $\begin{vmatrix} 1 & 4 \\ 8 & 9 \end{vmatrix}$；　　(2) $\begin{vmatrix} 0 & 1 & 2 \\ 2 & 5 & 6 \\ 1 & 2 & 8 \end{vmatrix}$；

(3) $\begin{vmatrix} 5 & 1 & 2 \\ 2 & 5 & 6 \\ 1 & 2 & 8 \end{vmatrix}$；　　(4) $\begin{vmatrix} 4 & 2 & 1 & 1 \\ 3 & 2 & -1 & 1 \\ -2 & 5 & 2 & 6 \\ 6 & 7 & 0 & 8 \end{vmatrix}$.

3. 计算下列矩阵的乘法的结果.

(1) $\begin{bmatrix} 1 & 4 & 7 \\ 2 & 5 & 8 \end{bmatrix}\begin{bmatrix} 7 & 4 \\ 5 & 2 \\ 1 & 3 \end{bmatrix}$；　　(2) $\begin{bmatrix} 7 & 4 \\ 5 & 2 \\ 1 & 3 \end{bmatrix}\begin{bmatrix} 1 & 4 & 7 \\ 2 & 5 & 8 \end{bmatrix}$；

(3) $\begin{bmatrix} 2 & 3 & -2 \\ 3 & 7 & 9 \\ 10 & 5 & 8 \end{bmatrix}\begin{bmatrix} 1 & 4 & -2 \\ 4 & 6 & 5 \\ 2 & 7 & 3 \end{bmatrix}$；　　(4) $\begin{bmatrix} 3 & -2 \\ 2 & -9 \\ -4 & 8 \end{bmatrix}\begin{bmatrix} 1 & 4 & -2 \\ 4 & 6 & 5 \\ 2 & 7 & 3 \end{bmatrix}$.

4. 求下列矩阵的秩.

(1) $\boldsymbol{A}=\begin{bmatrix} 2 & 1 & 3 \\ 4 & 2 & 6 \end{bmatrix}$；　　(2) $\boldsymbol{A}=\begin{bmatrix} 1 & 2 & 6 \\ 0 & 3 & 7 \\ 2 & 4 & 10 \end{bmatrix}$；

(3) $\boldsymbol{A}=\begin{bmatrix} 1 & 2 & 6 \\ 0 & 3 & 7 \\ 2 & 1 & 5 \end{bmatrix}$；　　(4) $\boldsymbol{A}=\begin{bmatrix} 1 & 3 & -4 & 7 \\ 2 & 5 & 8 & 12 \\ -2 & -3 & -5 & 6 \end{bmatrix}$；

(5) $A=\begin{bmatrix}-3 & -2 & 1 & 4\\ 2 & 4 & -3 & -6\\ 2 & -4 & -9 & 12\\ 1 & -5 & 7 & 2\end{bmatrix}$；

(6) $A=\begin{bmatrix}-3 & -2 & 1 & 4\\ 3 & 2 & -14 & 4\\ 4 & 0 & -12 & 6\\ 7 & 2 & -13 & 2\end{bmatrix}$.

5. 求解下列方程组.

(1) $\begin{cases}x_1-2x_2-x_3+3x_4=0,\\ 2x_1+4x_2+5x_3-5x_4=3,\\ 3x_1-6x_2-6x_3+8x_4=2;\end{cases}$

(2) $\begin{cases}x_1+x_2+x_3+x_4=1,\\ 2x_1+x_2+3x_3+5x_4=-2,\\ x_1-x_2+3x_3+7x_4=-7;\end{cases}$

(3) $\begin{cases}x_1+2x_2+x_3=0,\\ 2x_1-x_2+3x_3=0,\\ 3x_1+x_2-x_3=0;\end{cases}$

(4) $\begin{cases}x_1-x_2+2x_3+x_4=0,\\ 2x_1-x_2+x_3+2x_4=0,\\ x_1-x_3+x_4=0,\\ 3x_1-x_2+3x_4=0.\end{cases}$

项目八

概率论基础

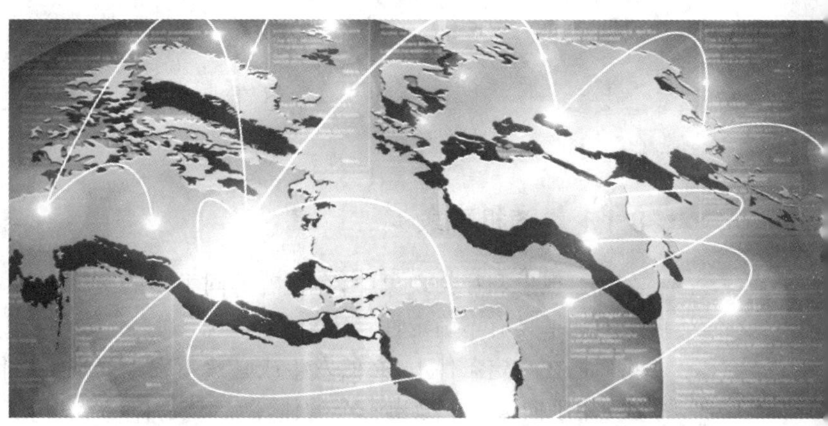

JINGJI
SHUXUE

学习目标

概率论是研究大量随机现象的统计规律的一门数学学科，在近代物理学、气象学、生活学、医学、精算学等学科领域都有着广泛的应用.本项目主要介绍概率论的一些基本概念、基本理论和方法.学生通过本项目内容的学习，需要掌握：

1. 知识目标

- 了解随机事件的概念和理论；
- 掌握随机事件之间的关系及其运算法则；
- 了解概率的定义；
- 了解随机变量的不同形式；
- 了解随机变量的函数与分布形式.

2. 技能目标

- 掌握随机事件的计算；
- 掌握概率的计算；
- 掌握期望值与方差的计算.

子项目 8.1　随机事件的定义

8.1.1　随机现象

在自然现象和社会现象中，存在着不同类型的两种现象.一类现象的结果具有确定性，另一类现象的结果具有不确定性.

我们把在一定条件下，必然发生或必然不发生的现象叫作确定性现象.例如：

(1) 用手向天空中抛出一个物体，随后该物体必然落下；

(2) 将水加热到一定温度，水必然沸腾；

(3) 磁铁的同性相斥、异性相吸；

(4) 在经典数学理论中，$x+1$ 必定大于 x.

以上这些现象都属于确定性现象，其特点是：每次试验或观察，都有一个确定的结果.这种现象大量地存在于数学、物理、化学等学科中，在生活中也十分普遍.

而在自然现象和社会现象中，还存在着另外一种现象，即在一定条件下，事件发生后的结果有多种，且我们事先无法确定哪一种结果会发生，这样的现象叫作随机现象.它同样大量存在于科学研究和日常生活中，例如：

(1) 将一枚质地均匀的骰子丢到地上，朝上的面肯定是 1 至 6 中的任何一个数字，但到底是哪一个数字朝上则无法事先确定；

(2) 开车上高速，可能会发生意外，也可能不会发生，是否发生无法事先确定；

(3) 打靶的结果只有上靶和脱靶两种结果，但结果无法事先确定.

以上这些现象都是随机现象，其特点是：事先不能预言其结果，具有一定的偶然性.随机现象是概率论研究的主要对象.

8.1.2　随机事件

在统计学中，我们把对随机现象的一次观察或试验，称为一次随机试验，简称试验．试验的每一种可能结果称为随机事件，简称事件．事件通常用大写字母 A、B、C 等来表示．例如，某射手每进行一次射击，观察命中的环数，就是一次试验．“命中的环数为 $i(i=0,1,\cdots,10)$”，“至少命中 8 环”，“最多命中 7 环” 等，这些可能观察到的结果都是随机事件．

为了简洁地表述试验的可能结果，可设 $A=\{$命中的环数$\}$，$A_i=\{$命中 i 环$\}(i=0,1,\cdots,10)$，$B=\{$至少命中 8 环$\}$，$C=\{$最多命中 7 环$\}$ 等．

1. 基本事件

在上述射击的例子中，可以很容易地推断出：当且仅当事件A_8，A_9，A_{10} 中有一个发生，那么事件B 就会发生．我们称事件 B 是由A_8，A_9，A_{10} 组合而成的，或者称事件 B 是可以分解的，而 A_8，A_9，A_{10} 都是不可分解的．

定义 8-1　一般地，在随机试验中，把不可分解的事件称为基本事件；由两个及两个以上基本事件组合而成的事件称为复合事件．

显然，在一次试验中，基本事件有且只有一个发生．

2. 事件的集合表示法

研究事件之间的关系和运算，使用集合的概念和图示的方法比较容易理解，也较为直观．

对于随机试验的每一个基本事件，用只包含一个元素的单元素集$\{\omega\}$ 表示；由若干个基本事件复合而成的事件，用包含若干个相应元素的集合表示；由所有基本事件所对应的全部元素组成的集合称为样本空间(也称为基本事件全集)，用 Ω 来表示；每一个基本事件所对应的元素称为样本空间的样本点．这样，随机试验的每一个事件都可以表示为某些样本的集合，即可以用 Ω 的子集来表示；基本事件为 Ω 的单元素子集．

在上述的射击试验中，由所有基本事件所构成的样本空间可以表示为 $\Omega=\{0,1,2,\cdots,10\}$，基本事件“射中 2 环”可以表示为$A_2=\{2\}$，复合事件“至少命中 8 环”可以表示为 $B=\{8,9,10\}$，复合事件“最多命中 7 环” 可以表示为 $C=\{0,1,2,3,4,5,6,7\}$．

例 1　将一枚质地均匀的硬币向上随机抛出 2 次，记录硬币朝上的面的结果，请用如下集合表示对应的结果：

(1) 样本空间 Ω；

(2) 事件 $A=\{$两次出现的面相同$\}$；

(3) 事件 $B=\{$两次出现的面不同$\}$．

解：　用(i,j) 表示基本事件$\{$第一次出现 i 面，第二次出现 j 面$\}(i,j=$正，反$)$ 所对应的元素，则有

(1)$\Omega=\{$(正，正)，(正，反)，(反，正)，(反，反)$\}$；

(2)$A=\{$(正，正)，(反，反)$\}$；

(3)$B=\{$(正，反)，(反，正)$\}$．

如果我们将样本空间 Ω 也看成是一个事件的话，由于每次试验必然有一个事件发生，因此 Ω 在试验中必然发生．于是我们有了这样 2 个定义：把在每次试验中一定发生的事件称为必然事

件，仍然记作 Ω；而在每次试验中一定不发生的事件称为不可能事件，记作 $\varnothing$.

注意：样本空间 Ω 的任何一个子集都可以表示为一个事件.

8.1.3 事件间的关系及其运算

1. 事件之间的关系及集合的解释

用集合表示事件后，我们可以用集合的观点来描述和解释事件与事件之间的关系，也可以进行事件之间的运算，如表 8.1 所示.

表 8.1

符　号	事　件	事件表达的意义	集合解释
Ω	必然事件	所有基本事件组合成的事件	全集
$\varnothing$	不可能事件	不可能发生的事件	空集
$\{\omega\}$	基本事件	不可分解的事件	单元素集
$A \subset \Omega$	事件 A	试验的可能结果	全集 Ω 的子集
$A \subset B$	事件 A 包含于 B	事件 A 发生必然导致 B 发生	A 中的元素必属于 B
$A \supset B$	事件 A 包含 B	事件 B 发生必然导致 A 发生	B 中的元素必属于 A
$A = B$	事件 A 等于 B	组成 A、B 的基本事件一样	集合相等
$A \cup B$ 或 $A+B$	事件的并(和)	A 与 B 至少有一个发生的事件	并集
$A \cap B$ 或 AB	事件的交(积)	A 与 B 同时发生的事件	交集
$A-B$	事件的差	A 发生但 B 不发生	差集
$A \cap B = \varnothing$	事件互不相容	A、B 不能同时发生	A 与 B 没有公共元素
$\overline{A}$	事件 A 的逆(对立事件)	事件 A 不发生，A 与 $\overline{A}$ 互逆	A 的补集

例 2　掷一枚骰子，观察出现的点数结果.设事件 A 表示“出现偶数点”，事件 B 表示“出现的点数大于 3”，事件 C 表示“出现的点数大于 2 且为奇数点”.请用集合的列举法来表示下列事件：

$$\Omega, A, B, C, A \cup B, A \cap B, B \cup C, \overline{C}.$$

解：$\Omega=\{1,2,3,4,5,6\}$；　$A=\{2,4,6\}$；　$B=\{4,5,6\}$；

$C=\{3,5\}$；　$A \cup B=\{2,4,5,6\}$；　$A \cap B=\{4,6\}$；

$B \cup C=\{3,4,5,6\}$；　$\overline{C}=\{1,2,4,6\}$.

2. 常用的事件之间的运算律

在进行事件运算时，经常要使用到下面的这几条运算律：

设有事件 A,B,C，则有

交换律：$A \cup B=B \cup A, A \cap B=B \cap A$.

结合律：$A \cup (B \cup C)=(A \cup B) \cup C, A \cap (B \cap C)=(A \cap B) \cap C$.

分配律：$A \cup (B \cap C)=(A \cup B) \cap (A \cup C), A \cap (B \cup C)=(A \cap B) \cup (A \cap C)$.

对偶律：$\overline{A} \cup \overline{B}=\overline{AB}, \overline{A \cup B}=\overline{A} \cap \overline{B}$.

例 3 假设 A,B,C 表示 3 个事件，试以集合的运算律来表示以下事件：

(1) 事件 A 发生，且事件 B 和事件 C 都不发生；

(2) 事件 A,B,C 都发生；

(3) 事件 A,B,C 都不发生；

(4) 事件 A,B,C 不全发生；

(5) 事件 A,B,C 恰好有一个发生.

解： (1)$A\cap\overline{B}\cap\overline{C}$，或 $A\overline{B}\,\overline{C}$； (2)$A\cap B\cap C$，或 ABC；

(3) $\overline{A}\cap\overline{B}\cap\overline{C}$，或$\overline{A}\,\overline{B}\,\overline{C}$； (4) $\overline{ABC}$；

(5)$A\overline{B}\,\overline{C}\cup\overline{A}B\overline{C}\cup\overline{A}\,\overline{B}C$.

3. 完备事件组的概念

如果事件$A_i(i=1,2,\cdots,n)$两两互斥，且$A_1\cup A_2\cup\cdots\cup A_n=\Omega$，则称事件$A_i(i=1,2,\cdots,n)$是 Ω 的一个完备事件组或一个分割.

显然 A 与$\overline{A}$ 可以组成一个完备事件组.

同步练习 8.1

1. 判断下列事件中，哪些是必然事件？哪些是不可能事件？哪些是随机事件？

(1) 在一箱排球中任取一只，取到的是足球；

(2) 抛掷一枚质地均匀的骰子，出现的点数为 6 点；

(3) 抛掷一枚质地均匀的骰子，出现的点数为 8 点；

(4) 用手将一块铜抛向空中，最终铜落下；

(5) 从一副扑克牌中抽到黑桃 8；

(6) 在一堆既有正品又有次品的产品中任取一件，抽到次品.

2. 写出下列随机试验的样本空间与样本点.

(1) 随机试验 E_1：将一枚质地均匀的硬币抛掷3次，用T表示正面朝上，用F表示反面朝上；

(2) 随机试验 E_2：同时抛掷 4 枚骰子，记录这 4 枚骰子的点数之和；

(3) 随机试验 E_3：20 件产品中有 4 件次品，每次从中抽取一件且不放回，直到 4 件次品都取出，记录抽取的次数；

(4) 随机试验 E_4：将 2 米长的一条绳子截成三段，观察各段的长度.

3. 甲乙两名选手练习射击，两人同时各自向同一目标打一发子弹，设事件A_1 表示"甲命中目标"，事件A_2 表示"乙命中目标"，试用A_1，A_2 表示下列事件.

(1)$A=$"目标被击中"；(2)$B=$"甲乙都击中目标"；(3)$C=$"甲乙都未击中目标"；(4)$D=$"甲乙只有一人击中目标".

子项目 8.2 概率的定义

前面的内容讲到了随机事件的概念及其有关内容，然而，我们研究随机试验，不仅仅要知道它会产生几个结果，更重要的是要研究各种事件发生可能性大小，从而进一步揭示其规律.概率就是用来表示各种随机事件发生可能性大小的数量化衡量方法.为了更好地理解概率,我们要对如下几个概念进行定义.

8.2.1 概率的统计定义

我们凭借日常生活中的经验可以知道,在单次试验中,某事件可能发生,也可能不发生,其发生与否具有偶然性,似乎无法做事先的预测.然而,随着同一试验的次数进行得越来越多,我们会发现某些看似偶然发生、无法预测的事件,其实存在着一定的规律性.例如,找一枚质地均匀的骰子,随机抛 20 次,其中点数 1 朝上的次数可能会高达 6 次;但是如果抛的次数足够多,比如1000次甚至10 000次,我们会发现基本上1,2,3,4,5,6这六个点数朝上的次数与抛出的总次数之比一定接近$\frac{1}{6}$.我们把这种从大量随机试验中观察得到的规律性称为随机事件的统计规律性.

1. 事件频率的定义

定义 8-2 在相同条件下的 n 次重复试验中,如果事件 A 发生了 m 次,则称 m 为事件 A 发生的频数;频数 m 与试验次数 n 的比值称为事件 A 发生的频率,并记作 $f_n(A)$,即

$$f_n(A)=\frac{m}{n}.$$

2. 概率的定义

定义 8-3 在一定条件下,重复做 n 次试验,当 n 充分大时,如果事件 A 的频率稳定在某一个确定的常数 p 附近,就把数值 p 叫作随机事件的概率,记作

$$P(A)=p.$$

上述定义描述了在一次实验中,事件 A 发生的可能性的大小.举个例子,选一枚质地均匀的硬币进行抛掷,观察朝上的面,并设事件 $A=\{正面朝上\}$,那么只要抛掷的次数足够大,事件 A 所发生的频率必将稳定在0.5附近,所以 $p=0.5$ 就是事件 A 发生的概率,可以写成 $P(A)=0.5$;同理,在抛掷骰子的试验中,假定骰子的质地均匀,并设事件 $B=\{点数\ 6\ 朝上\}$,只要抛掷足够多的次数,我们可以得出事件 B 所发生的概率必将稳定在$\frac{1}{6}$附近,记作 $P(B)=\frac{1}{6}$.

3. 概率的性质

根据概率的定义可知,事件的概率有如下几个性质:

(1) 概率 $P(A)$ 是一个非负数,且其介于 0 与 1 之间,即 $0\leqslant P(A)\leqslant 1$;

(2) 必然事件的概率为 1,即 $P(\Omega)=1$;

(3) 不可能事件的概率为 0,即 $P(\varnothing)=0$.

8.2.2 古典概率

定义 8-4 如果随机试验满足以下特征:

(1) 基本事件的总数为有限个;

(2) 每个基本事件在单次试验中发生的可能性是相同的，
则称这种随机试验为古典概型随机试验.

定义 8-5　设一个符合古典概型条件的随机试验共有 n 个基本事件，而事件 A 包含 m 个基本事件，则事件 A 发生的概率为 $\frac{m}{n}$，即 $P(A)=\frac{m}{n}$.

例 4　抛掷一枚质地均匀的骰子，并观察其面朝上的点数.设事件 $A_i=$"出现 i 点"$(i=1,2,3,4,5,6)$，事件 $B=$"出现奇数点"，事件 $C=$"出现小于等于 2 的点".求事件 A_i、B、C 的概率.

解：　该试验显然符合古典概型随机试验，其样本空间共有 6 个基本事件 A_1、A_2、A_3、A_4、A_5、A_6，它们发生的概率均为 $\frac{1}{6}$，即 $P(A_i)=\frac{1}{6}$.

事件 B 包含 A_1、A_3、A_5 这 3 个基本事件，因此 $P(B)=\frac{1}{6}+\frac{1}{6}+\frac{1}{6}=\frac{1}{2}$.

事件 C 包含 A_1、A_2 这 2 个基本事件，因此 $P(C)=\frac{1}{6}+\frac{1}{6}=\frac{1}{3}$.

例 5　在一个袋子中装有 10 个球，其中红色球 7 个、蓝色球 3 个.从中任意抽取 2 个球，试求抽到的 2 个球颜色相同的概率.

解：　从 10 个球中任意抽取两个球，其基本事件总数为 $n=C_{10}^2=45$.

设事件 $A=\{$取出的 2 个球颜色相同$\}$.那么可以知道，A 包含两种情况：一种情况是取出的 2 个球都是红色球，有 C_7^2 种取法；另一种情况是取出的 2 个球都是蓝色球，有 C_3^2 种取法.于是，复合事件 A 所包含的基本事件数 $m=C_7^2+C_3^2=24$，所以事件 A 的概率为

$$P(A)=\frac{24}{45}=\frac{8}{15}.$$

简单随机抽样是最基本的抽样方法，它可以分为两种类型，即重复抽样和不重复抽样.

重复抽样，也叫重置抽样或放回抽样，是指统计抽样时对每次被抽到的单位登记后再放回总体，重新参与下一次抽选的抽样方法.重复抽样中每次抽选时，总体待抽选的单位数是不变的，前面被抽到的单位在后面的抽选中还有可能被抽中，这样每次抽选的概率都是相等的，n 次抽取就相当于 n 次相互独立的试验.

不重复抽样，也叫不重置抽样或不放回抽样，是指统计抽样时每个单位只能被抽到一次，即每次被抽到的单位记录后不再放回总体，这样每次抽选都使下一次待抽选的总体减少一个单位.这实际上等于从总体中同时抽取 n 个单位组成一个样本.在不重复抽样中每一次抽选各样本单位的概率是不同的，但可以验证各样本被抽中的概率是相等的.

例 6　在一个袋子中装有 6 个球，其中有 4 个球是白色球，2 个球是黑色球.从袋子中抽取两次，每次随机抽取一个球，请计算：

(1) 在重复抽样的条件下，两次都抽到白色球的概率是多少？取到的两个球恰好有一个白色球的概率是多少？

(2) 在不重复抽样的条件下，两次都抽到白色球的概率是多少？抽到的两个球恰好有一个白色球的概率是多少？

解：　设事件 $A=\{$两次抽到的都是白色球$\}$，$B=\{$抽到的两个球恰好有一个是白色球$\}$.

(1) 在重复抽样的条件下，基本事件总数 $n=6^2=36$，事件 A 包含基本事件的个数为 $m_1=4^2$

$=16$,事件 B 包含基本事件的个数 $m_2=4\times2+2\times4=16$,则 $P(A)=\frac{16}{36}=\frac{4}{9}$,$P(B)=\frac{16}{36}=\frac{4}{9}$.

(2) 在不重复抽样的条件下,基本事件总数 $n=6\times5=30$,事件 A 包含基本事件的个数为 $m_1=4\times3=12$,事件 B 包含基本事件的个数 $m_2=4\times2+2\times4=16$,则 $P(A)=\frac{12}{30}=\frac{2}{5}$,$P(B)=\frac{16}{30}=\frac{8}{15}$.

同步练习 8.2

1. 同时投掷两枚质地均匀的硬币,求出现:

(1) 都为正面的概率;(2) 一正一反的概率.

2. 一个盒子中有 20 个相同的小球,分别编号为 1,2,3,…,19,20.现从中任意摸取一个球,求此球的号码为偶数的概率.

3. 一个袋子中装有 12 个球,其中有 8 个红色球和 4 个蓝色球.现在从袋中随机抽取 2 个球,请计算:(1) 抽到的 2 个球都是红色球的概率;(2) 抽到的 2 个球都是蓝色球的概率.

4. 已知 6 个零件中有 3 个正品和 3 个次品,按如下几种方法检测零件,试求事件 $A=$ {取出的 2 个零件中恰好有 1 个是次品} 的概率.

(1) 每次先任意抽取 1 个,测试后放回,然后再抽取 1 个(重复抽样);

(2) 每次先任意抽取 1 个,测试后不放回,然后再抽取 1 个(不重复抽样);

(3) 一次抽取 2 个做检测.

子项目 8.3　随机变量及其分布

8.3.1　随机变量的概念及分类

1. 随机变量的概念

在对随机变量下定义之前,我们先来看以下两个引例.

引例 1　假设 30 件相同工艺的产品中有 5 件是次品,现从这 30 件产品中任意抽取 3 件,观察其中次品的个数.如果我们用变量 X 来表示抽到次品的个数,则事件“抽到 0 件次品”可以简单记录为“$X=0$”,“抽到 1 件次品”可以记为“$X=1$”,“抽到 2 件次品”可以记为“$X=2$”,“抽到 3 件次品”可以记为“$X=3$”.

引例 2　在投掷骰子的试验中,用 Y 表示投出骰子的面朝上的点数,那么“出现的点数为 1 点”可以表示为“$Y=1$”,“出现的点数为 2 点”可以表示为“$Y=2$”,…,“出现的点数为 6 点”可以表示为“$Y=6$”.

从这两个引例来看,随机试验的结果可以用一个变量来描述,类似这样的变量可称为随机变量.

定义 8-6　一般地,把表示随机试验的各种结果的变量叫作随机变量,通常用希腊字母 ξ,η

或者英文大写字母 X,Y,Z 等来表示.

例 7 某地区在某一日内的最高温度是 25 ℃,最低温度是 17 ℃.现用字母 Z 来表示该地区在这一日内每时每刻的天气温度,则 Z 就是一个随机变量,且其取值范围是$\{17\leqslant Z\leqslant 25\}$.

2. 随机变量的分类

随机变量按照其可能取得的值的特点,可以分为离散型随机变量和连续型随机变量这两种类型.

定义 8-7 (1) 如果随机变量的取值是有限个或无限可列多个,则称这类随机变量为离散型随机变量.

(2) 如果随机变量可能取得的值充满一个区间或几个区间,则称这类随机变量为连续型随机变量.

例 8 请指出以下变量,哪些属于离散型随机变量,哪些属于连续型随机变量:

(1) 某条街道上商店的个数;(2) 某人每天睡觉的时长;(3) 从一个水缸中随机舀一瓢水的重量;(4) 某人某天喝水的量;(5) 某个学校某一年的招生人数;(6) 某趟火车上的乘客数量.

解: 根据离散型随机变量和连续型随机变量各自的定义,可以很容易地判断出在上面的这些变量中,(1)、(5) 和(6) 属于离散型随机变量,(2)、(3) 和(4) 属于连续型随机变量.

8.3.2 离散型随机变量及其分布

1. 离散型随机变量的定义及其概率分布

定义 8-8 设离散型随机变量 X 所有可能取得的值为x_k($k=1,2,3,\cdots$),且 X 取各可能值的概率为$P(X=x_k)=p_k$($k=1,2,3,\cdots$),则称此式子为离散型随机变量的概率分布或分布列.

离散型随机变量的概率分布的表示方法有以下两种:

(1) 公式法,即 $P(X=x_k)=p_k$($k=1,2,3,\cdots$);

(2) 列表法,其概率分布也可以用下面表格的形式来表示.

X	x_1	x_2	$\cdots$	x_k	$\cdots$
P_k	p_1	p_2	$\cdots$	p_k	$\cdots$

2. 离散型随机变量概率分布的基本性质

离散型随机变量具有以下两个性质:

(1) $p_k\geqslant 0$($k=1,2,3,\cdots,n,\cdots$);

(2) $\sum\limits_{k=1}^{\infty}p_k=1$.

例 9 某班级期末考试英语成绩中,结果为优秀、良好、中等、及格和不及格的比率分别为 15%,28%,37%,14% 和 6%.从该班级中任意抽查一名学生,考察其英语期末考试的成绩,试用随机变量来描述检验结果,并制作它的概率分布表.

解: 令"$X=k$"表示抽查一名学生的等级是 k 等级($k=0,1,2,3,4$),"$X=0$"表示抽查到的结果是不及格,"$X=1$"表示抽查到的结果是及格,…,"$X=4$"表示抽查到的结果是优秀.

根据题目给出的数据，X 的概率分布为 $P(X=0)=0.06$，$P(X=1)=0.14$，$P(X=2)=0.37$，$P(X=3)=0.28$，$P(X=4)=0.15$.其概率分布表如下所示：

X	0	1	2	3	4
p_k	0.06	0.14	0.37	0.28	0.15

3. 三种重要的离散型随机变量的概率分布

1)0-1 分布

定义 8-9 如果随机变量 X 的概率分布满足以下条件：

X	0	1
P_k	$1-p$	p

则称 X 服从 0-1 分布(又叫“两点分布”)，记为 $X\sim(0,1)$.

日常生活中，符合 0-1 分布的事件有很多，如某个行动的成功或失败，性别为男或女，对某种观点的肯定或否定，某种结果发生的是或否，等等，都可以采用 0-1 分布的方法来做描述.

2) 二项分布

“n 重贝努利试验”每次试验的结果只有两种，即事件 A 发生与 A 不发生.事件 A 发生的次数 X 是一个离散型随机变量，事件 A 发生的概率为 $P(A)=p$，事件 A 不发生的概率为 $P(\overline{A})=1-p$，事件 $(X=k)$ 表示事件 A 在 n 次试验中恰好有 $k(k=0,1,2,\cdots,n)$ 次发生，则 X 的概率分布为 $P(X=k)=C_n^k p^k(1-p)^{n-k}(k=0,1,2,\cdots,n)$.

定义 8-10 如果随机变量 X 的概率分布为

$$P(X=k)=C_n^k p^k(1-p)^{n-k} \quad (k=0,1,2,\cdots,n;0<p<1),$$

则称 X 服从参数为 n,p 的二项分布，记作 $X\sim B(n,p)$.

例 10 某企业有 20 家合作的客户，现假设每一家客户与该企业是否签订购货合同都是相互独立的，且每家客户签订合同的概率都是 0.7.试求这 20 家客户中签订购货合同的家数 X 的概率分布.

解： 根据题意，这些客户是否与该企业签订购货合同是相互独立地做出决策，因此我们可以把“20 家客户分别与该企业签订购货合同的情况”理解为进行了 20 次独立试验；又由于每家客户与该企业签订购货合同的概率都为 0.7，所以 X 的概率分布符合二项分布的特点，即 $X\sim B(20,0.7)$.其中 X 的所有可能取值为 $0,1,2,\cdots,20$.X 的概率分布可以用以下公式来表示：

$$P(X=k)=C_{20}^k(0.7)^k(1-0.7)^{20-k} \quad (k=0,1,2,\cdots,20).$$

要注意的是，当二项分布中的参数 $n=1$ 时，二项分布就成了前面讲到的 0-1 分布；而当二项分布中的参数 n 很大，p 很小时，二项分布就近似于泊松分布.

3) 泊松(Poisson) 分布

定义 8-11 设随机变量 X 的可能取值为 $0,1,\cdots$，随机变量 X 相应的概率分布为 $P(X=k)=\dfrac{\lambda^k}{k!}e^{-\lambda}(k=0,1,2,\cdots)$，其中 $\lambda(\lambda>0)$ 为参数，则称随机变量 X 服从参数为 λ 的泊松分布，记作 $X\sim P(\lambda)$.

注意：① 泊松分布的随机变量的概率可以在“泊松分布表”里查得；

② 在实际的计算中，当 n 很大 $(n>20)$，p 很小 $(p<0.1)$ 时，可以近似地用二项分布的公式

来计算泊松分布随机变量的概率，此时的误差较小，即

$$P(X=k)=C_n^k p^k(1-p)^{n-k}\approx\frac{\lambda^k}{k!}e^{-\lambda},\lambda=np.$$

在我们的现实生活中，存在许多符合泊松分布的案例，如在一天内进入某商场的顾客人数、在某地铁站乘坐地铁的乘客人数、某客服每天收到的客户来电的次数，等等，这些案例都具备泊松分布的特点.

例 11　某商店每月销售某种商品的数量服从参数为 $\lambda=7$ 的泊松分布，试求：

(1) 当月销售该种商品不超过 2 件的概率；

(2) 月初进货时，应该进多少数量的该种商品，才能保证当月不脱销的概率不小于 0.998.

解：　设随机变量 X 表示商店销售该种商品的每月销售量，由题意可知每月销售量符合 $P(X=k)=\frac{7^k}{k!}e^{-7}(k=0,1,2,\cdots)$ 的泊松分布，可得

(1)$P(X\leqslant k)=P(X=0)+P(X=1)+P(X=2)$

$=0.000\ 91+0.006\ 38+0.022\ 34=0.029\ 63.$

由计算结果可知，当月销售该种商品不超过 2 件的概率只有约 2.96%.

(2) 当 $\lambda=7$ 时，$P_1+P_2+\cdots+P_{16}=0.000\ 91+0.006\ 38+\cdots+0.001\ 5\approx0.9990$，此时 $X\leqslant16$.

因此，月初进货应该至少进 16 件，才能保证当月不脱销的概率不小于 0.998.

4. 随机变量的分布函数

1) 分布函数的定义

引例 3　对一枚质地均匀的硬币进行抛掷，考察其朝上的面，抛掷结果 X 的概率分布如下所示(注意：“0” 表示正面朝上，“1” 表示反面朝上)：

X	0	1
p_k	$\frac{1}{2}$	$\frac{1}{2}$

则当 $x<0$ 时，$P(X\leqslant x)=0$；

当 $0\leqslant x<1$ 时，$P(X\leqslant x)=P(X=0)=\frac{1}{2}$；

当 $1\leqslant x<+\infty$时，$P(X\leqslant x)=P(X=0)+P(X=1)=\frac{1}{2}+\frac{1}{2}=1.$

用函数的方法表示，则有

$$F(X)=P(X\leqslant x)=\begin{cases}0, & x<0,\\ \frac{1}{2}, & 0\leqslant x<1,\\ 1, & x\geqslant1.\end{cases}$$

此函数即为随机变量 X 的分布函数.

定义 8-12　设 X 是一个随机变量，则称函数 $F(X)=P(X\leqslant x)$ 为随机变量 X 的概率分布函数，简称为分布函数.

利用概率的加法公式,离散型随机变量 X 的分布函数可以写成

$$F(X)=P(X\leqslant x)=\sum_{x_k\leqslant x}P\{X=x_k\}=\sum_{x_k\leqslant x}p_k.$$

例 12 已经某随机变量 X 的概率分布为

X	-3	-1	0	4
p_k	0.2	0.25	0.35	0.2

请回答以下问题:

(1)X 的概率分布函数;

(2)$P(X>0)$ 和 $P(X\geqslant 0)$;

(3)$P(-2\leqslant X\leqslant 2)$.

解: (1) 根据 x 的范围讨论分布函数:

当 $x<-3$ 时,$F(X)=P(X\leqslant x)=P(X<-3)=0$;

当 $-3\leqslant x<-1$ 时,$F(X)=P(X\leqslant x)=P(X=-3)=0.2$;

当 $-1\leqslant x<0$ 时,$F(X)=P(X\leqslant x)=P(X=-3)+P(X=-1)=0.2+0.25=0.45$;

当 $0\leqslant x<4$ 时,$F(X)=P(X\leqslant x)=P(X=-3)+P(X=-1)+P(X=0)=0.8$;

当 $x\geqslant 4$ 时,$F(X)=P(X\leqslant x)=P(X=-3)+P(X=-1)+P(X=0)+P(X=4)=P(\Omega)=1$.

综上所述,可得分布函数 $F(X)=P(X\leqslant x)=\begin{cases}0, & x<-3,\\ 0.2, & -3\leqslant x<-1,\\ 0.45, & -1\leqslant x<0,\\ 0.8, & 0\leqslant x<4,\\ 1, & x\geqslant 4.\end{cases}$

(2)$P(X>0)=P(X=4)=0.2$,

$P(X\geqslant 0)=P(X=0)+P(X=4)=0.35+0.2=0.55$.

(3)$P(-2\leqslant X\leqslant 2)=P(X=-1)+P(X=0)=0.25+0.35=0.6$.

2) 分布函数的基本性质

性质 1 $F(x)$ 是一个单调不减函数,即对于任意实数 $x_1<x_2$,有

$$F(x_2)-F(x_1)=P(x_1<X<x_2)\geqslant 0,F(x_1)\leqslant F(x_2);$$

性质 2 $0<F(x)\leqslant 1$,且 $F(-\infty)=\lim\limits_{x\to-\infty}F(x)=0,F(+\infty)=\lim\limits_{x\to+\infty}F(x)=1$;

性质 3 $F(x+0)=F(x)$,即 $F(x)$ 是右连续的;

性质 4 若 X 是离散型随机变量,则有

$$P(a<X\leqslant b)=\sum\nolimits_{a<x_k\leqslant b}P\{X=x_k\}=F(b)-F(a).$$

8.3.3 连续型随机变量及其分布

连续型随机变量的取值范围可以用区间来表示,且其取值是不间断的.例如,某架飞机的飞行时数大于 2 万小时,表示为 $X>20\ 000$;某种电子产品的使用寿命不超过 250 小时,表示为 $0<X\leqslant 250$. 因此,研究连续型随机变量的概率,需要在某范围内进行研究.

1. 连续型随机变量的概率密度函数

定义 8-13　对于连续型随机变量 X，如果存在一个定义在$(-\infty,+\infty)$上的非负可积函数 $f(x)$，使得对任意实数 $a<b$，有

$$P(a\leqslant X<b)=\int_a^b f(x)\mathrm{d}x,$$

则称 $f(x)$ 为 X 的概率密度函数(或概率密度)，简称密度函数，也称 X 服从 $f(x)$，记作 $X\sim f(x)$，密度函数 $f(x)$ 的图像叫作密度曲线.

要利用定积分与曲边梯形面积的关系来理解 $P(a\leqslant X<b)$、$f(x)$ 及$\int_{-\infty}^{+\infty}f(x)\mathrm{d}x=1$，利用定积分性质与计算方法又可以得到以下结果：

(1) 连续型随机变量 X 在任意一点 x 处的概率为 0，即 $P(X=x)=0$；

(2)$F(x)=P(X\leqslant x)=\int_{-\infty}^{x}f(t)\mathrm{d}t$，它是一个关于 x 的变上限积分函数，称其为连续型随机变量 X 的分布函数，且

$$P(a\leqslant X\leqslant b)=P(X\leqslant b)-P(X\leqslant a)=F(b)-F(a)=\int_a^b f(x)\mathrm{d}x;$$

(3)$P(a\leqslant X<b)=P(a\leqslant X\leqslant b)=P(a<X\leqslant b)=\int_a^b f(x)\mathrm{d}x$，

$$P(X\geqslant a)=P(X>a)=\int_a^{+\infty}f(x)\mathrm{d}x,$$

$$P(X\leqslant b)=P(X<b)=\int_{-\infty}^{b}f(x)\mathrm{d}x.$$

例 13　已知连续型随机变量 X 具有概率密度函数

$$f(x)=\begin{cases}kx, & 0\leqslant x\leqslant 2,\\ 0, & \text{其他}.\end{cases}$$

求：(1) 系数 k 的值；(2)$P(1<X<3)$ 的值；(3) 求 X 的概率分布函数.

解：　(1) 由于$\int_{-\infty}^{+\infty}f(x)\mathrm{d}x=1$，可得

$$\int_{-\infty}^{0}f(x)\mathrm{d}x+\int_0^2 f(x)\mathrm{d}x+\int_2^{+\infty}f(x)\mathrm{d}x=1,$$

又根据题意，$\int_{-\infty}^{0}f(x)\mathrm{d}x=0$ 和$\int_2^{+\infty}f(x)\mathrm{d}x=0$，因此有

$$\int_0^2 kx\,\mathrm{d}x=k\int_0^2 x\,\mathrm{d}x=k\left[\frac{1}{2}x^2\right]_0^2=k(2-0)=2k=1,$$

所以 $k=\frac{1}{2}$，即 $f(x)=\begin{cases}\frac{x}{2}, & 0\leqslant x\leqslant 2,\\ 0, & \text{其他};\end{cases}$

(2)$P(1<X<3)=\int_1^3 f(x)\mathrm{d}x=\int_1^2 f(x)\mathrm{d}x+\int_2^3 f(x)\mathrm{d}x=\int_1^2\frac{x}{2}\mathrm{d}x+0=\frac{1}{4}\,[x^2]_1^2=\frac{3}{4}$；

(3) 当 $x<0$ 时，$F(x)=P(X\leqslant x)=\int_{-\infty}^{x}0\mathrm{d}t=0$，

当 $0 \leqslant x < 2$ 时，$F(x)=P(X \leqslant x)=\int_{-\infty}^{x} f(t)\mathrm{d}t=\int_{-\infty}^{0} 0\mathrm{d}t+\int_{0}^{x} \frac{t}{2}\mathrm{d}t=\frac{x^2}{4}$，

当 $x \geqslant 2$ 时，$F(x)=P(X \leqslant x)=\int_{-\infty}^{x} f(t)\mathrm{d}t=\int_{-\infty}^{0} 0\mathrm{d}t+\int_{0}^{2} \frac{t}{2}\mathrm{d}t+\int_{2}^{x} 0\mathrm{d}t=0+1+0=1.$

所以，随机变量 X 的概率分布函数为 $F(x)=\begin{cases} 0, & x<0, \\ \frac{x^2}{4}, & 0 \leqslant x < 2, \\ 1, & x \geqslant 2. \end{cases}$

另外，本题的第(2)问有另一种解法，即先将第(3)问的概率分布函数计算出来，再运用公式计算 $F(3)-F(1)$ 即可.

2. 几类重要的连续型随机变量的分布

1) 均匀分布

定义 8-14 设随机变量 X 的概率密度函数 $f(x)$ 为

$$f(x)=\begin{cases} \frac{1}{b-a}, & a \leqslant x \leqslant b, \\ 0, & \text{其他}, \end{cases}$$

则称 X 在 $[a,b]$ 上服从均匀分布，记作 $X \sim U(a,b)$.

用分布函数定义可求得均匀分布的概率分布函数为

$$F(x)=\begin{cases} 0, & x<a, \\ \frac{x-a}{b-a}, & a<x \leqslant b, \\ 1, & x>b. \end{cases}$$

例 14 假设某城市的某个地铁站，每隔 6 分钟有一班车到站.再假设地铁站内的乘客在上一趟列车离开后的 0 分钟至 6 分钟内进入月台候车的可能性相同，试求一个乘客候车时间不超过 4 分钟的概率.

解： 由题意可知，候车时间 X 符合均匀分布的连续型随机变量的特征，即 $X \sim U(0,6)$，它的概率密度函数为

$$f(x)=\begin{cases} \frac{1}{6}, & 0 \leqslant x \leqslant 6, \\ 0, & \text{其他}. \end{cases}$$

因此，一个乘客候车时间不超过 4 分钟的概率为

$$F(X)=P(X \leqslant 4)=\int_{0}^{4} \frac{1}{6}\mathrm{d}x=\frac{4}{6}-\frac{0}{6}=\frac{4}{6} \approx 0.67.$$

2) 指数分布

定义 8-15 若随机变量 X 的概率密度函数 $f(x)$ 满足

$$f(x)=\begin{cases} \lambda \mathrm{e}^{-\lambda x}, & x \geqslant 0, \\ 0, & x<0 \end{cases} (\text{其中 } \lambda>0),$$

则称随机变量 X 服从参数为 λ 的指数分布，记作 $X \sim E(\lambda)$.

可以求得指数分布的概率分布函数为

$$F(x)=\begin{cases}1-e^{-\lambda x}, & x\geqslant 0,\\ 0, & x<0.\end{cases}$$

在现实生活中，指数分布比较适合运用在各种有关“寿命”的分布上，例如电子元器件的寿命、动植物的寿命、排队时间等，这些类型的数据一般都符合指数分布的特点.

例 15　假设某机器正常运行的时间 X（小时）服从参数 $\lambda=\frac{1}{100}$ 的指数分布，试求：

(1) 机器正常工作 10 小时到 100 小时的概率；

(2) 连续工作超过 100 小时的概率.

解：　根据题意，该机器正常运行的时间 X 的概率密度函数为

$$f(x)=\begin{cases}\frac{1}{100}e^{-\frac{1}{100}x}, & x\geqslant 0,\\ 0, & x<0.\end{cases}$$

(1) 机器正常工作 10 小时到 100 小时的概率为

$$P(10\leqslant X\leqslant 100)=\int_{10}^{100}\frac{1}{100}e^{-\frac{1}{100}x}dx=-\int_{10}^{100}e^{-\frac{1}{100}x}d\left(-\frac{1}{100}x\right)$$

$$=-\left[e^{-\frac{1}{100}x}\right]_{10}^{100}=-e^{-1}+e^{-\frac{1}{10}}.$$

(2) 机器连续工作超过 100 小时的概率为

$$P(X>100)=\int_{100}^{+\infty}\frac{1}{100}e^{-\frac{1}{100}x}dx=-\left[e^{-\frac{1}{100}x}\right]_{100}^{+\infty}=e^{-1}.$$

3) 正态分布

定义 8-16　若随机变量 X 的概率密度函数 $f(x)$ 满足

$$f(x)=\frac{1}{\sqrt{2\pi}\sigma}e^{-\frac{(x-\mu)^2}{2\sigma^2}}\quad(-\infty<x<+\infty),$$

其中 μ 和 σ 为密度函数的参数，且 $\sigma>0$，则称 X 服从参数为 μ,σ 的正态分布，记作 $X\sim N(\mu,\sigma^2)$.

特别地，当上式中的参数 $\mu=0,\sigma=1$ 时，X 服从的正态分布称为标准正态分布，记作 $X\sim N(0,1)$.标准正态分布的概率密度函数 $\varphi(x)$ 和分布函数 $\Phi(x)$ 为

$$\varphi(x)=\frac{1}{\sqrt{2\pi}}e^{-\frac{1}{2}x^2}\quad(-\infty<x<+\infty),$$

$$\Phi(x)=\frac{1}{\sqrt{2\pi}}\int_{-\infty}^{x}e^{-\frac{t^2}{2}}dt.$$

$\Phi(x)$ 的值可以从标准正态分布表中查询得到.

正态分布的概率计算：

(1) 当随机变量 X 满足标准正态分布，即 $X\sim N(0,1)$ 时，$x\geqslant 0$，$P(X\leqslant x)=\Phi(x)$，常用下面关系计算概率：

$\Phi(0)=0.5$；$\Phi(-x)=1-\Phi(x)$；$P(a<x\leqslant b)=\Phi(b)-\Phi(a)$；

$P(X>x)=1-P(X\leqslant x)=1-\Phi(x)$.

(2) 若随机变量 X 满足正态分布，即 $X\sim N(\mu,\sigma^2)$，则随机变量 $\eta=\frac{x-\mu}{\sigma}\sim N(0,1)$，且

$F(x)=P(X\leqslant x)=\Phi\left(\frac{x-\mu}{\sigma}\right)$.

例 16 已知随机变量 X 服从标准正态分布,试求:

$P(X\leqslant 1.56)$;$P(X<-3)$;$P(1.5<X<2.5)$;$P(|X|>2)$.

解: $P(X\leqslant 1.56)=\Phi(1.56)=0.940\ 6$;

$P(X<-3)=\Phi(-3)=1-\Phi(3)=1-0.998\ 7=0.001\ 3$;

$P(1.5<X<2.5)=P(2.5)-P(1.5)=0.993\ 8-0.933\ 2=0.060\ 6$;

$P(|X|>2)=P(X<-2)+P(X>2)=\Phi(-2)+[1-P(X\leqslant 2)]=[1-\Phi(2)]+[1-\Phi(2)]=2[1-\Phi(2)]=2\times(1-0.977\ 2)=0.045\ 6$.

例 17 已知随机变量 $X\sim N(3,0.5^2)$,试求:

$P(2.25<X<3.75)$;$P(X>2)$;$P(|X-3|<1)$.

解: $P(2.25<X<3.75)=\Phi\left(\frac{3.75-3}{0.5}\right)-\Phi\left(\frac{2.25-3}{0.5}\right)=\Phi(1.5)-\Phi(-1.5)=\Phi(1.5)+\Phi(1.5)-1=2\Phi(1.5)-1=2\times 0.933\ 2-1=0.866\ 4$;

$P(X>2)=1-P(X\leqslant 2)=1-\Phi\left(\frac{2-3}{0.5}\right)=1-\Phi(-2)=\Phi(2)=0.977\ 2$;

$P(|X-3|<1)=P(2<X<4)=\Phi\left(\frac{4-3}{0.5}\right)-\Phi\left(\frac{2-3}{0.5}\right)=\Phi(2)-\Phi(-2)=2\Phi(2)-1=2\times 0.977\ 2-1=0.954\ 4$.

例 18 已知白炽灯泡的寿命 X(小时)服从 $N(1000,30^2)$,要使灯泡的平均寿命为 1000 小时的概率为 99.7%,则灯泡的最低寿命应该控制在多少小时以上?

解: 根据“3σ 原则”,要实现灯泡平均寿命为 1000 小时的概率为 99.7%,则需要实现

$$P(\mu-3\sigma<X<\mu+3\sigma)=2\Phi(3)-1=2\times 0.998\ 7-1=0.997\ 4.$$

而题目中要求的概率 $99.7\%<0.9974$,所以有 $1000-3\times 30<X<1000+3\times 30$,即,

$$910<X<1090.$$

由以上结果可知,灯泡的最低寿命应该控制在 910 小时以上,才能满足题设的要求.

同步练习 8.3

1. 一个袋子中装有 9 个球,包括 5 个红色球和 4 个白色球.现在从中任意抽取 3 个球,试计算其中至少有 1 个球是红色球的概率.(建议从正反两面思路来解决此问题.)

2. 一家制造业的企业有 2 个原材料供应商甲公司和乙公司,根据以往的统计规律,甲公司按时供货的概率为 0.88,乙公司按时供货的概率为 0.74,甲、乙都能按时供货的概率为 0.65.试求这两家公司至少有一家能按时供货的概率.

3. 甲、乙两名选手参加一场射击比赛,他们相互独立地向同一目标各射击一次,甲选手命中的概率为 0.47,乙选手命中的概率为 0.58,请计算:

(1) 甲、乙两名选手恰好有一人命中的概率;

(2) 甲、乙两名选手至少有一人命中的概率;

(3) 甲、乙两名选手全部命中的概率;

(4) 甲、乙两名选手都不命中的概率.

4. 甲、乙、丙三位同学各自独立地解答某一道难度较高的数学题，假设甲、乙、丙解出该题的概率分别为 0.7、0.6、0.5.请计算：

(1) 甲、乙、丙三人都解出这一道题的概率；

(2) 甲、乙、丙三人至少有一人解出这一道题的概率.

子项目 8.4　随机变量的数字特征

在日常的工作和生活中，其实许多的实际问题难以采用随机变量分布的方法来解决，一方面是因为其随机变量的分布不容易获得，另一方面是因为没有获得的必要.举例说明，如果我们要研究两家生产 LED 灯泡企业的产品究竟哪一家的产品性能更好，我们只要看某些核心指标即可，包括灯泡的平均使用寿命哪家更长、平均使用寿命的偏离程度哪家更小等.随机变量的平均数值、偏离程度等数据，都反映了随机变量的某些重要特征，我们把这类表示随机变量的某些重要特征的数字称为随机变量的数字特征.

8.4.1　数学期望的概念与性质

1. 离散型随机变量的数学期望

定义 8-17　设 X 为离散型随机变量，如果 X 的分布列为 $P(X=x_k)=p_k(k=1,2,\cdots)$，则称 $\sum_{k=1}^{\infty} x_k p_k$ 为随机变量 X 的数学期望或平均值，记作 $E(X)$ 或 EX，即 $E(X)=\sum_{k=1}^{\infty} x_k p_k$.

例 19　以下表格显示了甲、乙、丙这三位射击运动员的射击环数的分布，试求 $E(X)$、$E(Y)$、$E(Z)$，并根据计算结果对这三位射击运动员的射击水平进行从高到低排序.

甲运动员

射击环数 x_i	7	8	9
概率	0.4	0.35	0.25

乙运动员

射击环数 y_i	7	8	9
概率	0.3	0.4	0.3

丙运动员

射击环数 z_i	7	8	9
概率	0.45	0.35	0.2

解：　甲、乙、丙这三位射击运动员的平均射击环数分别为：

$E(X)=7\times 0.4+8\times 0.35+9\times 0.25=7.85$；

$E(Y)=7\times 0.3+8\times 0.4+9\times 0.3=8$；

$E(Z)=7\times 0.45+8\times 0.35+9\times 0.2=7.75$.

由计算结果可知，三位射击运动员的射击水平从高到低排序为：乙 $>$ 甲 $>$ 丙.

2. 连续型随机变量的数学期望

定义 8-18　设 X 为连续型随机变量，概率密度为 $f(x)$，若广义积分 $\int_{-\infty}^{+\infty} |x| f(x)\mathrm{d}x$ 收

敛,则称$\int_{-\infty}^{+\infty} xf(x)\mathrm{d}x$ 为 X 的数学期望或均值,即 $E(x)=\int_{-\infty}^{+\infty} xf(x)\mathrm{d}x$.

例 20 已知随机变量 X 的概率密度函数为

$$f(x)=\begin{cases} x+\dfrac{2}{3}, & 0\leqslant x\leqslant 3, \\ 0, & \text{其他}. \end{cases}$$

请计算 $E(X)$.

解: $E(X)=\int_{-\infty}^{+\infty} xf(x)\mathrm{d}x=\int_0^3 x(x+\dfrac{2}{3})\mathrm{d}x=\int_0^3 (x^2+\dfrac{2}{3}x)\mathrm{d}x$

$$=\left[\frac{1}{3}x^3+\frac{1}{3}x^2\right]_0^3=12.$$

3. 几种特殊的随机变量的期望

(1) 当随机变量 $X\sim$ 0-1(X 服从 0-1 分布)时,则 $EX=p$;

(2) 当随机变量 $X\sim B(n,p)$(X 服从二项分布)时,则 $EX=np$;

(3) 当随机变量 $X\sim P(\lambda)$(X 服从参数为 λ 的泊松分布)时,则 $EX=\lambda$;

(4) 当随机变量 $X\sim U(a,b)$(X 服从参数为 λ 的均匀分布)时,则 $EX=\dfrac{a+b}{2}$;

(5) 当随机变量 $X\sim E(\lambda)$(X 服从参数为 λ 的指数分布)时,则 $EX=\dfrac{1}{\lambda}$;

(6) 当随机变量 $X\sim N(\mu,\sigma^2)$(X 服从正态分布)时,则 $EX=\mu$.

例 21 假设某种电子产品的寿命的概率密度函数为

$$f(x)=\begin{cases} \dfrac{1}{150}\mathrm{e}^{-\frac{x}{150}}, & x\geqslant 0, \\ 0, & x<0. \end{cases}$$

试求该种电子产品的平均寿命.

解: 从概率密度函数的形式特点可以看出,其随机变量 X 服从参数为 $\lambda=\dfrac{1}{150}$ 的指数分布.根据指数分布的随机变量的期望值公式,可知

$$E(x)=\frac{1}{\lambda}=150,$$

即该种电子产品的平均寿命为 150 小时.

4. 数学期望的性质

性质 1 设 C 为常数,则 $E(C)=C$.

性质 2 设 C 为常数,则 $E(CX)=CE(X)$.

性质 3 设 X,Y 为两个随机变量,则 $E(X+Y)=E(X)+E(Y)$.

性质 4 设 X,Y 为两个独立的随机变量,则 $E(XY)=E(X)\cdot E(Y)$.

其中,性质 3 和性质 4 可以推广到任意有限多个变量的情形.

例 22 设随机变量 X 的分布列为

X	-1	0	1
p	0.5	0.3	0.2

请计算 $E(X)$、$E(X^2)$ 和 $E(2X+1)$.

解： $E(X)=x_1p_1+x_2p_2+x_3p_3=-1\times 0.5+0\times 0.3+1\times 0.2=-0.3$；

设 $Y=X^2$，有 $y_1=1, y_2=0, y_3=1$，则

$$E(Y)=y_1p_1+y_2p_2+y_3p_3=1\times 0.5+0\times 0.3+1\times 0.2=0.7;$$

设 $Z=2X+1$，有 $z_1=-1, z_2=1, z_3=3$，则

$$E(Z)=z_1p_1+z_2p_2+z_3p_3=-1\times 0.5+1\times 0.3+3\times 0.2=0.4;$$

例 23 假设随机变量 X 和 Y 都服从正态分布，且 $X\sim(3,0.2)$，$Y\sim(2,0.4)$，试求 $E(3X+5Y)$.

解： 根据正态分布的数学期望的公式 $EX=\mu$ 以及数学期望的性质，可得

$$E(3X+5Y)=E(3X)+E(5Y)=3E(X)+5E(Y)=3\times 3+5\times 2=19.$$

8.4.2 方差的概念与性质

1. 离散型随机变量的方差

定义 8-19 若离散型随机变量 X 的概率分布为 $P(X=x_k)=p_k(k=1,2,\cdots)$，数学期望为 $E(X)$，则称 $\sum_{k=1}^{\infty}[x_k-E(X)]^2p_k$ 为随机变量 X 的方差，记作 $D(X)$，即

$$D(X)=\sum_{k=1}^{\infty}[x_k-E(X)]^2p_k.$$

随机变量 X 的方差的算术平方根，称为随机变量 X 的标准差或均方差，记作 $\sigma(X)$，即 $\sigma(X)=\sqrt{D(X)}$.

为了更好地理解方差的作用，我们通过下面这个例题来对其加深理解.

例 24 某家公司有 2 个工厂 X 和 Y，假设这 2 个工厂同时生产相同型号的灯泡，公司的质量管理员想要考察哪一个工厂生产的灯泡品质较好，于是他分别从这两个工厂各取 10 个灯泡测试其使用寿命.测试结果如下所示：

单位：小时

X	968	974	980	983	991	992	1002	1012	1036	1062
Y	734	812	876	902	987	1060	1094	1102	1210	1223

请根据以上原始数据，分别计算工厂 X 和工厂 Y 生产的灯泡的平均使用寿命和使用寿命的方差，并指出哪一工厂生产的灯泡品质更好.

解： $E(X)=(968\times 0.1+974\times 0.1+\cdots+1062\times 0.1)$ 小时 $=1000$ 小时，

$E(Y)=(734\times 0.1+812\times 0.1+\cdots+1223\times 0.1)$ 小时 $=1000$ 小时.

由计算结果可知 $E(X)=E(Y)=1000$ 小时，这说明这两个工厂生产的灯泡的平均使用寿命相同，似乎没有差别.但如果仔细分析其数据特点，我们发现：工厂 X 生产灯泡的使用寿命的数据起伏不大，都在 $960\sim 1070$ 范围之内；而工厂 Y 生产灯泡的使用寿命的数据起伏很大，分散在 $730\sim 1230$ 之间.用常识就能判断出，工厂 X 生产的灯泡比工厂 Y 生产的灯泡更加“稳定”.为

此,我们采用方差的方法,来衡量这两个工厂产品的“稳定度”:

$D(X)=(968-1000)^2\times0.1+(974-1000)^2\times0.1+\cdots+(1062-1000)^2\times0.1=782.2$,

$D(Y)=(734-1000)^2\times0.1+(812-1000)^2\times0.1+\cdots+(1223-1000)^2\times0.1=24791.8$.

由计算结果可知,$D(X)<D(Y)$,所以我们可以得出结论,工厂 X 生产的灯泡的品质要好于工厂 Y 生产的灯泡.

2. 连续型随机变量的方差

定义 8-20 若连续型随机变量 X 的概率密度函数为 $f(x)$,$E(X)$ 为 X 的数学期望,则方差

$$D(X)=\int_{-\infty}^{+\infty}[x-E(X)]^2f(x)\mathrm{d}x.$$

显然 $D(X)\geqslant 0$,$\sqrt{D(X)}$ 称为随机变量的标准差或均方差,记作 $\sigma(X)$,即 $\sigma(X)=\sqrt{D(X)}$.

3. 方差的计算公式

$$D(X)=E(X^2)-[E(X)]^2.$$

4. 方差的性质

(1) 对于任意常数 C,有 $D(C)=0$;

(2) 假设 C 为常数,则 $D(CX)=C^2D(X)$;

(3) 假设 X,Y 相互独立,则 $D(X+Y)=D(X)+D(Y)$;

(4) 当 $D(X)=0$ 时,有 $P(X=EX)=1$;

(5)(切比雪夫不等式) 假设 ξ 的方差 $D(\xi)$ 存在,则对于任何 $\varepsilon>0$,有

$$P(|\xi-E\xi|\geqslant\varepsilon)\leqslant\frac{D(\xi)}{\varepsilon^2}.$$

切比雪夫不等式是一个重要的不等式,它利用数学期望和方差估计随机变量落在区间$(E\xi-\varepsilon,E\xi+\varepsilon)$内的概率,指出这个概率不小于$1-\frac{D(\xi)}{\varepsilon^2}$.这种对概率的估计具有很好的应用价值.

5. 几种特殊的随机变量的方差

(1)0-1 分布,$D(X)=pq$;

(2) 二项分布,$D(X)=npq$;

(3) 泊松分布,$D(X)=\lambda$;

(4) 均匀分布,$D(X)=\frac{(b-a)^2}{12}$;

(5) 指数分布,$D(X)=\frac{1}{\lambda^2}$;

(6) 正态分布,$D(X)=\sigma^2$.

例 25 假设 $X\sim N(2,4)$,$Y\sim N(1,3)$,且 X 和 Y 相互独立,试求 $3X-2Y+2$ 的方差.

解： 由题意可知，随机变量 X 和 Y 都服从正态分布，所以有 $D(X)=4$ 和 $D(Y)=3$，根据方差的性质，可得

$$D(3X-2Y+2)=3^2D(X)+(-2)^2D(Y)+0=9\times4+4\times3=48.$$

同步练习 8.4

1. 一批产品的废品率为 7%，从中任意取一个进行检验，设抽出的废品个数为 X，请写出其概率分布表.

2. 已知随机变量 X 的概率密度函数为

$$f(x)=\begin{cases}\frac{2}{3}x-\frac{2}{3}, & 0\leqslant x\leqslant 3,\\ 0, & \text{其他}.\end{cases}$$

试求：(1) 分布函数 $F(X)$；(2) 计算 $P(1<x<2)$ 的值.

3. 已知某工厂生产的灯泡的使用寿命 X 服从 $N(3000,200)$ 的分布.请计算：

(1) 从该批灯泡中任取一只，其使用寿命小于 2800 小时的概率；

(2) 从该批灯泡中任取一只，其使用寿命大于 3400 小时的概率.

4. 设随机变量 $X\sim N(100,5^2)$，请计算：

(1) $P(x<98)$；(2) $P(95<x<110)$；(3) $P(x>103)$.

复习题 8

1. 判断题.

(1) 从一批家用电器中抽取到 1 件不合格品，这属于必然发生的事件. (　　)

(2) 若事件 A 和事件 B 不能同时发生，则称事件 A 和事件 B 相互排斥. (　　)

(3) 从一副扑克牌中任意抽取一张牌，这个随机试验属于古典概型. (　　)

(4) 从一副扑克牌(去掉大小王后剩 52 张) 中抽取四张牌，这四张牌都为 J 的取法有 C_{52}^4 种. (　　)

(5) 如果事件 A 和事件 B 互斥，则有 $P(A)+P(B)=1$. (　　)

(6) 若随机变量 X 满足 $X\sim N(\mu,\sigma^2)$，则称它服从标准正态分布. (　　)

(7) 0-1 分布与二项分布有着相同的含义. (　　)

(8) 0-1 分布是二项分布 $n=1$ 的特殊情况. (　　)

2. 张三、李四和王五这三位学生同时参加期末数学考试，现设事件 A_1 表示“张三及格”，事件 A_2 表示“李四及格”，事件 A_3 表示“王五及格”，试用 A_1,A_2,A_3 表示下列事件.

(1) $A=$“张三不及格”；　　(2) $B=$“李四和王五都不及格”；

(3) $C=$“三人全部及格”；　　(4) $D=$“三人全都不及格”；

(5) $E=$“张三和王五及格，李四不及格”.

3. 一个袋子中装有 10 个球，其中有 7 个红色球和 3 个蓝色球.现在从袋中随机抽取 2 个球，请计算：

(1) 抽到的 2 个球都是红色球的概率；

(2) 抽到的 2 个球都是蓝色球的概率；

(3) 抽到的 2 个球一个是红色球、一个是蓝色球的概率；

(4) 抽到的 2 个球中只有一个红色球的概率.

4. 已知 6 个零件中有 4 个正品和 2 个次品，按如下方法检测零件，试求事件 $A=$ {取出的 2 个零件中恰好有 1 个是次品} 的概率.

(1) 每次先任意抽取 1 个,测试后放回,然后再抽取 1 个(重复抽样);

(2) 每次先任意抽取 1 个,测试后不放回,然后再抽取 1 个(不重复抽样);

(3) 一次抽取 2 个做检测.

5. 某彩票活动共印制了 1000 张彩票,其编号为 $1\sim1000$.活动规定,凡是抽中 2 的倍数或 3 的倍数编号的彩票,都可以中奖.某人从中随机抽取了一张彩票,试求他中奖的概率.

6. 已知随机变量 X 的概率密度函数为

$$f(x)=\begin{cases}1-\dfrac{1}{2}x, & 0\leqslant x\leqslant 2,\\ 0, & \text{其他}.\end{cases}$$

试求:(1) 分布函数 $F(X)$;(2) 计算 $P(1.5<x<3)$ 的值.

7. 已知某车间工人完成某道工序的事件 X 服从 $N(10,2^2)$ 的分布.请回答:

(1) 从该车间里任意选一名工人,求此工人完成该工序的时间少于 7 分钟的概率;

(2) 为保证车间生产的连续进行,要求以 95% 的概率保证工人在该工序完成的时间不超过 14 分钟,请问这一要求能否保证?

8. 设随机变量 $X\sim N(10,2^2)$,请计算:

(1)$P(x<9)$;(2)$P(10<x<13)$;(3)$P(x>13)$.

附录A　常用初等数学公式

一、代数式

1. 乘法公式

$(a+b)(a-b)=a^2-b^2$

$(a\pm b)^2=a^2\pm 2ab+b^2$

$(a\pm b)^3=a^3\pm 3a^2b+3ab^2\pm b^3$

$(a\pm b)(a^2\mp ab+b^2)=a^3\pm b^3$

2. 根式运算公式

$\sqrt[n]{ab}=\sqrt[n]{a}\cdot\sqrt[n]{b}\quad(a\geqslant 0,b\geqslant 0)$

$\sqrt[n]{\frac{a}{b}}=\frac{\sqrt[n]{a}}{\sqrt[n]{b}}\quad(a\geqslant 0,b>0)$

$(\sqrt[n]{a})^m=\sqrt[n]{a^m}\quad(a\geqslant 0)$

$\sqrt[m]{\sqrt[n]{a}}=\sqrt[mn]{a}\quad(a\geqslant 0)$

二、一元二次方程求根公式

$ax^2+bx+c=0\quad(a\neq 0)$

求根公式　$x_{1,2}=\frac{-b\pm\sqrt{b^2-4ac}}{2a}$

三、指数运算公式

$a^0=1\quad(a\neq 0)$

$a^{-n}=\frac{1}{a^n}\quad(a\neq 0)$

$a^{\frac{m}{n}}=\sqrt[n]{a^m}\quad(a\geqslant 0)$

$a^{-\frac{m}{n}}=\frac{1}{\sqrt[n]{a^m}}\quad(a>0)$

$(a^m)^n=a^{mn}$

$(ab)^n=a^nb^n$

$\left(\frac{b}{a}\right)^n=\frac{b^n}{a^n}$

$a^ma^n=a^{m+n}$

四、对数运算性质

$\log_a(M\cdot N)=\log_a M+\log_a N$

$\log_a \dfrac{M}{N} = \log_a M - \log_a N$

$\log_a N^b = b\log_a N$　　　　$\log_a \sqrt[n]{M} = \dfrac{1}{n}\log_a M$

基本恒等式　　$a^{\log_a N} = N$

换底公式　　$\log_a N = \dfrac{\log_b N}{\log_b a}$

五、二项展开公式

$(a+b)^n = C_n^0 a^n + C_n^1 a^{n-1} b + C_n^2 a^{n-2} b^2 + \cdots + C_n^i a^{n-i} b^i + \cdots + C_n^n b^n$

其中 $C_n^i = \dfrac{n!}{i!(n-i)!}$，$C_n^0 = C_n^n = 1$

六、常用数列$\{a_n\}$（$n=1,2,\cdots$）前 n 项求和公式

等差数列：$s_n = \dfrac{(a_1+a_n)n}{2}$

等比数列：$s_n = \dfrac{a_1(1-q^n)}{1-q}$，其中 q 为公比

特别地

(1)$1+2+3+\cdots+n = \dfrac{n(n+1)}{2}$

(2)$1^2+2^2+3^2+\cdots+n^2 = \dfrac{1}{6}n(n+1)(2n+1)$

(3)$1^2+3^2+5^2+\cdots+(2n-1)^2 = \dfrac{1}{3}n(2n-1)(2n+1)$

(4)$1\cdot 2+2\cdot 3+3\cdot 4+\cdots+n(n+1) = \dfrac{1}{3}n(n+1)(n+2)$

七、三角函数公式

1. 平方和关系

$\sin^2 x + \cos^2 x = 1$

$1 + \tan^2 x = \sec^2 x$

$1 + \cot^2 x = \csc^2 x$

2. 倍角公式

$\sin 2x = 2\sin x\cos x$

$\cos 2x = \cos^2 x - \sin^2 x = 1 - 2\sin^2 x = 2\cos^2 x - 1$

$\tan 2x = \dfrac{2\tan x}{1-\tan^2 x}$

3. 降幂公式

$\sin^2 x = \dfrac{1-\cos 2x}{2}$

$$\cos^2 x = \frac{1+\cos 2x}{2}$$

4. 两角和差公式

$$\sin(x \pm y) = \sin x \cos y \pm \cos x \sin y$$

$$\cos(x \pm y) = \cos x \cos y \mp \sin x \sin y$$

$$\tan(x \pm y) = \frac{\tan x \pm \tan y}{1 \mp \tan x \tan y}$$

5. 和差化积公式

$$\sin x + \sin y = 2\sin\frac{x+y}{2}\cos\frac{x-y}{2}$$

$$\sin x - \sin y = 2\cos\frac{x+y}{2}\sin\frac{x-y}{2}$$

$$\cos x + \cos y = 2\cos\frac{x+y}{2}\cos\frac{x-y}{2}$$

$$\cos x - \cos y = -2\sin\frac{x+y}{2}\sin\frac{x-y}{2}$$

6. 积化和差公式

$$\sin x \cos y = \frac{1}{2}[\sin(x+y) + \sin(x-y)]$$

$$\cos x \sin y = \frac{1}{2}[\sin(x+y) - \sin(x-y)]$$

$$\cos x \cos y = \frac{1}{2}[\cos(x+y) + \cos(x-y)]$$

$$\sin x \sin y = -\frac{1}{2}[\cos(x+y) - \cos(x-y)]$$

八、常用不等式

$$a^2 + b^2 \geqslant 2ab$$

$$|a| - |b| \leqslant |a-b| \leqslant |a| + |b|$$

附录 B　标准正态分布表

$$\Phi(x)=\int_{-\infty}^{x}\frac{1}{\sqrt{2\pi}}\,\mathrm{e}^{-\frac{t^2}{2}}\,\mathrm{d}t$$

x	0.00	0.01	0.02	0.03	0.04	0.05	0.06	0.07	0.08	0.09
0.0	0.500 0	0.504 0	0.508 0	0.512 0	0.516 0	0.519 9	0.523 9	0.527 9	0.531 9	0.535 9
0.1	0.539 8	0.543 8	0.547 8	0.551 7	0.555 7	0.559 6	0.563 6	0.567 5	0.571 4	0.575 3
0.2	0.579 3	0.583 2	0.587 1	0.591 0	0.594 8	0.598 7	0.602 6	0.606 4	0.610 3	0.614 1
0.3	0.617 9	0.621 7	0.625 5	0.629 3	0.633 1	0.636 8	0.640 4	0.644 3	0.648 0	0.651 7
0.4	0.655 4	0.659 1	0.662 8	0.666 4	0.670 0	0.673 6	0.677 2	0.680 8	0.684 4	0.687 9
0.5	0.691 5	0.695 0	0.698 5	0.701 9	0.705 4	0.708 8	0.712 3	0.715 7	0.719 0	0.722 4
0.6	0.725 7	0.729 1	0.732 4	0.735 7	0.738 9	0.742 2	0.745 4	0.748 6	0.751 7	0.754 9
0.7	0.758 0	0.761 1	0.764 2	0.767 3	0.770 3	0.773 4	0.776 4	0.779 4	0.782 3	0.785 2
0.8	0.788 1	0.791 0	0.793 9	0.796 7	0.799 5	0.802 3	0.805 1	0.807 8	0.810 6	0.813 3
0.9	0.815 9	0.818 6	0.821 2	0.823 8	0.826 4	0.828 9	0.835 5	0.834 0	0.836 5	0.838 9
1.0	0.841 3	0.843 8	0.846 1	0.848 5	0.850 8	0.853 1	0.855 4	0.857 7	0.859 9	0.862 1
1.1	0.864 3	0.866 5	0.868 6	0.870 8	0.872 9	0.874 9	0.877 0	0.879 0	0.881 0	0.883 0
1.2	0.884 9	0.886 9	0.888 8	0.890 7	0.892 5	0.894 4	0.896 2	0.898 0	0.899 7	0.901 5
1.3	0.903 2	0.904 9	0.906 6	0.908 2	0.909 9	0.911 5	0.913 1	0.914 7	0.916 2	0.917 7
1.4	0.919 2	0.920 7	0.922 2	0.923 6	0.925 1	0.926 5	0.927 9	0.929 2	0.930 6	0.931 9
1.5	0.933 2	0.934 5	0.935 7	0.937 0	0.938 2	0.939 4	0.940 6	0.941 8	0.943 0	0.944 1
1.6	0.945 2	0.946 3	0.947 4	0.948 4	0.949 5	0.950 5	0.951 5	0.952 5	0.953 5	0.953 5
1.7	0.955 4	0.956 4	0.957 3	0.958 2	0.959 1	0.959 9	0.960 8	0.961 6	0.962 5	0.963 3
1.8	0.964 1	0.964 8	0.965 6	0.966 4	0.967 2	0.967 8	0.968 6	0.969 3	0.970 0	0.970 6
1.9	0.971 3	0.971 9	0.972 6	0.973 2	0.973 8	0.974 4	0.975 0	0.975 6	0.976 2	0.976 7
2.0	0.977 2	0.977 8	0.978 3	0.978 8	0.979 3	0.979 8	0.980 3	0.980 8	0.981 2	0.981 7
2.1	0.982 1	0.982 6	0.983 0	0.983 4	0.983 8	0.984 2	0.984 6	0.985 0	0.985 4	0.985 7
2.2	0.986 1	0.986 4	0.986 8	0.987 1	0.987 4	0.987 8	0.988 1	0.988 4	0.988 7	0.989 0
2.3	0.989 3	0.989 6	0.989 8	0.990 1	0.990 4	0.990 6	0.990 9	0.991 1	0.991 3	0.991 6
2.4	0.991 8	0.992 0	0.992 2	0.992 5	0.992 7	0.992 9	0.993 1	0.993 2	0.993 4	0.993 6
2.5	0.993 8	0.994 0	0.994 1	0.994 3	0.994 5	0.994 6	0.994 8	0.994 9	0.995 1	0.995 2
2.6	0.995 3	0.995 5	0.995 6	0.995 7	0.995 9	0.996 0	0.996 1	0.996 2	0.996 3	0.996 4
2.7	0.996 5	0.996 6	0.996 7	0.996 8	0.996 9	0.997 0	0.997 1	0.997 2	0.997 3	0.997 4
2.8	0.997 4	0.997 5	0.997 6	0.997 7	0.997 7	0.997 8	0.997 9	0.997 9	0.998 0	0.998 1
2.9	0.998 1	0.998 2	0.998 2	0.998 3	0.998 4	0.998 4	0.998 5	0.998 5	0.998 6	0.998 6
3.0	0.998 7	0.999 0	0.999 3	0.999 5	0.999 7	0.999 8	0.999 8	0.999 9	0.999 9	1.000 0

课后同步练习答案及解答提示

同步练习 1.1

1.(1)$\{x \mid x \neq 0$ 且 $x \neq 3\}$；　(2)$\{x \mid x \geqslant 2$ 或 $x \leqslant -1\}$；

(3)$\{x \mid -2 < x < 2\}$；　(4)$\left\{x \mid -\frac{1}{3} \leqslant x \leqslant \frac{1}{3}\right\}$.

2.$f(-1)=-2, f(0)=1, f(1)=3$.(图形略)

同步练习 1.2

1.(1) 偶；(2) 非奇非偶；(3) 偶；(4) 非奇非偶；(5) 奇；(6) 奇.

同步练习 1.3

1.(1)$y=\sqrt{u}, u=2x+1$；

(2)$y=\mathrm{e}^{u}, u=\tan x$；

(3)$y=u^{2}, u=\sin v, v=2x-1$；

(4)$y=\ln u, u=\sin v, v=x+1$.

同步练习 1.4

1. 总成本函数 $C(q)=bq+a$，平均成本函数 $\mathrm{AC}(q)=\frac{bq+a}{q}$，收益函数 $R(q)=pq$，利润函数 $L(q)=(p-b)q-a$，保本点 $q=\frac{a}{p-b}$.

2.保本点 $q=700, q=620<q=700$，有利.

3. 总成本函数 $C(q)=4q+7000=67\,000-3000p$，平均成本函数 $\mathrm{AC}(q)=\frac{4q+7000}{q}$，收益函数 $R(q)=15\,000p-750p^{2}$，利润函数 $L(q)=18\,000p-750p^{2}-67\,000$.

4.(1) 收益函数 $R(q)=(18-2q)q$；(2) 成本函数 $C(q)=6q$；

(3) 利润函数 $L(q)=12q-2q^{2}$.

5.$E=12q+\frac{360\,000}{q}$.

6.$E=0.3q+\frac{10^{9}}{q}$.

复习题 1

1.(1) 不是，定义域不同；(2) 不是，对应法则不同；(3) 不是，定义域不同；(4) 是.

2.(1)$(-\infty,1) \cup (1,2) \cup (2,+\infty)$；(2)$(-2,+\infty)$；(3)$(0,1]$；(4)$(-\infty,1]$.

3.(1) $\dfrac{x-1}{1+x}$;(2)3.

4.(1) 偶;(2) 非奇非偶;(3) 偶;(4) 偶; (5) 奇;(6) 奇.

5.$y=\lg^2 x$.

6.$\dfrac{x}{1-2x}$.

7.(1)$y=\sqrt{u}$,$u=3x-1$;　(2)$y=5u^2$,$u=x+2$;

(3)$y=u^2$,$u=\sin v$,$v=3x+\dfrac{\pi}{4}$;　(4)$y=3^u$,$u=v^2$,$v=\tan x$;

(5)$y=\ln u$,$u=\tan x$;　(6)$y=\sqrt{u}$,$u=\ln v$,$v=\sqrt{x}$.

8.$y=\begin{cases}150x, & 0\leqslant x\leqslant 1000,\\ 150\,000+135(x-1000), & 1000<x\leqslant 1500.\end{cases}$

9.设价格为 p 元,每天售出 Q 件,根据题意,有 $Q=800+\dfrac{40-p}{2}\times 30=1400-15p$.

10.设日产量为 q(千条),根据题意得:

总成本函数:$C(q)=1050+350q$.

总收益函数:$R(q)=700q$.

总利润函数:$L(q)=R(q)-C(q)=350q-1050$.

同步练习 2.1

1.(1)0;　(2) 不存在;　(3)0;　(4) 不存在;

(5)0;　(6)0;　(7)-4;　(8)9.

2. $\lim\limits_{x\to 2+}(x-3)=-1$;　$\lim\limits_{x\to 2-}(3x+1)=7$.

3. $\lim\limits_{x\to 0-}f(x)=-1$;$\lim\limits_{x\to 0+}f(x)=1$;因为左、右极限不相等,所以函数的极限不存在.

同步练习 2.2

1.(1) 无穷大量;　(2) 无穷大量;　(3) 无穷小量;　(4) 无穷小量.

2.0.

同步练习 2.3

1.(1)15;　(2)9;　(3) $\dfrac{1}{3}$;　(4) $\dfrac{1}{2}$;　(5) ∞;　(6)0;

(7) $\dfrac{2}{5}$;　(8) -2;　(9) $\dfrac{2}{3}\sqrt{2}$;　(10)0;　(11)0.

2. $k=-3$.

3. $a=2$.

同步练习 2.4

1.(1) $\dfrac{1}{2}$;　(2) $\dfrac{3}{4}$;　(3)0;　(4)0;

(5)e^2；　(6)e^{-1}；　(7)$e^{-\frac{3}{2}}$.

2.2210.34 元.

3.(1)751.31 元；　(2)743.56 元；　(3)740.82 元.

同步练习 2.5

1.(1) 高阶无穷小；　(2) 同阶无穷小.

2.(1)5；　(2)8；　(3)2；　(4) $\frac{5}{2}$；　(5) $\frac{1}{6}$；　(6) $\frac{1}{2}$.

同步练习 2.6

1.(1) 间断；　(2) 连续；　(3) 间断；　(4) 间断.

2. $a=b=2$.

3.(1)$x=0$,第一类间断点(可去间断点)；

(2)$x=1$,第一类间断点(可去间断点)；$x=2$,第二类间断点(无穷间断点).

4.$f(x)=x^3-5x+2$ 在闭区间 $[-3,3]$ 上连续,又 $f(-3)=-10<0$,$f(3)=14>0$. 根据零点定理,在区间 $(-3,3)$ 内至少有一点 ε,使得 $f(\varepsilon)=0$,即方程 $x^3-5x+2=0$ 在区间 $(-3,3)$ 内至少有一个根是 ε.

复习题 2

一、填空题.

1. -3；　**2.**$x=1$ 以及 $x=2$；　**3.**同阶；　**4.** 1；　**5.** $e^{\frac{1}{2}}$；　**6.**1.

二、选择题.

1.D；　**2.**C；　**3.**C；　**4.**B；　**5.**D；　**6.**C；　**7.**A；　**8.**A；　**9.**A.

三、计算题.

1.(1)$2\sqrt{2}$；　(2) $\frac{1}{2}$；　(3)-9；　(4)0；　(5)-1；

(6) $\frac{3}{2}$；　(7)1；　(8)1；　(9)e^{-2}；　(10)2；

(11) $\frac{1}{2}$；　(12)0；　(13)2；　(14)-3.

2. $a=b=1$.

3.不连续.

4.(1)$x=-3$(第二类间断点,无穷间断点)；

(2)$x=-2$(第一类间断点,可去间断点)；$x=-4$(第二类间断点,无穷间断点)；

(3)$x=0$(第一类间断点,跳跃间断点)；

(4)$x=0$(第一类间断点,跳跃间断点).

5. $f(x)=4x-2^x$ 在闭区间 $[0,1]$ 上连续，又

$$f(0)=-1<0, f(1)=2>0,$$

根据零点定理，在区间 $(0,1)$ 内至少有一点 ε，使得 $f(\varepsilon)=0$，即方程 $4x-2^x=0$ 在区间 $(0,1)$ 内至少有一个根是 ε.

6. $k=\ln 2$.

7. (1) 根据离散型复利公式可得 10 年末的本利和为 3105.85 元；

(2) 根据连续复利公式可得 10 年末的本利和为 3320.12 元.

同步练习 3.1

1. (1) $\bar{v}=10-1.1g$；(2) $v=10-g$.

3. (1) 切线方程：$y=x-1$，法线方程：$y=-x+1$；

(2) 切线方程：$y=\frac{\sqrt{3}}{2}x+\frac{6-\sqrt{3}\pi}{12}$，法线方程：$y=-\frac{2\sqrt{3}}{3}x+\frac{9+2\sqrt{3}\pi}{18}$.

同步练习 3.2

1. (1) $y'=4x^3-6x+1$；(2) $y'=-6x^{-3}-x^{-2}=-\frac{6}{x^3}-\frac{1}{x^2}$；

(3) $y'=10x+2^x\ln 2-e^x$；(4) $y'=\sec^2 x-\csc x\cot x$；

(5) $y'=\frac{1}{x}+\frac{1}{x\ln 2}$；(6) $y'=\cos 2x$；

(7) $y'=2x\sin x+x^2\cos x$；(8) $y'=-\frac{x\sin x+\cos x}{x^2}$；

(9) $y'=-\frac{2}{(x-1)^2}$；(10) $y'=e^x\sin x+xe^x\sin x+xe^x\cos x$.

2. (1) $y'=3\sin 2x$；(2) $y'=(2x+3)\cos(x^2+3x)$；

(3) $y'=6x^2(1+x^3)\cos x-(1+x^3)^2\sin x$；(4) $y'=-\frac{2x}{1-x^2}$；

(5) $y'=\frac{x}{\sqrt{1+x^2}}$；(6) $y'=\frac{1}{\sqrt{x}(1-x)}$.

3. (1) $y'=-\frac{\cos x}{\sin y}$；(2) $y'=\frac{y^2e^x}{1-ye^x}$；

(3) $y'=\frac{1-e^{x+y}}{1+e^{x+y}}$；(4) $y'=\frac{y\cos(xy)-1}{1-x\cos(xy)}$.

同步练习 3.3

1. (1) $y''=(2+x)e^x$；(2) $y''=6x$；(3) $y''=2\ln x+3$；(4) $y''=8\cos 4x$.

同步练习 3.4

1. $dy|_{x=1}=0.001$.

2. (1) $\mathrm{d}y=\left(\cos x\ln x+\dfrac{1}{x}\sin x\right)\mathrm{d}x$；

(2) $\mathrm{d}y=(3\mathrm{e}^{3x}+2\cos 2x)\,\mathrm{d}x$；

(3) $\mathrm{d}y=(\mathrm{e}^{2x}+2x\,\mathrm{e}^{2x})\,\mathrm{d}x$；

(4) $\mathrm{d}y=\sin 2x\,(\cos 2x-2\sin^2 x)\,\mathrm{d}x$；

(5) $\mathrm{d}y=6x\,(x^2-1)^2\mathrm{d}x$；

(6) $\mathrm{d}y=\dfrac{2x}{1+x^2}\mathrm{d}x$.

复习题 3

一、选择题.

1. C； **2.** B； **3.** C； **4.** B； **5.** D.

二、计算题.

1. $y'=(\sin x)'-(x^3)'+(\tan \mathrm{e})'=\cos x-3x^2$.

2. $y'=(\sin x\ln x)'+(\sec x)'=(\sin x)'\ln x+(\ln x)'\sin x+(\sec x)'$

$=\cos x\ln x+\dfrac{\sin x}{x}+\sec x\tan x$.

3. $y'=(\cot x)'=\left(\dfrac{\cos x}{\sin x}\right)'=\dfrac{-\sin x\sin x-\cos x\cos x}{\sin^2 x}=-\dfrac{1}{\sin^2 x}=-\csc^2 x$.

4. $y'=(\sin\mathrm{e}^{\frac{1}{x}})'=\cos\mathrm{e}^{\frac{1}{x}}\,(\mathrm{e}^{\frac{1}{x}})'=\cos\mathrm{e}^{\frac{1}{x}}\,\mathrm{e}^{\frac{1}{x}}\left(\dfrac{1}{x}\right)'=-\dfrac{\mathrm{e}^{\frac{1}{x}}\cos\mathrm{e}^{\frac{1}{x}}}{x^2}$.

5. $\mathrm{d}y=y'\mathrm{d}x=(x\cos x)'\mathrm{d}x=(\cos x-x\sin x)\mathrm{d}x$.

6. 因为 $f(x)$ 在 $x=0$ 处可导，所以，在 $x=0$ 处一定连续，即有 $\lim\limits_{x\to0+}f(x)=\lim\limits_{x\to0-}f(x)=f(0)$.

化简后有 $b=1$.

又因为可导，所以有 $\lim\limits_{x\to0+}\dfrac{f(x)-f(0)}{x-0}=\lim\limits_{x\to0-}\dfrac{f(x)-f(0)}{x-0}$，即 $a=1$.

综上，当 $a=1,b=1$ 时，$f(x)$ 在 $x=0$ 处可导.

同步练习 4.1

1. (1) $f(-1)=f(0)$，$f(x)$ 在 $[-1,0]$ 上连续，在 $(-1,0)$ 上可导，$f'(x)=3x^2-2x-2=0$，

$x=\dfrac{1\pm\sqrt{7}}{3}$.

因为 $x\in[-1,0]$，所以 $\xi=\dfrac{1-\sqrt{7}}{3}$.

(2) 因为 $f(0)=f(3)$，$f(x)$ 在 $[0,3]$ 上连续，在 $(0,3)$ 上可导，$f'(x)=\sqrt{3-x}-\dfrac{x}{2\sqrt{3-x}}=0$，所以 $x=2$，即 $\xi=2$.

2.(1)$f'(x)=6x^2$，$f'(\xi)=\dfrac{f(1)-f(-1)}{1-(-1)}=2$，所以 $\xi=\pm\dfrac{\sqrt{3}}{3}$；

(2)$f'(x)=\dfrac{1}{1+x^2}$，$f'(\xi)=\dfrac{f(1)-f(0)}{1-0}=\dfrac{\pi}{4}$，所以 $\xi=\pm\sqrt{\dfrac{4}{\pi}-1}$，又 $\xi\in[0,1]$，所以 $\xi=\sqrt{\dfrac{4}{\pi}-1}$.

3. 证：存在 $x\in[x_1,x_2]$，

$$\frac{f(x_2)-f(x_1)}{x_2-x_1}=\frac{px_2^2+qx_2+r-(px_1^2+qx_1+r)}{x_2-x_1}=\frac{p(x_2-x_1)(x_2+x_1)+q(x_2-x_1)}{x_2-x_1}=p(x_2+x_1)+q.$$

因为 $y'=2px+q$，所以 $2p\xi+q=p(x_2+x_1)+q$，$\xi=\dfrac{x_2+x_1}{2}$.

4.证：(1) 令 $f(x)=\mathrm{e}^x$，则在 $[0,x]$ 上满足拉格朗日中值定理，即存在一点 $\xi\in[0,x]$，使得 $f'(\xi)=\mathrm{e}^\xi=\dfrac{f(x)-f(0)}{x-0}=\dfrac{\mathrm{e}^x-1}{x}$，所以当 $x>0$ 时，$\mathrm{e}^\xi x=\mathrm{e}^x-1$，所以 $x\mathrm{e}^x>\mathrm{e}^\xi x=\mathrm{e}^x-1$.

(2) 令 $f(x)=\arctan x$，由拉格朗日中值定理得，$\dfrac{1}{1+\xi^2}=\dfrac{\arctan b-\arctan a}{b-a}$.所以

$$|\arctan a-\arctan b|=\frac{1}{1+\xi^2}|a-b|\leqslant|a-b|.$$

5.(1)5；(2)$-\dfrac{5}{2}$；(3)2；(4)$\dfrac{1}{2}$；(5)$\dfrac{\sqrt{a}}{a}$；(6)0；(7)$-\dfrac{1}{2}$；(8)$\dfrac{1}{2}$.

同步练习 4.2

1.(1)$(-\infty,+\infty)$ 内递增；(2) 单减区间 $(-\infty,-1)$，单增区间 $(-1,+\infty)$；

(3) 单减区间 $(-2,0)$ 和 $(0,2)$，单增区间 $(-\infty,-2)$ 和 $(2,+\infty)$；

(4)$(-\infty,+\infty)$ 内递增.

同步练习 4.3

1.(1) 极大值 $y(1)=0$，极小值 $y(3)=-4$；

(2) 无极值；

(3) 极小值 $y(\mathrm{e}^{-\frac{1}{2}})=-\dfrac{1}{2\mathrm{e}}$；

(4) 极大值 $y(1)=2$.

同步练习 4.4

1.设其宽为 x，长为 y，则 $2x+y=20$，即 $y=20-2x$.

又其面积 $S(x)=xy=x(20-2x)$，$S'(x)=-4x+20=0\Rightarrow x=5$，则 $y=10$.

故长 10 m，宽 5 m.

2.设两边各折起 x，则体积为 $V=(a-2x)^2x$，令 $V'=a^2-8ax+12x^2=0$，有

$x=\frac{a}{2}$(舍去)，$x=\frac{a}{6}$.

3.设登岸处离渔艇停泊位置到海岸线的垂足为 x，送信人到渔站的行程时间为 t，则船行程为 $\sqrt{9^2+x^2}$，人行程为 $15-x$.

所以 $t=\frac{\sqrt{9^2+x^2}}{4}+\frac{15-x}{5}$，令 $t'=0$，得 $x=12$，即登岸处离垂直距离为 12 km 时，时间最省.

同步练习 4.5

1.(1) 总利润函数为

$$L(x)=-2.5x^2+400x-2800,$$

平均成本函数为 $\overline{C}=\frac{\frac{1}{2}x^2+5x+2800}{x}$，则产量为 70 吨时的平均成本为 80，

平均收入函数为 $\overline{R}=\frac{405x-2x^2}{x}$，则产量为 70 吨时的平均收入为 265，

平均利润函数为 $\overline{L}=\frac{-2.5x^2+400x-2800}{x}$，则产量为 70 吨时的平均利润为 185；

(2) 边际成本函数为 $C'(x)=x+5$，所以 $C'(90)=95$，
边际收入函数为 $R'(x)=405-4x$，所以 $R'(90)=45$，
边际利润函数为 $L'(x)=-5x+400$，所以 $L'(90)=-50$.

2.(1) 平均成本函数为 $\overline{C}=\frac{1000+7x+50\sqrt{x}}{x}$，产量为 100 吨时的平均成本为 22 元；

(2) 边际成本函数为 $C'(x)=7+\frac{25}{\sqrt{x}}$，所以 $C'(100)=9.5$ 元.

3.平均成本函数为 $\overline{C}=\frac{9000+40x+0.001x^2}{x}$，$\overline{C}'=\frac{0.001x^2-9000}{x^2}=0$，得 $x=3000$ 件，此生产量时平均成本最小.

4.(1) 由题意知：$Q'(p)=-\frac{1}{4}\cdot 10^{2.1}e^{-\frac{p}{4}}$.

需求对价格的弹性为：$\frac{E_Q}{E_p}=\frac{p}{Q}\cdot\frac{dQ}{dp}=\frac{p}{10^{2.1}e^{-\frac{p}{4}}}\left(-\frac{1}{4}\cdot 10^{2.1}e^{-\frac{p}{4}}\right)=-\frac{1}{4}p$.

(2) 当 $p=3.5$ 元时，有 $\frac{E_Q}{E_p}=-0.875$，这就是说，当这种商品的价格在 3.5 元 / 件的水平时，价格上升 1%，市场需求相应地下降 0.875%.

当 $p=4$ 元时，有 $\frac{E_Q}{E_p}=-1$，这就是说，当这种商品的价格在 4 元 / 件的水平时，价格上升 1%，市场需求相应地下降 1%.

当 $p=4.5$ 元时，有 $\frac{E_Q}{E_p}=-1.125$，这就是说，当这种商品的价格在 4.5 元/件的水平时，价格上升 1%，市场需求相应地下降 1.125%.

复习题 4

一、选择题.

1.D；　**2**.B；　**3**.C；　**4**.C；　**5**.D；　**6**.A.

二、填空题.

1.$\left(\frac{1}{2},+\infty\right)$；**2**.1；**3**.极小值；**4**.$(-1,0)$，$(0,+\infty)$.

三、计算题.

1.(1)108；(2) $\ln\frac{a}{b}$；(3) $\frac{1}{2}$；(4) 极限不存在.

2.单调增区间为 $\left(-1,\frac{1}{2}\right)$，$(5,+\infty)$，单调减区间为 $(-\infty,-1)$，$\left(\frac{1}{2},5\right)$；极小值 $y(-1)=0$，$y(5)=0$，极大值为 $y\left(\frac{1}{2}\right)=\left(\frac{3}{2}\right)^{\frac{2}{3}}\left(\frac{9}{2}\right)^{2}$.

3.(1) 设长为 x，周长为 L，则宽为 $\frac{S}{x}$，$L=2\left(x+\frac{S}{x}\right)$，$L'=2\left(1-\frac{S}{x^2}\right)=0$，得 $x=\sqrt{S}$，即为长，此时宽也为 $\sqrt{S}$，为正方形.

(2) 设长为 x，面积为 S，则宽为 $\frac{L-2x}{2}$，$S=x\ \frac{L-2x}{2}$，$S'=\frac{L}{2}-2x$.

令 $S'=0$，得 $x=\frac{L}{4}$，则宽也为 $\frac{L}{4}$，此时面积最大.

4.利润 $L(Q)=R(Q)-C(Q)=10Q-0.01Q^2-(5Q+200)$

$=-0.01Q^2+5Q-200$，

$L'(Q)=-0.02Q+5$，

令 $L'(Q)=0$，得 $Q=250$ 单位.

5.等腰直角三角形的直角边长为 $\frac{\sqrt{2}}{2}L$，设矩形长为 x，宽为 $\frac{L-x}{2}$，面积为 S，$S=x\ \frac{L-x}{2}$，令 $S'=0$，得 $x=\frac{L}{2}$，宽为 $\frac{L}{4}$，此时面积最大.

同步练习 5.1

1.(1)$\sin x+C$；　(2)$\tan x$；$\sec^2 x$；　(3)$\ln|x|+C$；
(4)$-\cos x+C$；　(5)$F(x)+C$.

2.(1)A；　(2)C.

3. 曲线方程为 $y=x^2+1$.

4. (1) $\left(\int e^x dx\right)'=e^x$;　　(2) $\int(2x-\sin x+3)dx=x^2+\cos x+3x+C$.

同步练习 5.2

1. (1) $\frac{5}{2}x^2+C$;　(2) $\frac{10}{3}x^{\frac{3}{2}}+C$;　(3) $\frac{3^x}{\ln 3}$;　(4) $4\ln|x|$.

2. (1) $\frac{x^4}{2}-\cos x+\frac{5}{2}x^2+C$;　(2) $\frac{3^x}{\ln 3}-4\sin x+C$;　(3) $2x^{\frac{1}{2}}+C$;

(4) e^x+x+C;　(5) $\frac{4^x}{\ln 4}+e^x-\sin\frac{\pi}{2}x+C$;　(6) $\frac{(4e)^x}{\ln 4+1}+C$;

(7) $\frac{x^3}{3}-x+C$;　(8) $2x-5\frac{\left(\frac{2}{3}\right)^x}{\ln\frac{2}{3}}+C$;　(9) $x-\arctan x+C$;

(10) $2\ln|x|+6x^{\frac{1}{3}}+C$;　(11) $\frac{1}{3}x^3-x^2+x+C$.

3. 总成本函数 $C(q)=\frac{5}{2}q^2-20q+60$,当 $q=4$ 时,总成本最低.

同步练习 5.3

1. (1) $-\frac{1}{2}$;　(2) $-\frac{1}{4}$;　(3) $\frac{1}{3}$;　(4) $-$;

(5) $\frac{1}{12}$;　(6) $\frac{1}{2}$;　(7) -2;　(8) $\frac{1}{2}$.

2. (1) $-\frac{(3-2x)^4}{8}+C$;　(2) $\frac{1}{2}\sin x^2+C$;

(3) $-\frac{1}{2}\cos x^2+C$;　(4) $\frac{1}{2}e^{2x-1}+C$;

(5) $-\frac{1}{5}\cos 5x+C$;　(6) $-\frac{3}{4}\ln|1-x^4|+C$;

(7) $\ln\ln\ln|x|+C$;　(8) $\ln|x+2|-\ln|x+3|+C$;

(9) $\cos\frac{1}{x}+C$;　(10) $-2\cos\sqrt{x}+C$;

(11) $-\frac{1}{2}(2-3x)^{\frac{2}{3}}+C$;　(12) $\frac{1}{\cos x}+C$;

(13) $\frac{3}{2}\sqrt[3]{x^2}-3\sqrt[3]{x}+3\ln\left|\sqrt[3]{x}+1\right|+C$;　(14) $\frac{2}{5}(x+1)^{\frac{5}{2}}-\frac{2}{3}(x+1)^{\frac{3}{2}}+C$;

(15) $x+2\sqrt{x}+\ln(\sqrt{x}-1)^2+C$.

同步练习 5.4

1. (1) $-x\cos x+\sin x+C$;　(2) $\frac{1}{2}\sin 2x+\frac{1}{4}\cos 2x+C$;

(3) $x^2e^x-2xe^x-e^x+C$；　　(4) $\frac{(\cos x+\sin x)e^x}{2}+C$；

(5) $2\sqrt{x}\sin\sqrt{x}+\cos\sqrt{x}+C$；　　(6) $-xe^{-x}-e^{-x}+C$.

2. xe^x-e^x+C.

复习题 5

一、填空题.

1. $\arcsin x+\pi$.　　**2.** $e^{-x}+C$.

3. $y=x^2+1$.　　**4.** x^2+x.

5. $\cos x$.　　**6.** $\frac{1}{3}x^3-2x^2+4x+C$.

7. $x+4x^{-\frac{1}{4}}+C$.　　**8.** $\frac{1}{x}+C$.

9. $\frac{10^x}{\ln 10}-3\cos x-\frac{2}{3}x^{\frac{3}{2}}+C$.　　**10.** $x-\frac{1}{2}x^2+\frac{1}{4}x^4-3x^{\frac{1}{3}}+C$；

11. $\frac{1}{4}$.　　**12.** $-\frac{1}{3}$.　　**13.** $\frac{1}{2x}$.　　**14.** $\frac{1}{4}$.

15. $\frac{1}{2}$.　　**16.** $-\frac{1}{2}$.　　**17.** 2.　　**18.** -3.

二、选择题.

1.A；　**2.**D；　**3.**A；　**4.**C；　**5.**D；　**6.**C；　**7.**C；　**8.**C；　**9.**C；　**10.**D.

三、求下列不定积分.

1. $\frac{5}{2}x^2-\frac{4}{3}x^{\frac{3}{2}}+\frac{4}{5}x^{\frac{5}{4}}+C$；　　**2.** $x^3+\frac{2^x}{\ln 2}+C$；

3. $\frac{1}{2}x^2+x+2\sqrt{x}-2\ln|x|+C$；　　**4.** $\frac{1}{3}\sin(3x+4)+C$；

5. $\frac{2}{15}(3x+2)^{\frac{5}{2}}+C$；　　**6.** $-e^{\frac{1}{x}}+C$；

7. xe^x-2e^x+C；　　**8.** $\frac{1}{3}x^3\ln|x|-\frac{1}{9}x^3+C$；

9. $\frac{1}{5}\left(\ln\left|\frac{x-3}{x+2}\right|\right)+C$；　　**10.** $\frac{1}{2}\ln(x^2+1)+C$；

11. $\frac{1}{3}(1+e^x)^3+C$；　　**12.** $\frac{1}{4}\ln^4 x+C$；

13. $\frac{2}{3}x^{\frac{3}{2}}+2\sqrt{x}+C$；　　**14.** $-\frac{1}{2}\ln\left|\frac{x+a}{x-a}\right|+C$；

15. $-\sin\frac{1}{x}+C$；　　**16.** $-\cos x+\frac{1}{3}\cos^3 x+C$；

17. $\frac{1}{2}\arctan^2 x+C$； **18.** $-\frac{1}{3}e^{3\cos x}+C$；

19. $x\ln(1+x^2)-2(x-\arctan x)+C$； **20.** $2\left[\sqrt{x}-\arctan(1+\sqrt{x})\right]+C$.

四、应用题.

1. 总收益函数为 $R(x)=100x-\frac{1}{40}x^2$；

平均单位收益函数为 $\overline{R(x)}=100-\frac{1}{40}x$；

生产这种产品 1000 单位时的总收益为 $R(1000)=(100\times 1000-\frac{1}{40}\times 1000^2)$ 元 $=$ 75 000 元；

生产这种产品 1000 单位时的平均单位收益为 $\overline{R(1000)}=(100-\frac{1}{40}\times 1000)$ 元 $=75$ 元.

2. 总成本函数为 $C(x)=x^2+10x+20$.

同步练习 6.1

1. $\frac{7}{3}$.

2. (1)0； (2) $\frac{4}{3}R^3$； (3)0； (4)1； (5) -4； (6) $e-1$.

同步练习 6.2

1. (1) $\int_1^2 \ln x\,dx \leqslant \int_1^2 \ln^3 x\,dx$； (2) $\int_0^1 x\,dx \geqslant \int_0^1 x^4\,dx$.

2. $\int_4^8 f(x)\,dx=4$.

3. (1) $1\leqslant \int_{-1}^1 (x^2+1)\,dx \leqslant 2$； (2) $\frac{2}{e}\leqslant \int_{-1}^1 e^{-x^2}\,dx \leqslant 2$.

同步练习 6.3

1. (1) $\varphi'(x)=-\sqrt{a^2-x^2}\sin x$； (2) $\varphi'(x)=-\sin x$； (3) $\varphi'(x)=2xe^{-x^2}$.

2. (1)0； (2)6； (3) $\frac{2e-1}{\ln 2+1}$； (4) $\frac{12}{5}$.

同步练习 6.4

1. (1) $\frac{2}{3}[(1+\ln 3)^3-8]$； (2) $7\frac{1}{9}$； (3) $\frac{3}{2}$； (4)1；

(5) $2e^{\sqrt{3}}(\sqrt{3}-1)+2$； (6) $\frac{1}{2}(e^{\pi}+1)$； (7) -1； (8) $\frac{2}{9}e^3+\frac{1}{9}$；

(9) $2\sqrt{3}-2$.

同步练习 6.5

1.(1)$C(x)=x^3-3x^2+20x+800$；

(2) 日产量由 200 台变化到 300 台时，该企业的生产成本变化了 18 852 000 元.

2.(1) 总成本函数为 $C(q)=6q+\frac{1}{4}q^2+5$，总收益函数为 $R(q)=12q-\frac{1}{2}q^2$，利润函数为 $L(q)=6q-\frac{3}{4}q^2-5$；

(2) 当生产量由 2 单位增加到 4 单位时，总成本增加了 15；

(3) 每天生产 4 单位产品时，才能获得最大利润，最大利润是 7；

(4) 在最大利润的基础上，再增加 3 单位，利润变为 0.25.

复习题 6

一、填空题.

1.1；　2. $b-a$；　3.0；　4.小于；

5. $\ln(1+t^3)$；　6.4；　7.45 000；　8. $q+q^2+2$.

二、选择题.

1.C；　2.B；　3.D；　4.A；　5.D；　6.C；　7.D；　8.B.

三、不计算定积分，比较下列各组积分值的大小.

1. $\int_0^1 x\,dx > \int_0^1 x^2\,dx$；　2. $\int_1^2 x\,dx > \int_1^2 \ln x\,dx$；

3. $\int_0^{\frac{\pi}{2}} \sin x\,dx > \int_0^{\frac{\pi}{2}} x\,dx$；　4. $\int_0^{\frac{\pi}{2}} \sin x\,dx < \int_0^{\frac{\pi}{2}} \sin^2 x\,dx$.

四、求下列函数的导数.

1. $\frac{e^{-x^2}}{x}$；　2. $\frac{\sin^{x^2}}{\sqrt{1+x^2}}$；　3. $x e^{-x^2}$；　4. $\frac{e^{x^2}+1}{x}$.

五、计算下列定积分.

1. $7\frac{1}{3}$；　2. $\frac{1}{6}$；　3. $\frac{\pi^2}{8}+1$；　4. $\frac{1}{2}\ln 2$；

5. $\frac{1}{3}$；　6. $\frac{3}{2}$；　7. $\frac{2}{3}\sqrt{9}-\frac{4}{9}$；　8. $\frac{1}{3}\sqrt{5^3}-\frac{1}{3}+2\arctan 2$；

9. $e-\sqrt{e}$；　10. $2-2\frac{1}{\sqrt{e}}$；　11. $\frac{1}{2}$；　12. $\arctan e-\frac{\pi}{4}$.

六、计算下列定积分.

1. $\frac{16}{3}-2\ln 3$；　2. $2\left(\sqrt{3}-\frac{\pi}{3}\right)$；　3. $1-\frac{2}{e}$；　4. $\frac{1}{9}(2e^3+1)$；

5. 1；　6. $\frac{1}{4}(\pi-2)$；　7. $1-\cos 1$；　8. $2(\sin 1+\cos 1)-2$.

七、应用分析题.

1.(1) 生产 2000 件的总收入是 200 000 元；
(2) 从生产 2000 件到生产 3000 件收入减少了 50 000 元.
2. 总成本函数为 $C(x)=x^3-7x^2+100x+1000$.
3. 产量由 10 吨增加到 50 吨时，总成本增加 460 元；
产量由 10 吨增加到 50 吨时，总收入增加 2000 元.
4.(1) 生产 x 单位产品的总成本 $C(x)=16x+0.001x^2+200$；
(2) 生产 x 单位产品的总利润 $L(x)=-0.002x^2+4x-200$；
(3) 生产 1000 单位产品才能获得最大利润；
(4) 最大利润是 1800 元.

同步练习 7.1

1.(1)15；　(2)-51；　(3)-55；
(4)6；　(5)24；　(6)24；
(7)312；　(8)-9.

2.(1)$ad-bc$；　(2)$ab(b-a)$；　(3)a^2+b^2；
(4)$-\cos 2\alpha$；　(5)0；　(6)0.

3.(1)$\begin{vmatrix} 1 & a & a^2 \\ 2 & b & b^2 \\ 3 & c & c^2 \end{vmatrix}$；

(2) 元素 b 的余子式为 $\begin{vmatrix} 1 & 3 \\ a^2 & c^2 \end{vmatrix}$，元素 b 的代数余子式为 $(-1)^{2+2}\begin{vmatrix} 1 & 3 \\ a^2 & c^2 \end{vmatrix}$；

(3) 元素 c 的余子式为 $\begin{vmatrix} 1 & 2 \\ a^2 & b^2 \end{vmatrix}$，元素 c 的代数余子式为 $(-1)^{2+3}\begin{vmatrix} 1 & 2 \\ a^2 & b^2 \end{vmatrix}$；

(4)$D=\begin{vmatrix} 1 & 2 & 3 \\ a & b & c \\ a^2 & b^2 & c^2 \end{vmatrix}=bc(c-b)-2ac(c-a)+3ab(b-a)$.

4.(1)$x=1$ 或 $x=3$；(2)$x=1$ 或 $x=2$；(3)$x=\pm 1$ 或 $x=\pm 2$.

同步练习 7.2

1.(1)$\begin{bmatrix} 4 & 3 & 0 \\ -2 & 1 & -1 \end{bmatrix}$；　(2)$\begin{bmatrix} 8 & -3 & -8 \\ -2 & 7 & -3 \end{bmatrix}$；　(3)$\begin{bmatrix} 12 & 0 & -8 \\ -4 & 8 & -4 \end{bmatrix}$；

(4) $\frac{1}{2}(\boldsymbol{A}-k\boldsymbol{B})=\frac{1}{2}(\boldsymbol{A}-2\boldsymbol{B})=\frac{1}{2}\boldsymbol{A}-\boldsymbol{B}=\begin{bmatrix}5 & -3 & -6\\ -1 & 5 & -2\end{bmatrix}$.

2.根据矩阵乘法的定义,两个矩阵相乘,只有当左矩阵的列数和右矩阵的行数相同时,才能做矩阵的乘法运算,否则无效.因此:

(1)矩阵$\boldsymbol{A}$为3行2列矩阵,矩阵$\boldsymbol{B}$为2行2列矩阵,所以$\boldsymbol{AB}$做乘法有效,而$\boldsymbol{BA}$做乘法则无效,且

$$\boldsymbol{AB}=\begin{bmatrix}10 & 7\\ 24 & -4\\ 16 & 6\end{bmatrix};$$

(2)矩阵$\boldsymbol{A}$为3行2列矩阵,矩阵$\boldsymbol{C}$为3行2列矩阵,所以$\boldsymbol{AC}$和$\boldsymbol{CA}$做乘法均无效;

(3)矩阵$\boldsymbol{B}$为2行2列矩阵,矩阵$\boldsymbol{C}$为3行2列矩阵,所以$\boldsymbol{BC}$做乘法无效,而$\boldsymbol{CB}$做乘法有效,且

$$\boldsymbol{CB}=\begin{bmatrix}6 & 25\\ -18 & 55\\ 28 & -22\end{bmatrix}.$$

3.(1)4; (2)$\begin{bmatrix}-3 & 6 & 9\\ -2 & 4 & 6\\ -1 & 2 & 3\end{bmatrix}$; (3)$\begin{bmatrix}10 & 15\\ 15 & 17\end{bmatrix}$; (4)$\begin{bmatrix}14 & 13 & 5\\ 10 & 7 & 3\\ 22 & 13 & 6\end{bmatrix}$.

4.由 $3\boldsymbol{A}-2\boldsymbol{X}=\boldsymbol{B}$,可得 $\boldsymbol{X}=\frac{1}{2}(3\boldsymbol{A}-\boldsymbol{B})=\begin{bmatrix}2 & -1 & -1\\ 1 & 3 & 1\\ -6 & 1 & 3\end{bmatrix}$.

同步练习 7.3

1.(1)$\begin{bmatrix}1 & 0 & -2\\ 0 & 2 & 10\end{bmatrix}$; (2)$\begin{bmatrix}1 & 0 & 2\\ 0 & 3 & 1\\ 0 & 0 & -\frac{17}{3}\end{bmatrix}$;

(3)$\begin{bmatrix}1 & -1 & 1 & 1\\ 0 & 2 & -10 & 0\\ 0 & 0 & 19 & 1\end{bmatrix}$; (4)$\begin{bmatrix}1 & -1 & 2 & 1 & 0\\ 0 & 3 & 0 & -4 & 1\\ 0 & 0 & -12 & 2 & -2\\ 0 & 0 & 0 & 0 & 0\end{bmatrix}$.

2.(1)$\begin{bmatrix}1 & 0 & 0\\ 0 & 1 & 0\\ 0 & 0 & 1\end{bmatrix}$; (2)$\begin{bmatrix}1 & 0 & 1 & 0\\ 0 & 1 & 1 & 0\\ 0 & 0 & 0 & 1\end{bmatrix}$;

(3)$\begin{bmatrix}1 & 0 & 0 & 0\\ 0 & 1 & -\frac{1}{2} & 0\\ 0 & 0 & 0 & 1\end{bmatrix}$; (4)$\begin{bmatrix}1 & 0 & -1 & 0 & 0\\ 0 & 1 & 1 & 0 & 0\\ 0 & 0 & 0 & 1 & -1\\ 0 & 0 & 0 & 0 & 1\end{bmatrix}$.

3.(1)$r(\boldsymbol{A})=2$; (2)$r(\boldsymbol{A})=2$; (3)$r(\boldsymbol{A})=3$;

(4)$r(\boldsymbol{A})=3$；　　(5)$r(\boldsymbol{A})=2$；　　(6)$r(\boldsymbol{A})=4$.

同步练习 7.4

1.(1) 由 $r(\boldsymbol{A})=r(\widetilde{\boldsymbol{A}})=3$ 可知，该方程组有唯一解，且为$\begin{cases}x_1=1,\\x_2=2,\\x_3=-4;\end{cases}$

(2) 由 $r(\boldsymbol{A})=r(\widetilde{\boldsymbol{A}})=4$ 可知，该方程组有唯一解，且为$\begin{cases}x_1=\dfrac{8}{5},\\x_2=-\dfrac{1}{10},\\x_3=\dfrac{16}{5},\\x_4=2;\end{cases}$

(3) 由 $r(\boldsymbol{A})=r(\widetilde{\boldsymbol{A}})=2<4$ 可知，该方程组有无穷多解，取x_3,x_4为自由未知量，可得方程组的通解为

$$\begin{cases}x_1=\dfrac{1}{7}k_1+\dfrac{1}{7}k_2+\dfrac{6}{7},\\x_2=\dfrac{5}{7}k_1-\dfrac{9}{7}k_2-\dfrac{5}{7},\\x_3=k_1,\\x_4=k_2;\end{cases}$$

(4) 由 $r(\boldsymbol{A})=2,r(\widetilde{\boldsymbol{A}})=3$，即 $r(\boldsymbol{A})\neq r(\widetilde{\boldsymbol{A}})$ 可知，该方程组无解.

2.(1) 当 $\lambda\neq5$ 时，$r(\boldsymbol{A})=2,r(\widetilde{\boldsymbol{A}})=3$，即 $r(\boldsymbol{A})\neq r(\widetilde{\boldsymbol{A}})$，此时方程组无解；

(2) 当 $\lambda=5$ 时，$r(\boldsymbol{A})=r(\widetilde{\boldsymbol{A}})=2<4$，此时方程组有无穷多解，取$x_3,x_4$为自由未知量，可得方程组的通解为

$$\begin{cases}x_1=-\dfrac{1}{5}k_1-\dfrac{6}{5}k_2+\dfrac{4}{5},\\x_2=\dfrac{3}{5}k_1-\dfrac{7}{5}k_2+\dfrac{3}{5},\\x_3=k_1,\\x_4=k_2.\end{cases}$$

复习题 7

1.(1)×；　(2)√；　(3)√；　(4)×；　(5)√；
(6)×；　(7)×；　(8)√；　(9)√；　(10)√.

2.(1)-23；　(2)-12；　(3)128；　(4)124.

3.(1)$\begin{bmatrix}34&33\\47&42\end{bmatrix}$；　(2)$\begin{bmatrix}15&48&81\\9&30&51\\7&19&31\end{bmatrix}$；　(3)$\begin{bmatrix}10&12&5\\49&117&56\\46&126&29\end{bmatrix}$；

(4) 由于左矩阵的列数与右矩阵的行数不相等，所以此矩阵相乘无意义.

4. (1) $r(\boldsymbol{A})=1$； (2) $r(\boldsymbol{A})=3$；

(3) $r(\boldsymbol{A})=2$； (4) $r(\boldsymbol{A})=3$；

(5) $r(\boldsymbol{A})=4$； (6) $r(\boldsymbol{A})=3$.

5. (1) 由 $r(\boldsymbol{A})=2, r(\widetilde{\boldsymbol{A}})=3$，即 $r(\boldsymbol{A})\neq r(\widetilde{\boldsymbol{A}})$ 可知，该方程组无解；

(2) 由 $r(\boldsymbol{A})=r(\widetilde{\boldsymbol{A}})=2<4$ 可知，该方程组有无穷多解，取 x_3, x_4 为自由未知量，可得方程组的通解为 $\begin{cases} x_1=-2k_1-4k_2-3, \\ x_2=k_1+3k_2+4, \\ x_3=k_1, \\ x_4=k_2; \end{cases}$

(3) 由于该方程组为齐次线性方程组，且 $r(\boldsymbol{A})=3$，可得该方程组只有零解；

(4) 由 $r(\boldsymbol{A})=2<4$ 可知，该方程组有无穷多解，取 x_3, x_4 为自由未知量，可得方程组的通解为 $\begin{cases} x_1=k_1-k_2, \\ x_2=3k_1, \\ x_3=k_1, \\ x_4=k_2. \end{cases}$

同步练习 8.1

1. (1) 不可能事件； (2) 随机事件； (3) 不可能事件；

(4) 必然事件； (5) 随机事件； (6) 随机事件.

2. (1) $\Omega=\{TTT, TTF, TFT, TFF, FTT, FTF, FFT, FFF\}$；(2) $\Omega=\{4,5,6,\cdots,23,24\}$；

(3) $\Omega=\{4,5,6,\cdots,19,20\}$；(4) 设这三段的长度分别为 x, y, z，有

$$\Omega=\{(x,y,z)\mid x>0, y>0, z>0, x+y+z=2\}.$$

3. (1) $A=A_1+A_2$； (2) $B=A_1A_2$；

(3) $C=\overline{A_1}\,\overline{A_2}$； (4) $B=A_1\overline{A_2}+\overline{A_1}A_2$.

同步练习 8.2

1. 同时投掷两枚硬币，其结果有且只有以下四种：正正、正反、反正、反反. 由于两枚硬币的质地均匀，因此上述任一结果的概率都为 $\frac{1}{4}$.

(1) 设 $A=$“出现两个正面”，则 $P(A)=\frac{1}{4}$；

(2) 设 $B=$“出现一正一反”，则 $P(B)=\frac{1}{4}+\frac{1}{4}=\frac{1}{2}$.

2. 此题中基本事件总数 $n=20$.

令事件 $A=\{$摸到的小球号码为偶数$\}$，可知事件 A 含有 10 个基本事件，所以

$$P(A)=\frac{10}{20}=\frac{1}{2}.$$

3. 从 12 个球中任意取出 2 个球，共有C_{12}^2 种取法；用事件 A 表示{取出的 2 个球都是红色球}，用事件 B 表示{取出的 2 个球都是蓝色球}，则事件 A 和 B 的概率分别是

$$P(A)=\frac{C_8^2}{C_{12}^2}=\frac{14}{33},P(B)=\frac{C_4^2}{C_{12}^2}=\frac{1}{11}.$$

4. (1) 在重复抽样的情况下，每次抽取都有 6 种可能的结果，因此其基本事件总数为

$$n=6^2=36.$$

取出的 2 个零件中恰好有 1 个零件是次品，可以分为两种情况：一种情况是先抽到正品后抽到次品；另一种情况是先抽到次品后抽到正品.这两种情况合计的基本事件个数是

$$m=C_3^1\cdot C_3^1+C_3^1\cdot C_3^1=2C_3^1C_3^1=18.$$

因此，事件 A 的概率为 $P(A)=\frac{18}{36}=\frac{1}{2}.$

(2) 在不重复抽样的情况下，第一次抽取有 6 种可能，第二次抽取有 5 种可能，属于排列问题，其基本事件总数为

$$n=A_6^2=30.$$

事件 A 包含的基本事件个数为

$$m=2C_3^1C_3^1=18.$$

因此，事件 A 的概率为 $P(A)=\frac{18}{30}=\frac{3}{5}.$

(3) 从 6 个零件中一次抽取 2 个，属于组合问题，其基本事件总数为

$$n=C_6^2=15.$$

事件 A 包含的基本事件个数为

$$m=C_3^1C_3^1=9.$$

因此，事件 A 的概率为 $P(A)=\frac{9}{15}=\frac{3}{5}.$

同步练习 8.3

1. 正面思路：设事件 A 表示“抽取的 3 个球中至少有 1 个为红色球”，那么有$A_i=${抽取的 3 个球中有 i 个红色球}$(i=1,2,3)$，由于A_1、A_2、A_3 两两互斥，所以

$$P(A)=P(A_1)+P(A_2)+P(A_3)=\frac{C_5^1\cdot C_4^2}{C_9^3}+\frac{C_5^2\cdot C_4^1}{C_9^3}+\frac{C_5^3\cdot C_4^0}{C_9^3}=\frac{20}{21}.$$

反面思路：设事件 B 表示“抽取的 3 个球全部为白色球”.可以知道，事件 A 与事件B 互不相容，且它们共同构成了全集，于是

$$P(A)=1-P(B)=1-\frac{C_4^3}{C_9^3}=1-\frac{1}{21}=\frac{20}{21}.$$

由此可见，无论是从正面思路还是从反面思路来计算，最终得出的结论一样.

2. 设事件 $A=${甲公司按时供货}，$B=${乙公司按时供货}，则有 $AB=${两家公司都能按时供货}，$A\cup B=${两家公司至少有一家能按时供货}，其概率为

$$P(A\cup B)=P(A)+P(B)-P(AB)=0.88+0.74-0.65=0.97,$$

即甲、乙两家公司至少有一家能按时供货的概率为 97%.

3. 设事件 $A=${甲命中目标}，事件 $B=${乙命中目标}，则有

$P(A)=0.47, P(B)=0.58, P(\overline{A})=1-0.47=0.53, P(\overline{B})=1-0.58=0.42.$

(1)$P(A\overline{B}+\overline{A}B)=P(A\overline{B})+P(\overline{A}B)=P(A)P(\overline{B})+P(\overline{A})P(B)=0.504\ 8$；

(2)$P(A+B)=P(A)+P(B)-P(AB)=P(A)+P(B)-P(A)P(B)=0.777\ 4$；

(3)$P(AB)=P(A)P(B)=0.272\ 6$；

(4)$P(\overline{A}\,\overline{B})=P(\overline{A})P(\overline{B})=0.222\ 6.$

4.设事件 $A=\{$甲解出题目$\}$，事件 $B=\{$乙解出题目$\}$，事件 $C=\{$丙解出题目$\}$，则

(1)$P(ABC)=P(A)P(B)P(C)=0.7\times0.6\times0.5=0.21$；

(2) 我们可以从反面来思考这个问题，"甲、乙、丙三人至少有 1 人解出题目" 的反面，是"甲、乙、丙无人解出题目"，其概率为

$$P(\overline{A})P(\overline{B})P(\overline{C})=(1-0.7)\times(1-0.6)\times(1-0.5)=0.06,$$

那么，"甲、乙、丙三人至少有一人解出题目" 的概率就是

$$1-0.06=0.94.$$

同步练习 8.4

1.其概率分布表为

X	0	1
P	93%	7%

2.(1) 当 $x<0$ 时，$F(X)=P(\xi\leqslant x)=\int_{-\infty}^{0}0\mathrm{d}t=0$；

当 $0\leqslant x<3$ 时，$F(X)=P(\xi\leqslant x)=\int_{-\infty}^{x}f(t)\,\mathrm{d}t=\int_{-\infty}^{0}0\mathrm{d}t+\int_{0}^{x}(\frac{2}{3}t-\frac{2}{3})\mathrm{d}t=\frac{x^2}{3}-\frac{2}{3}x$；

当 $x\geqslant3$ 时，$F(X)=P(\xi\leqslant x)=\int_{-\infty}^{x}f(t)\,\mathrm{d}t=\int_{-\infty}^{0}0\mathrm{d}t+\int_{0}^{3}(\frac{2}{3}t-\frac{2}{3})\mathrm{d}t+\int_{3}^{x}0\mathrm{d}t=0+1+0=1.$

所以，其分布函数为

$$F(x)=\begin{cases}0, & x<0,\\ \dfrac{x^2}{3}-\dfrac{2}{3}x, & 0\leqslant x<3,\\ 1, & x\geqslant3.\end{cases}$$

(2)$P(1<x<2)=P\{1<x\leqslant2\}=F(2)-F(1)=0-\left(-\frac{1}{3}\right)=\frac{1}{3}.$

3.(1)$P(x\leqslant2800)=\Phi\left(\frac{2800-3000}{200}\right)=\Phi(-1)=1-\Phi(1)=1-0.841\ 3=0.158\ 7$；

(2)$P(x>3400)=1-\Phi\left(\frac{3400-3000}{200}\right)=1-\Phi(2)=1-0.977\ 2=0.022\ 8.$

4.(1)$P(x<98)=\Phi\left(\frac{98-100}{5}\right)=\Phi\left(-\frac{2}{5}\right)=\Phi(-0.4)=1-\Phi(0.4)=1-0.655\ 4=0.344\ 6$；

(2)$P(95<x<110)=\Phi\left(\frac{110-100}{5}\right)-\Phi\left(\frac{95-100}{5}\right)=\Phi(2)-\Phi(-1)=\Phi(2)-$

$[1-\Phi(1)]=0.977\ 2-[1-0.841\ 3]=0.818\ 5$；

(3)$P(x>103)=1-P(x\leqslant 103)=1-\Phi\left(\frac{103-100}{5}\right)=1-\Phi\left(\frac{3}{5}\right)=1-\Phi(0.6)=1-0.725\ 7=0.274\ 3$.

复习题 8

1.(1)×； (2)√； (3)√； (4)√； (5)×； (6)×； (7)×； (8)√.

2.(1)$A=\overline{A_1}$； (2)$B=\overline{A_2}\ \overline{A_3}$；

(3)$C=A_1A_2A_3$； (4)$D=\overline{A_1}\ \overline{A_2}\ \overline{A_3}$；

(5)$E=A_1\overline{A_2}A_3$.

3.从 10 个球中任意取出 2 个球，共有C_{10}^2 种取法；用事件 A 表示{取出的 2 个球都是红色球}，用事件 B 表示{取出的 2 个球都是蓝色球}，用事件 C 表示{取出的 2 个球一个是红色球、一个是蓝色球}，用事件 D 表示{取出的 2 个球只有一个红色球}，则事件 A、B、C 和 D 的概率分别是

$$P(A)=\frac{C_7^2}{C_{10}^2}=\frac{7}{15},$$

$$P(B)=\frac{C_3^2}{C_{10}^2}=\frac{1}{15},$$

$$P(C)=\frac{C_7^1C_3^1}{C_{10}^2}=\frac{7}{15},$$

事件 D 与事件 C 的含义一样，因此事件 D 的概率等于事件 C 的概率，即 $P(D)=P(C)=\frac{7}{15}$.

4.(1) 在重复抽样的情况下，每次抽取都有 6 种可能的结果，因此其基本事件总数为

$$n=6^2=36.$$

取出的 2 个零件中恰好有 1 个零件是次品，可以分为两种情况：一种情况是先抽到正品后抽到次品；另一种情况是先抽到次品后抽到正品.这两种情况合计的基本事件个数是

$$m=C_4^1\cdot C_2^1+C_2^1\cdot C_4^1=2C_4^1C_2^1=16.$$

因此，事件 A 的概率为 $P(A)=\frac{16}{36}=\frac{4}{9}$.

(2) 在不重复抽样的情况下，第一次抽取有 6 种可能，第二次抽取有 5 种可能，属于排列问题，其基本事件总数为

$$n=A_6^2=30.$$

事件 A 包含的基本事件个数为

$$m=2C_4^1C_2^1=16.$$

则事件 A 的概率为 $P(A)=\frac{16}{30}=\frac{8}{15}$.

(3) 从 6 个零件中一次抽取 2 个，属于组合问题，其基本事件总数为

$$n=C_6^2=15.$$

事件 A 包含的基本事件个数为

$$m=C_4^1C_2^1=8.$$

因此,事件 A 的概率为 $P(A)=\frac{8}{15}$.

5. 设事件 $A=\{$抽中 2 的倍数$\}$,事件 $B=\{$抽中 3 的倍数$\}$.可以知道某些彩票的编号既是 2 的倍数又是 3 的倍数,即 6 的倍数,包括了 6,12,18,…,990,996,因此在计算时需要将重复部分剔除出去,所以中奖概率为

$$P(A)+P(B)-P(AB)=\frac{500}{1000}+\frac{333}{1000}-\frac{166}{1000}=\frac{667}{1000}=66.7\%.$$

因此,此次活动的中奖概率为 66.7%.

6. (1) 当 $x<0$ 时,$F(X)=P(\xi\leqslant x)=\int_{-\infty}^{0}0\mathrm{d}t=0$;

当 $0\leqslant x<2$ 时,$F(X)=P(\xi\leqslant x)=\int_{-\infty}^{x}f(t)\,\mathrm{d}t=\int_{-\infty}^{0}0\mathrm{d}t+\int_{0}^{x}(1-\frac{1}{2}t)\mathrm{d}t=x-\frac{1}{4}x^2$;

当 $x\geqslant 2$ 时,$F(X)=P(\xi\leqslant x)=\int_{-\infty}^{x}f(t)\,\mathrm{d}t=\int_{-\infty}^{0}0\mathrm{d}t+\int_{0}^{2}(1-\frac{1}{2}t)\mathrm{d}t+\int_{2}^{x}0\mathrm{d}t=0+1+0=1$.

所以,其分布函数为

$$F(x)=\begin{cases}0, & x<0,\\ x-\frac{1}{4}x^2, & 0\leqslant x<2,\\ 1, & x\geqslant 2.\end{cases}$$

(2) $P(1.5<x<3)=P\{1.5<x\leqslant 3\}=F(3)-F(1.5)=\frac{1}{16}$.

7. (1) $P(x\leqslant 7)=\Phi\left(\frac{7-10}{2}\right)=\Phi(-1.5)=1-\Phi(1.5)=1-0.933\,2=0.066\,8$;

(2) $P(x\leqslant 14)=\Phi\left(\frac{14-10}{2}\right)=\Phi(2)=0.977\,2>95\%$,因此可以保证车间生产的连续进行.

8. (1) $P(x<9)=\Phi\left(\frac{9-10}{2}\right)=\Phi(-0.5)=1-\Phi(0.5)=1-0.691\,5=0.308\,5$;

(2) $P(10<x<13)=\Phi\left(\frac{13-10}{2}\right)-\Phi\left(\frac{10-10}{2}\right)$

$$=\Phi(1.5)-\Phi(0)=0.933\,2-0.5=0.433\,2;$$

(3) $P(x>13)=1-P(x\leqslant 13)=1-\Phi\left(\frac{13-10}{2}\right)=1-\Phi(1.5)=1-0.933\,2=0.066\,8$.

参考文献

REFERENCES

[1] 白雪银,李海燕.经济应用数学[M].北京:化学工业出版社,2014.

[2] 王春珊.经济应用数学[M].北京:北京邮电大学出版社,2012.

[3] 任禾元.经济应用数学[M].北京:中国人民大学出版社,2014.

[4] 李忠杰,陈尔建,姜晓.经济应用数学[M].3 版.北京:清华大学出版社,2014.

[5] 曹卫锋.经济应用数学基础[M].北京:中国轻工业出版社,2017.